民以食爲天

庚寅春賀林書

民以食爲天

庚寅春賀林書

Thomas O. Höllmann

Schlafender Lotos, trunkenes Huhn

Kulturgeschichte der chinesischen Küche

C. H. Beck

Mit 71 Abbildungen, 1 Karte (© Peter Palm, Berlin)
und 1 Kalligraphie

© Verlag C. H. Beck oHG, München 2010
Einbandgestaltung: www.kunst-oder-reklame.de
Umschlagabbildung: Picknick (1759)
Gesetzt aus der ITC Legacy und der Viva bei Fotosatz Amann, Aichstetten
Druck und Bindung: Kösel, Krugzell
Gedruckt auf säurefreiem, alterungsbeständigem Papier
(hergestellt aus chlorfrei gebleichtem Zellstoff)
Printed in Germany
ISBN 978 3 406 60539 0

www.beck.de

Inhalt

Prolog

«Für das Volk kommt das Essen dem Himmel gleich.» So lautet die Übersetzung der Kalligraphie von He Lin, die diesem Buch vorangestellt ist. Heute wird diese Textpassage, die auf ein im 2. Jahrhundert kompiliertes Geschichtswerk (*Hanshu,* Kap. 43) zurückgeht, gerne mit der Freude am Genuß in Verbindung gebracht. Bezogen auf die ursprüngliche Intention ist diese Deutung indes nicht ganz korrekt. Hinter dem «Himmel» verbirgt sich an dieser Stelle nämlich kein wie auch immer geartetes Paradies, sondern eine übergeordnete normgebende Instanz. Anders formuliert: Für die Mehrheit der Menschen, die damals in China lebten, gab es nichts wichtigeres als eine ausreichende Versorgung mit Lebensmitteln.

Eine ernstgemeinte Geschichte der Eßkultur darf sich nicht als schlichte Chronik der Völlerei verstehen. Ebenso wenig kann sie sich aber darauf beschränken, den sozialen Rahmen der Ernährung zu erschließen. Auf kulinarische Extravaganzen ist folglich gleichermaßen einzugehen wie auf Hunger und Entsagung. Überdies sind Traditionen zu verfolgen, die mehrere Jahrtausende in die Vergangenheit zurückreichen, und Trends aufzuzeigen, die erst seit kurzem ablesbar sind.

Trotzdem kann man sich des Eindrucks nicht erwehren, daß zumindest bis zu dem Globalisierungsschub, der China an der Wende zum dritten Jahrtausend erfaßte, die Konstanz langfristig stärker war als der Wandel, weshalb sich eine systematische Auffächerung eher anbietet als eine chronologische Gliederung, eine exemplarische Herangehensweise eher als ein durchlaufender narrativer Strang, das Erzählen von Geschichten eher als das simple Addieren von Fakten.

Vieles, das in der Gesamtschau homogen anmutet, läßt bei näherer Betrachtung eine erstaunliche regionale und soziale Ausdifferenzierung durchscheinen. Dennoch sind Verallgemeinerungen zuweilen legitim; schließlich macht es keinen Sinn, wirklich jede Ausnahme – und irgendeine Abweichung gibt es immer – zu berücksichtigen.

Dieser Band enthält Rezepte, die unverfälschte Geschmackserlebnisse ermöglichen sollen, er versteht sich aber nicht als Kochbuch. Zwar wird versucht, das Gleichgewicht zwischen Authentizität und Machbarkeit zu halten, doch erzwingt dies allerlei Kompromisse. Während sich der Anfänger zuweilen überfordert fühlen mag, wird der erfahrene Koch den einen oder anderen Hinweis als überflüssig empfinden und manche Vereinfachung als ungebührlich. Andererseits lassen sich aber selbst bei der Begriffswahl Zugeständnisse kaum vermeiden. So ist, um nur ein Beispiel anzuführen, unter den Zutaten stets der «Reiswein» aufgeführt, obschon es sich aus wissenschaftlicher Perspektive (S. 145–147) eindeutig um eine Biersorte handelt. Aber Korrektheit in der Terminologie ist eine Sache, ein erfolgreicher Einkauf eine andere.

Von diesem Getränk benötigt man im übrigen eine gehörige Dosis, um das im allgemeinen als Vorspeise aufgetischte «trunkene Huhn» zuzubereiten. Der «schlafende Lotos» (eine Zwergseerose: *Nymphea tetragona*) kommt hingegen ohne die Beimengung von Alkohol aus und wird in der Regel als Gemüse gereicht, dem man eine gesundheitsfördernde Wirkung nachsagt.

Die Kochkunst und das gesellige Gelage fanden einen reichen literarischen Niederschlag. Um die in den Schriften eingefangene Atmosphäre weiterzuvermitteln, sind in die Darstellung immer wieder Zitate eingeflochten, die fast durchweg auf chinesische Primärquellen zurückgehen; die Übersetzungen stammen ausnahmslos vom Autor. Wer sich zusätzlich inspirieren lassen will, findet in der umfangreichen Bibliographie sicherlich die eine oder andere Anregung. Eine reizvolle Alternative dazu sei allerdings nicht verschwiegen: der auch in einer deutschen Synchronfassung erhältliche Spielfilm «Eat Drink Man Woman» *(Yin shi nan nü)* des taiwanesischen Regisseurs Ang Lee, der die Schilderung familiärer Konflikte liebevoll-ironisch mit der Inszenierung kulinarischer Raffinesse kontrastiert.

Viele Personen haben dazu beigetragen, daß dieses Buch zustande kam. Besonders danken möchte ich in diesem Zusammenhang: Chen Ganglin, Oliver Dauberschmidt, Rebecca Ehrenwirth, Waltraud Gerstendörfer, Sabine Höllmann, Shing Müller, Marc Nürnberger, Armin Selbitschka, Armin Sorge, Sandra Sukrow und Christiane Tholen für die kritische Durchsicht des Manuskripts; Christine Zeile und Heiko Hortsch für die Betreuung auf seiten des Verlags; Jiang Bo, Hans van Ess, Jasmin Föll, Jin Tao, Bruno Richtsfeld und Zhu Qingsheng für wertvolle Anregungen; He Lin für die Kalligraphie.

1. Vorneweg: Reis regnet's nicht vom Himmel

Geltung und Genuß

«Wenn etwas den Chinesen zu völligem Ernst zwingt, so ist es weder die Religion noch die Bildung, sondern das Essen.» Auf diesen einfachen Nenner brachte in den 1930er Jahren der Schriftsteller Lin Yutang in seinem Buch *Mein Land und mein Volk* (S. 404) die kulinarischen Ambitionen seiner Landsleute. Dieses Bild mag ein wenig überzeichnet sein, doch muß man in der Tat festhalten, daß der gepflegte Umgang mit Nahrungsmitteln stärker als anderswo auf der Welt als konstitutives Element der Kultur betrachtet wird. Schließlich ist es vielleicht auch kein Zufall, daß manchem

«Das Regieren eines Reichs [folgt im Grunde den gleichen Prinzipien] wie die Zubereitung von kleinen Meerestieren.»

Laozi (6. Jh. v. Chr.) Kap. 60.

«‹Vortrefflich›, sagte der Fürst [...], ‹ich habe die Worte eines Metzgers gehört und dabei [eine Lektion] über Lebenspflege erhalten.›»

Zhuangzi (um 300 v. Chr.) Kap. 3.

bedeutsamen Staatsmann der Antike nachgesagt wird, er sei ursprünglich Metzger oder Koch gewesen. Andererseits war die Beherrschung des Metiers nicht frei von Risiko, und so mancher Küchenchef mußte seinen Herrn – zusammen mit der gefüllten Speisekammer – ins Grab begleiten.

Nicht alle Epochen zeichneten sich freilich gleichermaßen durch die Freude am Genuß aus. Zwar ließ sich der soziale Status zuweilen auch an der Leibesfülle ablesen, doch gab es durchaus Zeiten, in denen Entsagung signalisiert wurde. Darüber hinaus waren vor allem die Frauen dem Diktat der Mode unterworfen. Besonders auffallend ist der Wandel des Schönheitsideals unter der Tang-Dynastie, die sich in zwei aufeinanderfolgende Abschnitte gliedert: eine Frühphase, in der die schlanke Linie durch hochgeschnürte Kleider zusätzlich betont wurde, und eine Spätphase, in der eine füllige Figur und das Tragen von weitgeschnittenen Gewändern angesagt waren. Zumeist wird dies mit dem Vorbild der Yang Guifei (719–756), einer drallen kaiserlichen Konkubine, begründet, doch belegen aus Gräbern geborgene Tonplastiken, daß die Entwicklung bereits deutlich früher eingesetzt haben muß.

Allerdings veranschaulichen die Quellen primär das Leben der Oberschicht. An deren Spitze stand danach ein Herrscher, der sich als Mittler zwischen den Welten verstand und seine Legitimation aus einem Mandat ableitete, das ihm, zumindest temporär, der Himmel verliehen hatte. Der absolutistische Anspruch der Könige – und später der Kaiser – war indes durch einen umfangreichen Katalog von Vorschriften limitiert, welche die korrekte Durchführung der Amtsgeschäfte regelten. Und viele der Riten, die den Normen eine feste Form verliehen, waren mit der Einnahme von Speisen verbunden. Das Essen bot also nicht nur schieres Vergnügen, auch wenn das *Lüshi chunqiu* (Kap. 14) bereits im 3. Jahrhundert v. Chr. vermerkt: «Erst wenn man zum Sohn des Himmels erkoren ist, werden [für einen] die wohlschmeckendsten Delikatessen zubereitet.»

Deutlich wird die Bindung an den Staatskult zudem in Werken, die sich der Vermittlung von Brauch und Etikette widmen: darunter dem zu Beginn des 1. Jahrhunderts v. Chr. kompilierten *Zhouli* (Kap. 4–6), das in einer idealisierten Rückschau berichtet, daß einstmals mehr als die Hälfte des knapp viertausend Personen umfassenden Hofstaats mit der Zubereitung und dem Auftragen von Speisen und Getränken befaßt gewesen sei. Nicht klar zu trennen sind dabei freilich die eher profanen Tätigkeiten, die der Sättigung und dem Wohlbehagen des Herrschers dienten, von jenen Aufgaben, die primär durch die regelmäßig anstehenden Opferhandlungen veranlaßt wurden.

Diese Kompetenzüberschneidung gilt auch für spätere Epochen. Immerhin sollen sich aber 1435 rund 5000 Küchenkräfte ausschließlich um das leibliche Wohl des Kaisers und um die von ihm veranstalteten Bankette gekümmert haben. Im darauffolgenden Jahrhundert waren es allem Anschein nach sogar 8000 Bedienstete, bevor die Zahl gegen Ende der Ming-Dynastie annähernd auf das alte Niveau zurückfiel. Der Umsicht der Lakaien entsprach die Qualität des Porzellans, und bei größeren Empfängen konnte man auf ein Tafelgeschirr zurückgreifen, das aus mehr als 300 000 Einzelteilen bestand. Aber auch abseits der Großereignisse mußte einiges aufgetragen werden. So standen zwei Jahre vor dem Ende der Qing-Dynastie für die Verköstigung des damals vierjährigen Kaisers Xuantong (reg. 1908–1911) und der fünf ranghöchsten Damen des Hofs jeden Monat alleine 2360 Kilogramm Fleisch, 164 Enten und 274 Hühner zur Verfügung.

	Fleisch	Enten	Hühner
	jin	*jin*	*Stück*
Kaiser Xuantong	810	90	150
Longyu, Witwe des Kaisers Guangxu	1860	30	80
2 «verwitwete» Konkubinen 1. Ranges, je	360	15	15
2 «verwitwete» Konkubinen 2. Ranges, je	285	7	7

Monatliche Zuteilung von Fleisch und Geflügel für das engste Umfeld des Herrschers im Jahre 1909.
Nach den Aufzeichnungen des letzten Kaisers in *Wode qianban shenghuo* (1964) S. 52.
Ein jin entsprach damals knapp 597 g.

In welchem Umfang die Dienerschaft von dieser Völlerei profitierte, ist nicht mehr zurückzuverfolgen. Es ist aber zu vermuten, daß alles, was von den Mahlzeiten übrigblieb – und das war der Löwenanteil – irgendwelche Abnehmer fand. Gesondert mit Nahrungsmitteln versorgt wurden auf alle Fälle die Angehörigen des Hofstaats: darunter die Mitglieder des Kronrats, Offiziere der Leibgarde, Vertreter der Akademie und Repräsentanten der Eunuchen. Auch sie mußten nicht darben, weshalb sich die monatlichen Gesamtausgaben auf beinahe 15 000 Unzen Silber summierten. Die Aufwendungen für Getränke, Obst und Süßigkeiten waren in

> «Auf ein Zeichen hin stellten sich die Armen ordentlich auf: die Männer auf der einen, die Frauen auf der anderen Seite. An einer Engstelle, die die Schlange passieren mußte, nahm jeder eine Portion Reis und Kräuter entgegen und brachte [das Essen] an einen zugewiesenen Platz. [...] Sobald die Speisegefäße leer waren, wurden sie eingesammelt und gewaschen; dann kam die nächste [Gruppe von] Bedürftigen an die Reihe.»
>
> *Brief des Jesuiten Pierre Jartoux vom 20. August 1704, S. 213.*

diese «Grundversorgung» freilich ebensowenig eingerechnet wie Sonderausgaben, die unter Umständen zu einer Verdoppelung oder Verdreifachung der Kosten führen konnten.

Zum Vergleich: Jede der Armenküchen, die in Peking seit 1652 alljährlich während des Winters geöffnet wurden, erhielt monatlich annähernd 4,3 Tonnen Getreide, das als Hauptzutat für die Zubereitung einer Suppe diente. Das reichte für die Herstellung von rund 60 000 Portionen und kostete gerade einmal gute zweihundert Unzen Silber:

nicht viel, wenn man bedenkt, daß die Bekämpfung des Hungers bei Hofe meist hohe Priorität hatte.

Vor allem für den Kaiser selbst war ein funktionierendes Katastrophenmanagement von zentraler Bedeutung; denn von Mensch und Natur verursachte Krisen – ebenso wie unglückverheißende Vorzeichen – konnten als Symptome für den Verlust seiner Legitimation interpretiert werden. Dennoch mutet die Geschichte zuweilen wie eine Aneinanderreihung von Debakeln an. Allein unter der Han-Dynastie gab es mehr als 200 überregionale Hungersnöte, die durch Dürren, Überschwemmungen, Kälteeinbrüche, Stürme, Erdbeben und Insektenplagen verursacht waren – von der durch Kriege, Unruhen und Profitdenken herbeigeführten Verknappung der Nahrungsmittel ganz zu schweigen.

Volle öffentliche Speicher waren vor diesem Hintergrund Garanten von Stabilität und Kontinuität. Bis zu drei Jahre Zwangsarbeit drohten daher unter der Tang-Dynastie jenen Beamten und Aufsehern, die die Durchlüftung der Bauten vernachlässigten, so daß die eingelagerten Nahrungsmittel verdarben. Aber auch durch drakonische Strafen ließen sich Hungersnöte nicht verhindern. Weit wichtiger war es, längerfristige Strategien zur Schaffung angemessener Reserven zu entwickeln: zum einen, um privaten Spekulationen mit Saatgut und Getreide vorzubeugen, zum anderen, um eine ausreichende Versorgung in Extremsituationen sicherzustellen.

«Landwirtschaft ist die Grundlage des Reiches. Gold, Perlen und Jade können im Falle von Hungersnöten nicht verzehrt und im Falle von Kältewellen nicht [als Schutz vor der Witterung] getragen werden.»

Edikt aus dem Jahre 141 v. Chr. zit. in *Hanshu* (115) Kap. 5.

Welche Dimensionen die in erster Linie zur Einlagerung von Getreide verwendeten Nutzbauten haben konnten, lassen die archäologischen Befunde in Baizhuang (Bezirk Huayin) erahnen. In dem rund 130 Kilometer östlich von Xi'an gelegenen Grabungsgebiet konnten zwischen 1980 und 1983 Teile eines Gebäudekomplexes freigelegt werden, der sich mit Hilfe von Traufziegelinschriften als «Hauptstadt-Speicher» identifizieren ließ. Insgesamt maß das von einem massiven Wall umgebene Areal annähernd 800 000 Quadratmeter, und auch der größte Bau dürfte mit einer Länge von mehr als 60 Metern höchst eindrucksvoll gewesen sein. Münzfunde und Textpassagen in der Dynastiegeschichte legen nahe, daß die Anlage unter der Herrschaft von Kaiser Wu (reg. 140–87 v. Chr.) der Han-Dynastie errichtet wurde.

14

Xia		21. Jh.–16. Jh. v. Chr.	
Shang		16. Jh.–11. Jh. v. Chr.	
Zhou	Westliche Zhou	11. Jh.–771 v. Chr.	
	Östliche Zhou	771–221 v. Chr.	
Qin		221–207 v. Chr.	
Han	Frühere Han	207 v. Chr.–9 n. Chr.	9–23 Interregnum
	Spätere Han	24–220	des Wang Mang: Xin
Drei Reiche	Wei	220–265	
	Shu	221–263	
	Wu	222–280	
Jin	Frühere Jin	265–316	304–439 Verschiedene Fremd-
	Spätere Jin	317–420	dynastien im Norden
Südliche und	*Südliche Dynastien:*		
nördliche Dynastien	Song	420–479	
	Qi	479–502	
	Liang	502–557	
	Chen	557–589	
	Nördliche Dynastien:		
	Nördliche Wei	386–534	
	Östliche Wei	534–550	
	Westliche Wei	535–557	
	Nördliche Qi	550–577	
	Nördliche Zhou	557–580	
Sui		581–618	
Tang		618–907	690–705 Interregnum
			der Wu Zetian: Zhou
Fünf Dynastien	Spätere Liang	907–923	904–979 Zehn Reiche
	Spätere Tang	923–936	im Süden
	Spätere Jin	936–947	
	Spätere Han	947–950	
	Spätere Zhou	950–960	
Song	Nördliche Song	960–1127	Fremddynastien Liao
	Südliche Song	1127–1279	(916–1125), Westliche Xia
			(1032–1227) und Jin
			(1115–1234) im Norden
Yuan (Mongolen)		1279–1368	
Ming		1368–1644	
Qing (Mandschuren)		1644–1911	

Dynastienübersicht

Frauen beim Fischen.
Propagandaplakat (1978)

Oft waren die Speicher mehrstöckig oder gar turmartig angelegt. Das dokumentieren vor allem zahllose Tonminiaturen, die in Gräbern deponiert wurden. Zuweilen sind darauf auch Personen wiedergegeben, die vor dem Gebäude Getreide abmessen. Von der Mehrzahl chinesischer Historiker wird diese Darstellung mit der unbarmherzigen Erhebung von Steuern in Verbindung gebracht: eine Erklärung, die durchaus nachvollziehbar ist, da die Abgaben in der chinesischen Kaiserzeit häufig in Form von Zerealien entrichtet werden mußten. Umgekehrt verpflichteten soziale Normen aber den Grundherrn auch dazu, in Notzeiten Saatgut und Getreide an die Bevölkerung zu verteilen. Bedenkt man in diesem Zusammenhang, daß die Bildprogramme in den

Essen im Freien.
(um1900)

Gräbern wohl primär zur posthumen Würdigung der Bestatteten
dienten, so drängt sich doch eher die Vermutung auf, das Sujet ziele –
unabhängig von der realen Biographie des Verstorbenen – darauf ab,
konfuzianisch inspirierte Freigebigkeit zu dokumentieren.

Elend und Empörung

Die soziale Wirklichkeit sah indes oft anders aus, und so öffnete sich gerade im 2. Jahrhundert – also in der Epoche, in der sich dieses Motiv verbreitete – die Schere zwischen Arm und Reich besonders stark. Während das Vermögen der grundbesitzenden Oberschicht enorme Steigerungsraten aufwies, lebten die Kleinbauern, die überdies die Hauptlast der Steuern trugen, am Rande des Existenzminimums. Dies nötigte sie bei Mißernten zur Aufnahme von Krediten, die ihnen die Gutsbesitzer, die zusammen mit den Beamten und den Kaufleuten eine Allianz der Wohlhabenden bildeten, bereitwillig gewährten: nur um sich – im Falle einer meist vorhersehbaren Zahlungsunfähigkeit – das Land der Schuldner rasch einzuverleiben.

Im Verlauf der chinesischen Geschichte wiederholten sich diese Konzentrationsprozesse in stetigem Rhythmus, und so überrascht es nicht, daß es immer wieder zu Unruhen kam. Die offizielle Geschichtsschreibung verzeichnete im 2. Jahrhundert durchschnittlich alle vier Jahre einen Bauernaufstand, in Wirklichkeit dürften die Abstände aber noch deutlich geringer gewesen sein. An gutgemeinten Ratschlägen zur Bekämpfung ländlicher Armut fehlte es nicht, doch war der

> «So werden die wohlhabenden [Landbesitzer], die einen Überschuß erwirtschaften, immer reicher, die mittellosen [Bauern] hingegen, die nicht über beständige Ressourcen verfügen, immer ärmer. [...] Ihnen fehlt es an Kleidung und Nahrung [...], und jede Mißernte zwingt sie dazu, [...] ihre Frauen und Kinder zu verkaufen.»
>
> *Zhenglun* (um 150) Kap. 1.

> «Die wohlhabenden Familien verfügen über riesigen Landbesitz. [...] Die Armen, die die Arbeit auf den Feldern verrichten, leiden an Hunger, während die Reichen es sich mit vollem Magen bequem machen, in Vergnügungen schwelgen und über die Steuern jammern.»
>
> *Jiayou ji* (1055) Kap. 5.

Hof häufig zu schwach – oder nicht willens –, dauerhafte Reformen durchzusetzen.

Erst den Kommunisten gelang es, die Macht der «Grundherren und ihrer Büttel» längerfristig zu brechen. Erste Ansätze finden sich bereits wenige Jahre nach der Parteigründung, als die Bauernvereinigungen in einigen Provinzen die Kontrolle über die ländlichen Gebiete erlangten: nicht ohne den massiven Einsatz von Terror, der von Mao Zedong 1927 in einem Bericht *(Hunan nongmin yundong kaocha baogao)* über die Situation in seiner Heimatprovinz Hunan ebenso gefeiert wurde wie mancher Akt des Vandalismus. So freute sich der spätere Parteivorsitzende nicht nur über die Genügsamkeit, die sich die revolutionären Massen verordneten, sondern auch darüber, daß sich Brennholz für die Küche dadurch gewinnen ließ, daß man Sakralfiguren aus Klosterbesitz in Stücke schlug.

> «Üppige Trinkgelage sind allenthalben untersagt. In Shaoshan, Kreis Xiangtan, hat man angeordnet, daß Gäste nur noch mit dreierlei Speisen – Huhn, Fisch und Schwein – bewirtet werden dürfen. Gleichermaßen ist der Verzehr von Bambussprossen, Seetang und Glasnudeln verboten.»
>
> *Hunan nongmin yundong kaocha baogao* (1927) S. 37.

1876–1879	11	Millionen Tote
1896–1897	5	Millionen Tote
1928–1930	10	Millionen Tote
1959–1961	30	Millionen Tote

Die größten Hungerkatastrophen des 19. und 20. Jahrhunderts (alle Opferzahlen sind lediglich grobe Schätzungen)

Lange hielt diese Euphorie indes nicht an; denn schon bald mußte die «Vorhut der Revolution» dem Druck der von Chiang Kaishek befehligten Truppen weichen und aus den «befreiten» Regionen abziehen. Erst 1949 ergab sich mit der Gründung der Volksrepublik eine neue Chance. Diesmal im ganzen Land. Allerdings folgte schon nach einem Jahrzehnt der Konsolidierung ein massiver Rückschlag. Der «Große Sprung nach vorn», der auf eine Beschleunigung der Industrieproduktion abzielte, die Einrichtung der Volkskommunen und die Denunziation von Expertenwissen führten zu einer Vernachlässigung der Landwirtschaft und rasch zu erheblichen Engpässen.

Mao Zedong ließ sich von den ersten Hiobsnachrichten jedoch nicht beeindrucken und reagierte gereizt: «Das bedeutet doch lediglich, daß es für eine gewisse Zeit etwas weniger Schweinefleisch [...] gibt.» (*Lushan huiyi shilu*, S. 170) Konsequenzen aus einer verfehlten Politik zog er hingegen nicht. Die Folge war die schlimmste Hungersnot der chinesischen Geschichte. Mindestens dreißig Millionen Menschen fanden bei dieser Katastrophe den Tod: vor allem Alte und Kinder. So blieben die Grundschulen in einigen Regionen noch über längere Zeit hinweg geschlossen. Es gab niemanden mehr zu unterrichten. Das Trauma, das die Ereignisse auslösten, wurde noch dadurch verstärkt, daß die Machthaber Schweigen verordneten und es keine Möglichkeit gab, den Schmerz zu artikulieren. Überdies folgten auf die «drei bitteren Jahre» schon bald die «zehn verlorenen Jahre». Zwar wurde die Existenz während der 1966 ausgerufenen Kulturrevolution weniger durch eine unzureichende Kalorienzufuhr denn durch Gewaltexzesse gefährdet, doch blieben die Lebensbedingungen für die Bevölkerungsmehrheit extrem karg, und die kulinarische Ödnis entsprach der intellektuellen Unterjochung.

1900	«Boxeraufstand»
1912	Ausrufung der Republik
1937–1945	Japanisch-chinesischer Krieg
1946–1949	Bürgerkrieg
1949	Ausrufung der Volksrepublik
1953–1956	Kollektivierung der Landwirtschaft
1958–1962	«Großer Sprung nach vorn»
1966–1976	«Kulturrevolution»
1978	Beginn der Reformpolitik
1989	Niederschlagung der Demokratiebewegung
1992	Wiederaufnahme der Reformpolitik

Wichtige Ereignisse im 20. Jahrhundert

Seit den Reformen der 1980er Jahre hat sich die Situation in vielen Landesteilen – vor allem im Osten – geradezu dramatisch verbessert; die Steigerungsraten sind bei vielen landwirtschaftlichen Erzeugnissen enorm. Allerdings ging damit ein einschneidender Wandel einher: weg von den Grundnahrungsmitteln, hin zu Luxusprodukten. Oder anders formuliert: Wein statt Bohnen. Auch indirekt zeigt sich die Abwendung von einer primär auf Subsistenz ausgerichteten Agrarwirtschaft; denn die Fokussierung auf höhere Kartoffel- und Maiserträge befriedigt weniger den menschlichen Bedarf an Kohlehydraten als die wegen des zunehmenden Fleischkonsums gestiegene Nachfrage nach Schweinefutter. Zudem sind die Verhältnisse auf dem Lande alles andere als idyllisch. Die Armut ist keineswegs ausgerottet, und an die Stelle gewalttätiger Grundherren sind vielerorts lediglich korrupte Funktionäre getreten. Daher erinnern manche Aussagen, die in den 1950er und 1960er Jahren über den Lebensstandard künftiger Generationen gemacht wurden, in der Rückschau eher an eine Utopie als an eine Prognose.

Daß manche Kader auch in Krisenzeiten einen gehobenen Lebensstil pflegten, ist nicht neu. Wenn aber hohe Funktionäre wie der im Zentralkomitee der Kommunistischen Partei für Landwirtschaft zuständige Tan Zhenlin sogar öffentlich gastronomische Extravaganz anpriesen, dann ist die eklatante Ausblendung der Realität doch eher «schwer verdaulich». Vor allem dann, wenn man bedenkt, daß der alte Kampfgefährte Maos eine der treibenden Kräfte des «Großen Sprungs nach vorn» war.

Davon abgesehen zählt Affenhirn wohl kaum zu den Leibgerichten der Bevölkerungsmehrheit. Schließlich ist die Abscheu vor manchen Gerichten, die im Süden als Delikatesse gelten, in anderen Landesteilen fast genauso groß wie in Europa. Die kulinarischen Vorlieben unterliegen nämlich deutlichen regionalen Unterschieden, und die häufig kolportierte Unterstellung, Chinesen äßen alles, was vier Beine habe und kein Tisch sei, entspricht weitgehend den Schilderungen, die in Peking zur Charakterisierung der Kantonesen dienen. Dort geht man inzwischen aber durchaus locker mit dieser Unterstellung um und besteht nicht selten darauf, daß mit Ausnahme von Flugzeugen und U-Booten auch alles genießbar sei, was sich am Himmel oder im Wasser bewege.

Abgesehen davon hat nicht zuletzt die vermeintlich gesundheitsfördernde Wirkung mancher Speisen den Widerwillen gegen Fremd-

«Was bedeutet Kommunismus? [...] Zunächst bedarf es guten Essens. Sich lediglich satt zu essen, reicht nicht. Zu jeder Mahlzeit [...] gehören Huhn, Schwein, Fisch oder Eier, [...] und nach Bedarf erhält man Affenhirn, Schwalbennester und weiße Wolkenohrpilze.»

Tan Zhenlin in der Rotgardistenzeitung *Hongqi* vom 21. März 1967.

«Südlich des Yangzi ist der Kugelfisch die größte Delikatesse. [...] Muß man sich, um Extravaganz zu demonstrieren, wirklich eines Tieres bedienen, [dessen Gift] im Stande ist, einen Menschen zu töten? Man kann sich daran gütlich tun, man kann es aber ebensogut auch bleiben lassen.»

Xianqing ouji (1671) Kap. 12.

Essen in einem Restaurant in Peking.
(1962)

»Niemals werde ich mir weismachen lassen, daß Schlangenfleisch so ähnlich schmeckt wie Huhn. Ich habe vierzig Jahre in China gelebt und keine Schlange gegessen, und auch in meiner Verwandtschaft ist dergleichen nie vorgekommen.«

Lin Yutang 1936: 404.

artiges abgemildert: vor allem dann, wenn es darum geht, dem Nachlassen männlicher Potenz oder weiblicher Schönheit entgegenzuwirken. Dabei will der Norden die Befriedigung der Gelüste durchaus nicht dem Süden überlassen, und der Firmensitz der Restaurantkette *Guolizhuang* («Kräftigung im Topf»), die sich auf die Zubereitung männlicher Geschlechtsteile – von Eselpenis bis Widderhoden – spezialisiert hat, liegt nicht in Kanton, sondern in Peking.

Eine besondere Herausforderung stellt schließlich der Umgang mit chinesischen Speisekarten dar. Deren Lektüre erleichtert die Bestellung nämlich oftmals nur bedingt, was zu allerlei Überraschungen führen kann. Davor sind auch einheimische Gäste keineswegs gefeit; denn die unter Ausschöpfung menschlicher Phantasie erkorenen Benennungen der Gerichte besagen häufig weniger über die verwendeten Zutaten und den kulinarischen Anspruch der Küche als über die literarischen Ambitionen des Wirts. Es gibt freilich auch Konventionen, und wenn beispielsweise «Drache und Phönix» auf dem Speiseplan stehen, kann man im allgemeinen mit Fisch und Huhn rechnen – oder mit Schlange und Wachtel...

Relikte und Rezepte

China kann auf eine weit über dreitausendjährige Tradition des Schriftgebrauchs zurückblicken, in deren Verlauf das jeweilige Wissen unter anderem auf Tierknochen, Bronzegefäßen, Holztäfelchen, Steinstelen, Seide und Papier festgehalten wurde. Allerdings diente die Beherrschung dieses Mediums zunächst nicht der Aufzeichnung von Kochrezepten, sondern in erster Linie der Fixierung religiöser Inhalte: vor allem der Dokumentation von Orakelbefragungen. Und wenn vor der Gründung des Kaiserreiches im Jahre 221 v. Chr. der Umgang mit Nahrungsmitteln festgehalten wurde, ging es meist weniger um kulinarische Genüsse denn um die Landwirtschaft und den korrekten Vollzug der Riten. Immerhin läßt sich aber bereits dem an der Wende zum dritten vorchristlichen Jahrhundert entstandenen *Zhaohun* entnehmen, daß man sich damals unter anderem an Ochsenkoteletts, Schildkrötenragout, Honigkuchen und eisgekühltem Bier labte, und die Lektüre des noch weit älteren *Shijing* (Kap. *Daya*) gibt einen ersten Einblick in die Etikette.

Korrektes Verhalten war dann schließlich auch das zentrale Thema zweier Normenkompendien, *Zhouli* und *Liji*, die im 1. und 2. Jahrhundert n. Chr. kompiliert wurden. Zwar fußen beide Werke auf früheren Quellen, doch vermitteln sie aufgrund ihrer verklärenden Sichtweise nicht unbedingt die Realität der Zhou-Dynastie. Dennoch sind die darin enthaltenen Vorschriften keineswegs historisch irrelevant; denn indirekt bezeugen sie, daß die Verbindlichkeit von Konventionen vor rund 2000 Jahren begrenzt war und daraus die Notwendigkeit abgeleitet wurde, dem Mangel an Manieren durch die kreative Ausgestaltung von «Tradition» entgegenzuwirken.

Bereits das *Liji* interessierte sich dafür, welche Aufgaben Monat für Monat bei Hofe und im ganzen Reich anfielen und wie ein Speiseplan auszusehen hatte, um dem Jahreslauf zu entsprechen. Auf der Grundlage dieser zeitlichen Ordnung wurden auch schon früh Ratgeber zusammengestellt, die den Landwirten konkrete Hilfestellungen anboten. Den Anfang markiert das *Simin yueling*, das um die Mitte des 2. Jahrhunderts die wichtigsten Aktivitäten auf einem Gutshof beschrieb, darunter die Konservierung von Lebensmitteln und die Herstellung alkoholischer Getränke. Kochrezepte sollte freilich erst das rund 400 Jahre später verfaßte *Qimin yaoshu* enthalten, das über weite Passagen hinweg die Zubereitung verschiedener Gerichte erläutert: vom eingelegten Gemüse über den Hirsebrei bis hin zum Surfleisch. Auch sind praktische Hinweise eingestreut, die schildern, wie sich das Ansetzen im Topf oder Schädlingsbefall verhindern lassen.

«Vom Verzehr junger Weichschildkröten ist [grundsätzlich] abzusehen. [Außerdem muß man] entfernen: beim Wolf die Eingeweide, beim Hund die Nieren, bei der Wildkatze die Wirbelsäule, beim Hasen den Steiß, beim Fuchs den Kopf, beim Ferkel das Hirn...»

Liji (2. Jh.) Kap. *Neice*.

Titel	Autor/Kompilator	Datierung
Simin yueling	Cui Shi	um 160
Qimin yaoshu	Jia Sixie	um 540
Gengzhitu	Lou Shou	1145
Nongshu	Chen Fu	1149
Nongsang jiayao	Meng Qi (?)	1273
Nongshu	Wang Chen	1313
Nongsang yishi cuoyao	Lu Mingshan	um 1314
Nongzheng quanshu	Xu Guangqi	1628
Shoushi tongkao	E'ertai	1742

Agrarhandbücher mit Angaben über Speisen und Getränke (Auswahl)

Der Brauch, exakte Mengenangaben für die verwendeten Zutaten festzuhalten, kam allerdings wohl nicht vor der Song-Zeit auf. Als älteste erhaltene Rezeptesammlung, die auf diese Weise das Nachkochen der aufgeführten Speisen erleichtert, gilt im allgemeinen das *Wushi zhongkuilu*: ein Bändchen, das einer «Frau Wu» zugeschrieben wird, die im 13. Jahrhundert in der östlichen Küstenregion gelebt haben soll. Nicht immer leicht ist es indes, eine klare Trennlinie zu jenen Werken zu ziehen, die sich in erster Linie nicht als Leitfaden zur Herstellung schmackhafter Gerichte verstehen, sondern als Ratgeber für eine gesunde Ernährung. Schließlich stand die Diätetik im Zentrum der stark auf Prävention ausgerichteten chinesischen Heilkunde, und die Bezeichnung «Rezept» ist im Chinesischen ähnlich doppeldeutig wie im Deutschen.

Gebäck.
Grabbeigabe (8. Jh.)

Zahllose Traktate setzen sich überdies mit dem Genuß von Tee und Alkohol auseinander. Auch hier spielt natürlich die «Lebenspflege» eine entscheidende Rolle, doch ist darüber hinaus eine ganze Reihe von Studien überliefert, die sich mit der sorgfältigen Auswahl der Zutaten, der angemessenen Gestaltung des Tisches und dem korrekten Ablauf des Trinkens befassen. Hervorzuheben sind im Hinblick auf den Tee das *Chajing* (760), das *Daguan chalu* (1107) und das *Chaju tuzan* (1269); alkoholischen Getränken widmen sich unter anderem das *Jiujing* (1090), das *Beishan Jiujing* (1117) und das *Shangzheng* (1606). Zuweilen argumentieren diese Schriften mit geradezu feierlichem Ernst, oft aber auch mit einem erfrischenden Hauch von Ironie. Und manche Satire scheut sich nicht, den Leser mit derbem Humor zu konfrontieren.

Ohnehin sind die Angaben in Kompendien, die von und für Spezialisten geschrieben wurden, unter Umständen weniger aufschlußreich als Schilderungen, die sich in der Belletristik finden: also in Romanen, Novellen, Reiseberichten oder in den «Pinselaufzeichnungen», einer literarischen Gattung, die höchst unterschiedliche Prosavarianten in sich vereint, welche nicht an eine feste Form gebunden sind. So enthalten beispielsweise einige Städtebeschreibungen der Song-Zeit lange Passagen über die Vielfalt der auf den Märkten feilgebotenen Lebensmittel und die nahezu unermeßliche Zahl von Gerichten, die man in den Schenken servierte. Besonders instruktiv sind aber auch Gedichte, durch deren Lektüre sich – trotz einer gelegentlichen Neigung zur subjektiven Überhöhung – zahllose Aspekte des Alltagslebens erschließen lassen, wobei die Passion für Tee und alkoholische Getränke allerdings deutlich häufiger thematisiert wird als die Begeisterung für gutes Essen.

Die offizielle Überlieferung oblag den Historiographen: einer Gruppe von Spezialisten, die in der Tradition der Schreiber stand, welche im ausgehenden 2. Jahrtausend v. Chr. die Orakelbefragungen dokumentiert hatten. Eine leichte Affinität zur Wahrsagung läßt sich aber auch noch in der Kaiserzeit konstatieren, bestand die Aufgabe der Chronisten doch nicht unbedingt darin, den Lauf der Ereignisse korrekt festzuhalten. Vielmehr hatten sie Paradigmen zu formulieren, an denen sich folgende Generationen orientieren sollten: gegebenenfalls unter Ausklammerung oder Verzerrung der Realität. Bis zu einem gewissen Grad gilt dieser Vorbehalt auch für viele auf Betreiben des Hofes zusammengestellte Enzyklopädien, die zwar den Bildungshorizont einer Epoche ausleuchteten, nicht aber dessen politische und soziale Verankerung; dafür eigneten sich diese Handbücher meist hervorragend zur Vorbereitung für die Beamtenprüfungen, welche die Aufnahme in den Staatsdienst regelten.

Jenseits des offiziell verordneten Geschichtsbilds gab es indes durchaus Schriften, denen weniger an wohlformulierter ethischer Orientierungshilfe denn an nüchterner Informationsvermittlung gelegen war: darunter Lokalchroniken, Statutensammlungen, Rechtskodizes und Bauernkalender. Erschwert wird der Umgang mit den Quellen jedoch durch die Tatsache, daß diese fast durchweg nur in Fassungen überliefert sind, die am Ende einer langen Überlieferungskette stehen. Archive, die eine bis zur Reichseinigung zurückreichende Kontinuität aufweisen, existieren nämlich nicht. Eine Ausnahme bilden Texte, die einstmals in Stein gemeißelt wurden, um ihre dauerhafte Verbindlichkeit zu gewährleisten.

Neben epigraphischen Zeugnissen kommt aber seit einiger Zeit auch einer beträchtlichen Anzahl von Schriften wachsende Bedeutung zu, die sich unter den Beigaben in Gräbern aus der frühen Kaiserzeit finden und einen Abgleich mit den bislang bekannten Versionen erlauben: darunter eine ganze Reihe von diätetischen Abhandlungen. Ebenfalls hinterlegt wurden zuweilen Kochbücher. So barg das Grab des 162 v. Chr. im heutigen Yuanling (Provinz Hunan) bestatteten Wu Yang mehr als 150 Rezepte, die auf rund 300 Bambusstreifen notiert waren und mehrheitlich Anweisungen zur Zubereitung von Fleisch enthielten.

Darüber hinaus haben sich in den nordwestlichen Grenzgarnisonen und in buddhistischen Klosteranlagen allerlei Aufzeichnungen

Titel	Autor/Kompilator	Datierung
Wushi zhongkuilu	Wushi («Frau Wu»)	1. Hälfte des 13. Jhs.
Benxinzhai shushipu	Chen Dasou	um 1250
Shilin guangji	Chen Yuanjing	um 1280
Shanjia qinggong	Lin Hong	2. Hälfte des 13. Jhs.
Yinshan zhengyao	Hu Sihui	1330
Jujia biyong shilei quanji	(?)	1. Hälfte des 14. Jhs.
Yi Ya yiyi	Han Yi	1. Hälfte des 14. Jhs.
Yunlintang yinshi zhidu ji	Ni Zan	1360
Yinzhuan fushi jian	Gao Lian	1591
Xianqing ouji	Li Yu	1671
Shixian hongmi	Zhu Yizun	1680
Yang xiaolu	Gu Zhong	1698
Tiaoding ji	Tong Yuejian (?)	um 1765 mit späteren Ergänzungen
Suiyuan shidan	Yuan Mei	1790

Kochbücher mit umfangreichem Rezeptteil (Auswahl)

erhalten, die Einsichten in das Leben der dort ansässigen Bevölkerung vermitteln. Noch instruktiver sind freilich die Wandmalereien in den mehrheitlich während der Tang-Zeit (618–907) in den Randzonen von Gobi und Taklamakan errichteten Höhlenkomplexen, die nicht nur religiöse Themen aufgreifen, sondern auch den Alltag von Mönchen und Laien. Vereinzelt verfügten die Klöster über regelrechte Schatzkammern; so entdeckte man im Fundament einer zum Famensi (Provinz Shaanxi) gehörenden Pagode einen «unterirdischen Palast», der zahllose Kostbarkeiten barg, die zum großen Teil vom Kaiserhaus gestiftet worden waren: darunter Geschirr und verschiedene Gegenstände, die man für die Zubereitung von Tee benötigte. Hortfunde sind in China eher selten. Entweder vertraute man das Familienvermögen in Krisenzeiten nicht gerne einem Versteck an, oder die Fundquote war vergleichsweise hoch: sei es durch die Besitzer, sei es durch Diebe. Es gibt aber Ausnahmen. Dazu zählt der Komplex von Hejiacun (Provinz Shaanxi), der unter anderem zahllose Objekte aus Gold und Silber umfaßte, von denen die Teller, Schalen, Platten und Kannen einen Einblick in die gehobenen Tafelfreuden des 8. Jahrhunderts gewähren.

Die meisten Anhaltspunkte für die Rekonstruktion der Lebensumstände während der vormodernen Zeit finden sich in Gräbern, die häufig mit einer Verkleidung aus Reliefziegeln oder gravierten Steinplatten versehen oder großflächig ausgemalt waren. Abgesehen von mythologischen Motiven lassen sich darauf auch regelmäßig Alltagsszenen erkennen, von denen die eine oder andere in der Küche lokalisiert ist. Hinzu kommen zumeist aus Ton gefertigte Plastiken, die man in den Gräbern hinterlegte: darunter Menschen- und Tierfiguren sowie Miniaturen von Speicherbauten, Aborten, Pferchen, Brunnen, Mühlen und Herden. Außerdem befinden sich unter den Beigaben immer wieder Eß- und Trinkgefäße, bei denen die Wahl des Materials nicht zuletzt den sozialen Status der Verstorbenen zu veranschaulichen hatte.

Vielfach zählen aber auch Nahrungsmittel zu den Funden, und bisweilen wurde sogar eine komplette «Speisekammer» im Grab angetroffen. Besonders bedeutend sind in diesem Zusammenhang die Hinterlassenschaften in Grab 1 von Mawangdui (Provinz Hunan), das ungefähr auf das Jahr 167 v.Chr. zurückgeht und, neben Unmengen von Lebensmitteln, Aufzeichnungen enthielt, die es ermöglichen, die einstigen Benennungen der deponierten Gerichte zu erschließen. Inventarlisten mit entsprechenden Angaben sind ansonsten sogar noch deutlich früher belegt und gestatten – etwa bei einer auf das 4. Jahrhundert v.Chr. zurückgehenden Bestattung in Baoshan (Provinz Hubei) – die Rekonstruktion eines «Menüs», das unter anderem aus Schweinebraten, Fischragout und Honigpflaumen bestand. Allerdings ist in diesem Fall keine direkte Bezugnahme auf zoologische oder botanische Überreste möglich.

Schließlich bilden antike Bildrollen und Albumblätter eine wichtige Informationsquelle, obschon die Mehrzahl von ihnen nur durch spätere Kopien überliefert ist. Trotz unsicherer Authentizität sollte man die Werke nicht von vornherein als Belege ausklammern; denn der Umgang mit dem Original war in China vergleichsweise unverkrampft, und die Fähigkeit zur einfühlsamen Nachahmung zählte zu den Anforderungen an einen Künstler von Rang. Analog dazu sorgte der Buchdruck, der seit der Song-Zeit eine weite Verbreitung des Wissensstoffs bewirkte, nicht nur für eine Standardisierung der Texte, sondern auch für eine relativ einheitliche Gestaltung der Illustrationen. Ohnehin waren – und sind – die Trennlinien zwischen den Medien nicht immer scharf. Und so gilt etwa die Behauptung, daß Wang Wei (699–759) «Gedichte [schuf], die das Fluidum von Bildern vermitteln, und Bilder, die Assoziationen an Gedichte wecken» *(Mojie shi Lantian yanyu tu),* nicht nur für dieses Universalgenie, sondern für viele Angehörige der jeweiligen Bildungseliten.

2. Harmonie zwischen den Zähnen

Die Grundlage der Ernährung:
Getreide und andere Stärkepflanzen

In China ißt man Reis. Das ist nicht nur Topos, sondern – im Gegensatz zu vielen anderen Wahrnehmungen – auch Realität. Schließlich ist das Land der größte Produzent weltweit. Dennoch ist die Regierung seit einiger Zeit genötigt, die Vorräte durch Importe zu ergänzen; denn selbst die nunmehr vermehrt zum Einsatz gelangten Hybridzüchtungen, die einen um fünfzehn bis zwanzig Prozent höheren Ertrag ermöglichen, können die Versorgung der Milliardenbevölkerung nicht sicherstellen. Zudem bringen sie die Bauern in eine risikoreiche Abhängigkeit. Da die nachfolgenden Pflanzengenerationen genetisch nicht beständig sind, muß das Saatgut nämlich jedes Mal neu produziert werden.

Reis.
Buchillustration (1609)

Ansonsten läßt sich die Sortenvielfalt in zwei Gruppen aufgliedern: *Oryza sativa indica* (mit langen, schmalen Körnern und ausgeprägter Quellfähigkeit) und *Oryza sativa japonica* (mit ovalen bis runden Körnern und deutlich geringerer Wasseraufnahme beim Kochen). Bei beiden Unterarten gibt es überdies Varietäten, die wegen ihres vergleichsweise hohen Anteils an Dextrin und Amylopektin bei der Zubereitung eine anhaftende Konsistenz annehmen und daher recht anschaulich als «Klebreis» bezeichnet werden. Die chinesische Terminologie ist indes noch deutlich vielgestaltiger und komplexer. Sieht man einmal von zahllosen regionalen Benennungen ab, dann stehen neben den botanischen Merkmalen vor allem zwei weitere Kriterien im Vordergrund: die Art der Anbaufläche (Trockenland oder Bewässerungsterrasse) und die zeitliche Einordnung von Aussaat und Ernte (früh bzw. spät).

> «(1) Es darf nur sorgfältig entspelzter Reis von guter Qualität [...] verwendet werden. (2) Dieser ist solange gründlich [...] zu waschen, bis nur noch klares Wasser aus dem [dabei verwendeten] Korb abtropft. (3) Man führe zunächst kräftige Hitze zu und reduziere das Feuer dann auf niedrige Temperatur. (4) Um die richtige Konsistenz zu erzielen, sollte weder zu viel noch zu wenig Wasser zugegeben werden.»
>
> *Suiyuan shidan* (1790) Kap. 13.

Seit der Han-Zeit ist es in China üblich, den Reis nach dem Dreschen nicht nur zu «schälen» (von Spelzen zu befreien), sondern auch zu «polieren». Dabei wird das Silberhäutchen entfernt, so daß das Korn schneller gar und leichter verdaulich ist. Andererseits gehen dadurch aber wertvolle Nährstoffe verloren: insbesondere das vor der Mangelerkrankung Beriberi schützende Vitamin B1.

In den Jahrtausenden vor unserer Zeitrechnung wurde Reis vor allem – aber keineswegs ausschließlich – im Süden des Landes angebaut. Im Norden dominierten hingegen andere Zerealien: namentlich die Rispenhirse *(Panicum miliaceum)* und die Kolbenhirse *(Setaria italica)*. Deren Körner weisen jeweils einen hohen Proteinanteil auf und sind reich an Vitaminen und Mineralien: darunter Silizium, Magnesium, Kalium und Eisen. In der Schale finden sich hingegen weniger gut verträgliche Substanzen wie Phytinsäure und Oxalsäure, weshalb die ohnehin bitter schmeckenden Spelzen üblicherweise entfernt werden.

Heute fällt der Hirseanbau ökonomisch kaum mehr ins Gewicht. Und auch die Produktion anderer Zerealien und Pseudozerealien, die im Lauf der Geschichte überregionale Bedeutung erlangten, ist in den Statistiken des 21. Jahrhunderts kaum mehr vertreten: darunter Sorghum *(Sorghum bicolor)*, Gerste *(Hordeum vulgare)*, Hafer *(Avena sativa)*, Buchweizen *(Fagapyrum esculentum)*, Hiobsträne *(Coix lacryma-jobi)* und weißer Gänsefuß *(Chenopodium album)*. Für die menschliche Ernährung unerheblich sind inzwischen auch die Körner des Hanfs *(Cannabis sativa)*, der in den traditionellen chinesischen Pflanzenklassifikationen zu den Getreidearten gerechnet wurde.

Deutliche Zuwachsraten verzeichnete dagegen über Jahrzehnte hinweg der Weizen *(Triticum aestivum)*, und China ist heute trotz neuerdings stagnierender Zahlen mit Abstand der größte Produzent weltweit. Wegen des enormen Bedarfs ist das Land dennoch regelmäßig auf Importe angewiesen. Ebenso wie Reis wurde die Pflanze vermutlich bereits in prähistorischer Zeit angebaut, doch liegen verläßliche archäologische und schriftliche Quellen erst seit der Han-Zeit vor, als das Getreide primär zu Mehl – und dieses wiederum zu Nudelteig – verarbeitet wurde.

«Weizen wurde uns zuteil:
fein wie Jadestaub
und zerstiebender Pulverschnee –
kristallgewordenes Himmelsnaß.»

Benxinzhai shushipu (um 1250) Kap. 1.

Mais *(Zea mays)* gelangte zwar bereits im 16. Jahrhundert im Rahmen der europäischen Expansion in das «Reich der Mitte», doch wurde die ursprünglich aus Amerika stammende Pflanze erst mit gehörigem zeitlichen Abstand zu einem bedeutsamen Wirtschaftsfaktor: zunächst vor allem im Südwesten des Landes, später nahezu flächendeckend. In der Weltproduktion steht China gegenwärtig an zweiter Stelle. Allerdings ist die Bedeutung, die der Mais für die nationale Lebensmittelversorgung hat, relativ schwer auszumachen, da der Exportanteil weitaus höher liegt als bei jedem anderen Getreide. Darüber hinaus muß festgehalten werden, daß nur ein relativ kleiner Teil der Ernte direkt zur menschlichen Verpflegung beiträgt. Riesige Mengen werden hingegen als Viehfutter verwendet, und die wachsende Nachfrage nach Fleisch ist letztlich wohl der wesentliche Grund dafür, daß die Anbauflächen für Mais – anders als im Falle von Reis und Weizen – zugenommen haben. Künftig wird bei der Nutzung allerdings auch das Potential für die Gewinnung von Bioenergie eine größere Rolle spielen.

	Reis	Weizen	Mais	andere
1980	134	55	63	62
1985	169	86	64	61
1990	189	98	97	62
1995	185	102	112	17
2000	188	100	106	12
2005	181	97	139	10

Getreideerträge (in Mio. Tonnen) von 1980 bis 2005

Feldbestellung.
Malerei auf Tonziegel (3. Jh.)

Neben dem Getreide werden in China verschiedene Knollenpflanzen wegen ihres hohen Stärkeanteils kultiviert: Taro *(Colocasia esculenta)* und Yams *(Dioscorea polystachya)* bereits in prähistorischer Zeit, Batate (Süßkartoffel, *Ipomoea batatas*) und Kartoffel *(Solanum tuberosum)* hingegen erst seit dem 16. Jahrhundert. Vor allem Taro war lange Zeit wichtiger Bestandteil des Speisezettels, nicht nur als Notnahrung, sondern auch als Spezialität am kaiserlichen Hof. Seit der Einführung der Neuweltpflanzen ist die Produktion indes stark zurückgegangen. Dieser Trend hat sich in den letzten Jahren nochmals verstärkt, und heute wird die Kartoffel in größerem Umfang angebaut als alle anderen Knollenpflanzen zusammen. Auch wenn die Eßgewohnheiten der Chinesen das zunächst nicht vermuten lassen, ist das Land derzeit der weltweit größte Produzent von Bataten und Kartoffeln. Taro und Yams sollten im übrigen lange gekocht werden, um die in den Knollen enthaltenen Toxine auszuschwemmen: am besten unter mehrfachem Wechseln der Flüssigkeit.

Auf die Frische kommt es an:
Gemüse und Obst

Nicht zuletzt wegen des hohen Proteingehalts der ausgereiften Samen bilden Hülsenfrüchte einen wichtigen Bestandteil der Ernährung. Zudem sind die Erträge, die auf relativ kleinen Anbauflächen erzielt werden können, vergleichsweise hoch. Traditionell werden in China vor allem die Adzukibohne *(Vigna angularis),* die Reisbohne *(Vigna umbellata),* die Mungbohne *(Vigna radiata)* und die Puffbohne *(Vicia faba)* geschätzt. Solange die Schoten jung sind, werden sie bei manchen Sorten – ebenso wie bei Erbsen *(Pisum sativum)* – mitverzehrt. Wegen ihrer knackigen Frische und ihres hohen Nährwerts besonders beliebt sind überdies die Bohnensprossen (insbesondere von *Vigna radiata).*

Ölmühle.
Buchillustration (1637)

Aber auch die zarten Keimlinge der Sojabohne *(Glycine max)* sind fester Bestandteil des Speiseplans. Ansonsten nimmt diese Pflanze aber eine Sonderstellung unter den Leguminosen ein. Sie kann nämlich zu den verschiedensten Produkten weiterverarbeitet werden: nicht zuletzt zu Milch und Quark. Hierfür werden die Bohnen zunächst in Wasser zum Quellen gebracht und anschließend püriert und gefiltert, wodurch eine ausgesprochen eiweißreiche Flüssigkeit entsteht. Diese Milch ist trinkbar; sie läßt sich aber auch mit Hilfe von Gerinnungsmitteln (unter anderem Gips) zum Ausflocken bringen. Nach dem Auspressen des Wassers bleibt dann eine Masse übrig, der unter Druck eine mehr oder minder feste Form

Bohnenquark mit Schweinehack (Sichuan)

Zutaten

250 g gehacktes Schweinefleisch
3 EL Sojasauce
2 EL Reiswein
5 EL Erdnußöl, 1 EL Sesamöl
1 Tasse gehackte Frühlingszwiebeln
1 EL gehackte Ingwerwurzel
1 EL gehackte frische Chilis

2 EL Bohnensauce
500 g in Würfel geschnittener Bohnenquark (doufu)
125 ml Hühnerbrühe
2 EL Stärkemehl,
in 4 EL kaltem Wasser gelöst
2 TL zuvor gerösteter Sichuan-Pfeffer

Zubereitung

1 Schweinehack mit Sojasauce und Reiswein vermengen
2 Mischung aus Erdnuß- und Sesamöl erhitzen
3 Schweinehackmischung darin kurz anbraten
4 Frühlingszwiebeln, Ingwer, Chilis, Bohnensauce, Bohnenquark und Hühnerbrühe zugeben
5 Unter ständigem Rühren mit Stärkemehllösung andicken lassen
6 Mit Sichuanpfeffer abschmecken

verliehen wird. Der so – oder nach einem ähnlichen Verfahren – produzierte Bohnenquark wird im Chinesischen als *doufu* bezeichnet, ist aber im Westen eher unter dem japanischen Begriff *tofu* bekannt. Dabei handelt es sich freilich lediglich um unterschiedliche Aussprachen derselben Schriftzeichen, die wörtlich die Bedeutung «verrottete Bohnen» haben und nur sehr bedingt erkennen lassen, welche Rolle diesem Nahrungsmittel in einem Land zukommt, in dem sich viele Menschen vegetarisch ernähren.

Daneben werden aus der Sojabohne verschiedene Würzpasten und -soßen hergestellt. In zunehmendem Maße bildet sie aber – ebenso wie Raps – die Grundlage für die Produktion von Biokraftstoff, und hierin liegt wohl der wesentliche Grund dafür, daß seit einiger Zeit riesige Mengen davon importiert werden. Bei der Herstellung von Speiseöl ist der Marktanteil in den letzten Jahren indes eher rückläufig, während Fette aus Erdnuß, Sonnenblume und anderen ursprünglich nur auf dem amerikanischen Kontinent heimischen Pflanzen ihre Verkaufszahlen verbessern konnten.

Kürbiskernöl spielt in der chinesischen Küchentradition keine nennenswerte Rolle. Allerdings werden die Samen verschiedener *Cucurbitaceae* in den letzten Jahren in größerem Umfang exportiert: nicht zuletzt nach Österreich, wo daraus «original steirisches Kernöl» produziert wird. Primär baut man die Pflanzen freilich wegen des wohlschmeckenden Fruchtfleisches an. Der Wachskürbis *(Benincasa hispida)* wird obendrein gerne ausgehöhlt und als Speisenbehältnis verwendet, der Flaschenkürbis *(Lagenaria siceraria)* als Kalebasse. Großer Beliebtheit erfreut sich zudem die ebenfalls zu den *Cucurbitaceae* zählende Gurke *(Cucumis sativus),* die nicht nur als Zutat ungezählter Gerichte dient, sondern – kunstvoll in Form gebracht – auch als Dekoration. Die Kultivierung der Aubergine *(Solanum melongena)* läßt sich in China historisch weit zurückverfolgen. Erst mit der europäischen Expansion gelangten hingegen die anderen *Solanaceae* ins Land: unter anderem die Paprika *(Capsicum annuum),* der Chili *(Capsicum frutescens)* und die als «Barbarenaubergine» bekannte Tomate *(Solanum lycopersicum).*

Pflanze	wiss. Benennung	Fettsäure-Hauptgruppe
Baumwolle	*Gossypium arboreum*	Linolsäure
Erdnuß	*Arachis hypogaea*	Ölsäure
Hanf	*Cannabis sativa*	Linolensäure
Lein	*Linum usitatissimum*	Linolensäure
Perilla	*Perilla frutescens*	Linolensäure
Raps	*Brassica napus*	Erucasäure
Rübsen	*Brassica rapa*	Erucasäure
Schlafmohn	*Papaver somniferum*	Linolsäure
Sesam	*Sesamum indicum*	Ölsäure
Soja	*Glycine max*	Linolensäure
Sonnenblume	*Helianthus annuus*	Linolsäure
Teestrauch	*Camellia spp.*	Ölsäure

Ölsaaten (Auswahl)

Seit mehr als 2000 Jahren kaum wegzudenken aus der chinesischen Küche sind Bambussprossen. Kurz nach der Ernte schmecken die im Frühjahr oder Winter ausgegrabenen Schößlinge der Gattungen *Phyllostachys, Bambusa* und *Dendrocalamus* am besten, doch sollten sie vor dem Verzehr gekocht werden, um die darin enthaltenen Toxine zu neutralisieren. Es gibt aber durchaus Konserven von einer Qualität, die eine angemessene Zubereitung – unter anderem Dämpfen, Braten und Einlegen – des von der Diätetik gerühmten Nahrungsmittels gewährleistet.

Frei von Giftstoffen sind hingegen die Rhizome des indischen Lotos *(Nelumbo nucifera)*, die man zumeist in Scheiben schneidet, bevor sie gekocht, gedämpft oder frittiert werden. Man kann sie aber auch roh verzehren, einlegen, trocknen oder zu Mehl verarbeiten. Genießbar sind überdies die Sprossen, Blätter und Blütenknospen dieser von Buddhisten wie Daoisten gleichermaßen als Symbol vereinnahmten Wasserpflanze; bei den Nüssen sollte zuvor allerdings sowohl die Fruchtwand als auch der bittere Embryo entfernt werden. Ebenfalls aquatisch kultiviert wird die Wasserkastanie *(Eleocharis dulcis):* eine Sumpfbinsenpflanze, deren Knollen – nach dem Entfernen der Schale – weißes, festes Fruchtfleisch preisgeben, das man wegen seiner knackigen Konsistenz und seines süßlichen Geschmacks schätzt. Alternativ dazu kann die enthaltene Stärke zur Mehlproduktion genutzt werden.

Unter den Wurzelgemüsen sind ansonsten vor allem Rettich *(Raphanus sativus)* und Karotte *(Daucus carota)* hervorzuheben. Beide Pflanzen werden auf vielfältige Weise zubereitet: unter anderem gebraten, gekocht, gedünstet und eingelegt. Darüber hinaus eignen sie sich bestens für dekorative Zwecke, und so sorgen beispielsweise geschnitzte Kraniche für Abwechslung auf dem Teller. Die Karotte gelangte erst relativ spät nach China und wird deshalb dort bis heute als «Barbarenrettich» bezeichnet. Das bezeugt eine gelungene Integration, war doch der Rettich ursprünglich selbst ein exotisches Gewächs und zu jenem Zeitpunkt erst seit einigen Jahrhunderten im Lande heimisch.

«Bei Gesprächen über die Qualität von Gemüse werden [im allgemeinen] Begriffe wie ‹unverfälscht›, ‹makellos›, ‹duftig› oder ‹knackig› bemüht. Dabei wird übersehen, daß sich seine Vorzüge, die es über jedes Fleisch heben, in nur einem Wort zusammenfassen lassen: Frische.»

Xianqing ouji (1671) Kap. 12.

Fast in ganz China verbreitet sind Lauchgewächse: obschon sie in einer Reihe diätetischer Werke als «penetrant riechend» eingestuft werden und einige buddhistische Schulen den Verzehr untersagen. Für die Mehrzahl der *Alliaceae* ist der Anbau spätestens seit der Han-Zeit durch archäologische Funde und Schriftquellen gut belegt. Speisezwiebel, Schalotte und Schnittlauch wurden hingegen erst sehr viel später eingeführt.

Unter den Blattgemüsen dominieren verschiedene Pflanzen, die der Gattung Brassica zuzurechnen sind: namentlich der Chinakohl *(B. rapa chinensis* und *B. rapa pekinensis)* und der Weißkohl *(B. oleracea).* Das Spektrum der Verwendbarkeit ist riesig; bevorzugt wird zwar ein Verzehr kurz nach der Ernte, doch gibt es auch verschiedene Verfahren der Haltbarmachung: vor allem durch Einlegen in Salz oder Essig. Hervorzuheben sind ansonsten noch Stangensellerie *(Apium graveolens)* und Gemüse-Amaranth *(Amaranthus tricolor).* Spinat *(Spinacia oleracea),* der auch die Grundlage von Lebensmittelfarben bildet, gelangte wohl erst unter der Tang-Dynastie über die Seidenstraße nach China.

chin. Lauch	*Allium ramosum*	Porree/Lauch	*Allium porrum*
chin. Schalotte	*Allium chinense*	Schalotte	*Allium ascalonicum*
chin. Schnittlauch	*Allium tuberosum*	Schlangenlauch	*Allium scorodoprasum*
Frühlingszwiebel	*Allium fistulosum*	Schnittlauch	*Allium schoenoprasum*
Knoblauch	*Allium sativum*	Speisezwiebel	*Allium cepa*

Lauchgewächse (Auswahl)

Zu den Pflanzen, die den Menschen mit wertvollen Mineralien (unter anderem Kalzium und Eisen) und Vitaminen versorgen, gehören auch verschiedene Arten des Brauntangs und der Rotalge: insbesondere *Saccharina japonica* und *Porphyra tenera*. Genutzt werden dabei jeweils die Thalli, die man bevorzugt trocknet und später dann als Suppeneinlage verwendet. Die Kultivierung von Algen genießt in China seit einigen Jahrzehnten hohe Priorität. Zwar hat sich daher der Ertrag zwischen 1980 und 2005 mehr als versechsfacht, doch erscheint das Potential bei weitem noch nicht ausgeschöpft.

Traditionell zählen Pilze vor allem im Süden des Landes zum festen Bestandteil der Speisekammer. Das Judasohr *(Auricularia auricula-judae),* ein an Bäumen wachsender Schwächeparasit, ist im Westen besser unter den Bezeichnungen «Wolkenohrpilz» und «chinesische Morchel» bekannt. Seine lappenartigen Fruchtkörper kommen im allgemeinen getrocknet in den Handel und müssen, bevor sie in warmem Wasser quellen, gründlich gewaschen werden. Durch das Einweichen erreichen sie mindestens das Doppelte der ursprünglichen Größe, weshalb man bei der Portionierung eher zurückhaltend sein sollte. Die gleichen Empfehlungen gelten für die Vorbehandlung des Silberohrs

(Tremella fuciformis), das an morschen Bäumen gedeiht und in zunehmendem Maße auf Holzsubstrat gezüchtet wird. Der in Europa unter seiner japanischen Benennung geläufige Shiitake *(Lentinula edodes)* gelangt zwar mehrheitlich getrocknet auf den Markt, doch bevorzugen chinesische Köche eine Zubereitung des frischen Produkts. Der Austernpilz *(Pleurotus ostreatus)* und der Champignon *(Agaricus bisporus)* werden erst seit einigen Jahrzehnten in größerem Umfang angebaut: für den gestiegenen Eigenbedarf wie für den Export.

Auch beim Obst ist die Ausfuhr einer der wesentlichen Gründe für die enormen Zuwachsraten. Andererseits ist aber auch im Inland die Nachfrage deutlich größer als noch vor einigen Jahrzehnten. Das liegt natürlich nicht zuletzt an dem höheren Lebensstandard, den inzwischen ein wachsender Teil der Bevölkerung genießt. Dabei drängt sich beinahe eine Parallele zur Song-Dynastie auf, als die wohlhabende Oberschicht ihren Wohlstand unter anderem durch das Vertilgen von größeren Mengen Frischobst demonstrierte.

	Äpfel	Birnen	Zitrusfrüchte	Bananen	Weintrauben
1980	2363	1466	713	61	110
1985	3614	2137	1808	631	361
1990	4319	2353	4855	1456	859
1995	14008	4942	8225	3125	1742
2000	20431	8412	8783	4941	3282
2005	24011	11324	15919	6518	5794

Ernteerträge (in Tsd. Tonnen) von 1980 bis 2005

Wegen ihres geringen Bekanntheitsgrades im Westen und ihrer repräsentativen Funktion in der chinesischen Küche verdienen es einige Früchte, kurz hervorgehoben zu werden. Schon für die Antike außergewöhnlich gut belegt ist etwa der Anbau der Jujube, einer länglichen roten Steinfrucht, die damals vor allem im Norden des Landes heimisch war. Vornehmlich im Süden wird indes seit jeher die Litschi kultiviert, die äußerlich durch ihre rauhe und – je nach Reifegrad – rot bis braun gefärbte Schale zu erkennen ist; beim kleineren Longan ist diese hingegen deutlich glatter und heller. Insbesondere bei den häufig vom Sirupgeschmack dominierten Konserven fällt die Unterscheidung jedoch nicht leicht, da das Fruchtfleisch in beiden Fällen gleichermaßen durchscheinend weiß ist. Davon abgesehen gilt freilich die Litschi als etwas delikater. Aus der zentral gelegenen Region zwischen

Huanghe und Yangzi stammt wiederum der meist gelbliche Loquat, ein entfernt mit dem Apfel verwandtes Kernobst, das auch als japanische Wollmispel bekannt ist.

Erst seit wenigen Jahrhunderten werden Ananas und Papaya in China kultiviert, und doch kann man inzwischen den Eindruck gewinnen, die beiden Früchte seien von den Marktständen gar nicht wegzudenken. Beerenobst spielt in China hingegen nach wie vor nur eine nachgeordnete Rolle: mit Ausnahme der Maulbeere, die

Jujube.
Buchillustration (1609)

freilich primär wegen ihrer für die Seidenraupenzucht unentbehrlichen Blätter angebaut wird, und der Weintraube *(Vitis vinifera),* von deren Ernte allerdings heute beträchtliche Mengen für die Alkoholproduktion verwendet werden. Ansonsten wird der Saft ausgepreßter Früchte bevorzugt frisch und unvergoren getrunken. Auch die Verarbeitung zu Kompott ist verbreitet: ebenso die Konservierung mit Hilfe von Honig oder Zucker, das Einlegen in Sirup und die Herstellung von Dörrobst.

Ananas	*Ananas comosus*	Litschi	*Litchi chinensis*
Apfel	*Malus spp.*	Longan	*Euphoria longana*
Aprikose	*Prunus armeniaca*	Loquat (jap. Mispel)	*Eriobotrya japonica*
Banane	*Musa paradisiaca*	Mandarine	*Citrus reticulata*
Birne	*Pyrus spp.*	Mango	*Mangifera indica*
chin. Pflaume	*Prunus salicina*	Maulbeere	*Morus alba, Morus nigra*
Feige	*Ficus carica*	Orange	*Citrus sinensis*
Granatapfel	*Punica granatum*	Pampelmuse	*Citrus maxima*
jap. Aprikose (Ume)	*Prunus mume*	Papaya	*Carica papaya*
Jujube	*Ziziphus jujuba*	Pfirsich	*Prunus persica*
Kaki	*Diospyros kaki*	Sternfrucht	*Averrhoa carambola*
Kirsche	*Prunus pseudocerasus*	Wassermelone	*Citrullus lanatus*
Kiwi	*Actinidia chinensis*	Weintraube	*Vitis vinifera*
Kokosnuß	*Cocos nucifera*	Zitrone	*Citrus limon*
Kumquat	*Fortunella spp.*	Zuckermelone	*Cucumis melo*

Früchte (Auswahl)

Glasierter Apfel (Peking, Shandong)

Zutaten

3 Äpfel, fest und leicht säuerlich,
jeweils geschält
und ohne das Kerngehäuse
in 8 Spalten geteilt

Ausbackteig aus 100 g Mehl,
1 verquirlten Ei und ⅛ l Wasser
150 g Zucker
2 EL Sesamsamen

Zubereitung

1 Apfelspalten im Teig wälzen, dann portionsweise fritieren
und warmstellen
2 Öl bis auf einen dünnen Film abgießen
und darin den Zucker karamelisieren
3 Apfel zugeben, mit Sesamsamen überstreuen und gut vermengen
4 Auf einer Platte etwas abkühlen lassen und servieren

Hinweis

Anstelle von Äpfeln kann bei diesem Nachtisch auch anderes Obst
verwendet werden; der karamelisierte Zucker läßt sich durch erhitzten
Honig ersetzen.

Früchte zählen zu den Standardmotiven der bildenden Kunst und der
Dichtung. Vor allem aber haben viele von ihnen symbolische Bedeu-
tungen, die mehrheitlich auf eine lange Tradition zurückblicken und
bis heute Auswirkungen auf gesellschaftliche Konventionen haben.
Insbesondere bei der Auswahl von Geschenken – denn dazu zählt häu-
fig Frischobst – sollte man das nicht übersehen. Schließlich sind nicht
alle der damit verbundenen Verheißungen – darunter Glück (Loquat,
Orange), Frieden (Apfel), Kindersegen (Granatapfel, Pflaume, Melone),
Langlebigkeit (Pfirsich, Birne), weibliche Schönheit und Sexualität
(Aprikose, Kirsche) – vollkommen wertneutral.

Zuweilen werden auch neue Symbole geschaffen. So ließ Mao Zedong 1968 sieben Mangos, die er vom pakistanischen Außenminister
als Gastgeschenk erhalten hatte, an die Propagandatrupps verteilen,
die damals in Peking ihren Kampf gegen die in Ungnade gefallenen

Melonenverkäufer
in Peking. (1955)

Roten Garden intensivierten. Die dadurch signalisierte Unterstützung führte zeitweilig zu einem Kultstatus der Frucht, der höchst irrationale Züge annahm, nach dem Ende der Kulturrevolution aber auch rasch wieder verlorenging. Bis dahin war die Mango indes normalen Kategorien enthoben, und in der von bitterem Ernst geschlagenen Hauptstadt konnte schon die vorlaute Bemerkung, es handele sich um eine im Süden des Landes durchaus verbreitete Obstsorte, dramatische Sanktionen nach sich ziehen.

Hahn.
Tonfigur (2. Jh.)

Schwein.
Tonfigur (2. Jh.)

Privileg und Anstoß: tierische Produkte

In kaum einem Bereich lassen sich Statusunterschiede so deutlich festmachen wie beim Fleischkonsum. Während etwa die sieben Hauptgerichte eines kaiserlichen Menüs im Jahre 1754 von Huhn und Ente dominiert wurden, dürften weite Teile der Bevölkerung fast das ganze Jahr über vegetarisch gelebt haben: einige aus religiöser Überzeugung, die Mehrheit jedoch aus wirtschaftlichen Gründen. Daran ändert auch so manche pointiert vorgetragene Polemik nichts. Immerhin kostete ein Huhn damals annähernd soviel wie sieben Kilogramm Reis. Und noch in den 20er und 30er Jahren des 20. Jahrhunderts lag der durchschnittliche Fleischverzehr bei etwa 35 g pro Tag und Kopf.

> «Fleischesser sind von schlichtem Verstand [...], fehlt ihnen doch jegliches Reflexionsvermögen. Alle Lebewesen, die sich von Pflanzen ernähren, sind hingegen findig und klug. [...] Der Tiger, der ausschließlich Fleisch frißt, ist im Gegensatz dazu das dümmste aller Tiere. [...] Das geht aus einer Vielzahl von Büchern hervor.»
>
> *Xianqing ouji* (1671) Kap. 12.

Unter den Schlachttieren nahm in China seit dem Neolithikum stets das Hausschwein (*Sus scrofa domestica*) die dominierende Rolle ein, und in manchen Epochen wurden annähernd neunzig Prozent des Fleischkonsums dadurch abgedeckt. Zahllose Tonminiaturen, die in Gräbern der Han-Zeit gefunden wurden, zeigen sehr anschaulich, wie das Borstenvieh, das man im allgemeinen mit Küchenabfällen fütterte, in Koben gehalten wurde. Allerdings lassen die Modelle

> «Ich hatte vernommen, daß die wohlschmeckendsten Schweine in Qianyang [in der heutigen Provinz Shaanxi] gehalten werden, und jemanden dorthin geschickt, um eines zu besorgen. Als jedoch mein Diener dort [nach dem Kauf eines besonders edlen Borstenviehs] betrunken [einschlief], entkam das Tier, weshalb er es gegen ein anderes [von minderer Güte] austauschte. Ich selbst merkte nichts davon, und auch die Gäste äußerten sich [beim Mahl] erstaunt über die einmalige Qualität [des Fleisches]. Als dann aber die Sache aufflog, war es allen fürchterlich peinlich.»
>
> *Ba Wangshi huayanjing jie* (1075).

über der umzäunten Fläche häufig Abtritte erkennen, was der Idee des Recyclings eine zusätzliche – wenn auch im Hinblick auf die Hygiene vielleicht umstrittene – Dimension verleiht. Die Tatsache, daß Schweinefleisch üblicherweise vor der Zubereitung gewaschen wird, beruhigt in diesem Zusammenhang nur sehr bedingt.

Ausgesprochen beliebt sind die Innereien: Darm wird mit diversen Füllungen und als kalte Vorspeise serviert. Außerdem spricht man ihm – ebenso wie Leber, Niere, Herz und Lunge – einen hohen Wirksamkeitsgrad bei unterschiedlichen Krankheitsbildern zu; das schließt bis zu einem gewissen Grad auch den Schinken ein, für den die Keule zunächst gepökelt und dann geräuchert wird. Schließlich wird Schweineschmalz in einigen Regionen zum Anbraten verwendet oder den bereits fertigen Speisen zugesetzt.

Gerichte, bei denen das Fleisch vom Hausrind *(Bos taurus domesticus)* oder vom Wasserbüffel *(Bubalus arnee)* verwendet wird, spielen – obschon die Speisekarten westlicher Chinarestaurants meist einen anderen Eindruck erwecken – in der traditionellen Küche nur eine geringe Rolle. Manche Bevölkerungsgruppen verzichteten sogar grundsätzlich darauf. Der geradezu dramatische Anstieg der Produktion während der letzten Jahrzehnte ist im wesentlichen dem gestiegenen Lebensstandard geschuldet, der bei einer zu Wohlstand gelangten Oberschicht nicht zuletzt dadurch zelebriert wird, daß des öfteren einmal ein Steak auf den Teller kommt.

Rind.
Buchillustration (1609)

Rindfleisch mit Sesamsamen (Hebei)

Zutaten

300 g mageres Rindfleisch
25 g Shiitake-Pilze, zunächst 30 Min.
in warmes Wasser eingeweicht,
dann – ohne die Stiele – in feine
Streifen geschnitten
3 EL Sojasauce
1 EL Reiswein
1 TL Chilipulver

1 TL Ingwer, fein gehackt
1 TL Knoblauch, fein gehackt
5 EL Sesamsamen, zuvor geröstet
2 EL Erdnußöl
1 EL Sesamsamenöl
3 Frühlingszwiebeln,
nur der weiße Teil,
fein gehackt

Zubereitung

1 Fleisch, Pilze, Sojasauce, Reiswein, Chilipulver, Ingwer, Knoblauch
  und Sesamsamen miteinander vermengen und mindestens
  1 Stunde stehen lassen
2 Alles kräftig in einer Mischung aus beiden Ölen braten
3 Vor dem Servieren mit Frühlingszwiebeln garnieren

Schaf (*Ovis aries*) und Ziege (*Capra hircus*) werden vor allem im Nordwesten Chinas in großer Zahl gehalten. Das liegt zum einen an den die Weidewirtschaft begünstigenden geographischen und klimatischen Bedingungen, zum anderen aber auch daran, daß in dieser Region viele Muslime leben, denen der Verzehr von Schweinefleisch untersagt ist. Zudem werden insbesondere in den an der Peripherie des Landes gelegenen Hochebenen und Steppenzonen Pferde (*Equus ferus caballus*), Esel (*Equus asinus asinus*), Kamele (*Camelus bactrianus*) und Yaks (*Bos mutus*) gezüchtet, doch ist deren Bedeutung für die Nahrungsmittelversorgung nur von lokaler Signifikanz.

Das gilt bis zu einem gewissen Grad auch für Milcherzeugnisse, die im Süden traditionell keine große Rolle spielten: nicht zuletzt aufgrund der Laktoseintoleranz, von der dort ein noch höherer Anteil der Bevölkerung (weit über 90 Prozent) betroffen ist. Dessen ungeachtet hat allerdings die stärkere Ausrichtung an einen westlich inspirierten Lebensstil dazu beigetragen, daß sich die Kuhmilchproduktion in der Zeit von 1980 bis 2005 annähernd verzwanzigfachte.

«Man nehme dreißig Pfund Hundefleisch sowie jeweils sechs Pinten Weizen und klaren Alkohol. Diese Zutaten bringe man dreimal zum Aufkochen, um danach die [verbliebene] Flüssigkeit abzugießen und [in einem neuen Vorgang] jeweils drei Pinten Weizen und klaren Alkohol zuzufügen. Das Ganze wird nunmehr solange gekocht, bis sich die Knochen aus dem Hundefleisch herauslösen lassen. Anschließend menge man dreißig aufgeschlagene Hühnereier bei und gebe die Mischung in einen Sack; darin dämpfe man diese dann, bis die Eimasse eine feste Konsistenz angenommen hat. Nachdem [die Restflüssigkeit] mit einem Stein ausgedrückt wurde, warte man noch eine Nacht, bis man sich an den Verzehr machen kann.»

Qimin yaoshu (um 540) Kap. 9.

Anders als in Europa war der Hund *(Canis lupus familiaris)* in China keineswegs nur Bestandteil der Notverpflegung oder Nahrungsmittel für die Armen. Der Überlieferung zufolge war sein Fleisch zu bestimmten Anlässen fester Bestandteil der kaiserlichen Menüfolge, und in den Schriftquellen ist eine ganze Reihe verschiedener Gerichte aufgeführt: darunter «Hundesuppe mit Klebreis», «Hunderagout», «Eintopf mit Hundefleisch und Gänsedistel», «Hundefleisch mit Hanfsamen oder Hirse» und «im eigenen Fett geröstete Hundeleber». Diese Tradition ist bis heute nicht abgerissen. Trotz einer weit zurückreichenden Kette gelegentlicher Verbote gibt es auch im 21. Jahrhundert viele Menschen, für die «duftendes Fleisch» (so die euphemistische Benennung) zu den Leibgerichten zählt.

Während Hunde spätestens seit der Han-Zeit speziell für den Verzehr gezüchtet und in Koben gehalten wurden, scheint dies bei den Hauskatzen *(Felis silvestris catus)* bis heute nicht der Fall zu sein. Meist kaufen Marktstandbetreiber, Restaurants und Privatleute die Tiere von Fängern auf, die sich ihrer auf der Straße – und zuweilen wohl auch im Hausgang, im Garten oder auf dem Balkon – bemächtigt haben. In letzter Zeit ziehen diese «Massenentführungen» vermehrt Proteste in den Großstädten nach sich. Weniger stark ist bislang die Lobby der Kaninchen *(Oryctolagus cuniculus domesticus)*, die mehrheitlich in intensiver Käfighaltung dahinvegetieren. Zwar gilt das Hauptinteresse der Fellverwertung, doch ist die Fleischproduktion ebenfalls lukrativ; ein nicht unbeträchtlicher Teil davon landet im übrigen in den Kühltruhen europäischer Supermärkte.

Auch Wildbret wird nicht verachtet. Wegen einer kontinuierlichen Überjagung stehen Hirsch (darunter kleinwüchsige Gattungen wie *Hydropotes*, *Muntiacus* und *Moschus*) und Wildschwein *(Sus scrofa)* allerdings schon seit Jahrhunderten weitaus seltener auf dem Speisezettel als in der Antike. In einigen Regionen gilt nach wie vor das Fleisch verschiedener Affenarten – insbesondere der Makaken *(Macaca spp.)* – als

Hund.
Tonfigur (2. Jh.)

besonderer Leckerbissen. Das gleiche gilt für zahlreiche Nagetiere, von denen die Bambusratte *(Rhizomys spp.)* allerdings heute nicht mehr den kulinarischen Rang einnimmt, den sie einst als Spezialität am kaiserlichen Hof innehatte. Viele *Rodentia* sind indes auch gefürchtete Krankheitsüberträger – ebenso wie die Zibetkatze *(Viverra zibetha)*, der die Verbreitung des Atemwegssyndroms SARS nachgesagt wird.

Ähnlich groß ist die Auswahl beim Federwild, und es gibt kaum einen Vogel, der nicht zur Nahrungsmittelversorgung genutzt wird. Insgesamt wird die Proteinzufuhr jedoch von domestizierten Arten dominiert. An erster Stelle ist in diesem Zusammenhang das Haushuhn *(Gallus gallus domesticus)* zu erwähnen, das einen wesentlichen Anteil an der Fleischproduktion hat. Vor allem mit Festlichkeiten verbunden wird hingegen die Stockente *(Anas platyrhynchos domestica)*, für deren Zubereitung im ganzen Land anspruchsvolle Rezepte bekannt sind; berühmtestes Beispiel hierfür ist natürlich die Pekingente. Darüber hinaus spielen seit mindestens zwei Jahrtausenden auch Gans *(Anser spp.),* Fasan *(Phasianus spp.)* und Wachtel *(Coturnix coturnix)* eine gewichtige Rolle auf dem Speiseplan der Oberschicht. Die Eier des Geflügels – namentlich von Huhn und Ente – werden verzehrt, doch ist der Konsum insgesamt weitaus geringer als im Westen; für die Konservierung stehen unterschiedliche Verfahren zur Verfügung.

Hausschwein	*Sus scrofa domestica*	Moschustier	*Moschus moschiferus*
Schaf	*Ovis aries*	Dachs	*Meles meles*
Rind	*Bos taurus domesticus*	Hase/Wild-	*Lepus spp.,*
Hund	*Canis lupus familiaris*	kaninchen	*Oryctolagus cuniculus*
Pferd	*Equus ferus caballus*	Biber	*Castor fiber*
Esel	*Equus asinus asinus*	Fischotter	*Lutra lutra*
Maultier/Maulesel	*Kreuzung von E. ferus und E. asinus*	Elefant	*Elephas maximus*
		asiat. Wildhund	*Cuon alpinus*
Rothirsch	*Cervus elaphus*	Wolf	*Canis lupus*
Davidshirsch	*Elaphurus davidianus*	Rotfuchs	*Vulpes vulpes*
Tiger	*Panthera tigris*	Wildkatze	*Felis silvestris*
Leopard	*Panthera pardus*	Bengalkatze	*Prionailurus bengalensis*
Wildschwein	*Sus scrofa*	Hauskatze	*Felis silvestris catus*
Stachelschwein	*Hystrix cristata*	Marderhund	*Nyctereutes procyonoides*
Kamel	*Camelus bactrianus*	Wildpferd	*Equus ferus przewalskii*
Bär	*Ursus spp.*	Ratte	*Rattus spp., Rhizomys spp.*
Ziege	*Capra hircus*	Murmeltier	*Marmota spp.*
Gazelle	*Procapra spp.*	Marder	*Martes spp.*
chin. Muntiak	*Muntiacus reevesi*	Wiesel	*Mustela spp.*
Wasserreh	*Hydropotes inermis*	Igel	*Erinaceus spp.*

Fleischliefernde Säugetiere in einer Aufstellung des *Yinshi xuzhi* (1350) Kap. 8.

Singschwan	*Cygnus cygnus*	Jagdfasan	*Phasianus colchicus*
Pfeifschwan	*Cygnus columbianus*	Haselhuhn	*Tetrastes bonasia*
Höckerschwan	*Cygnus olor*	Stockente	*Anas platyrhynchos*
Schwanengans	*Anser cygnoides*	Spießente	*Anas acuta*
Bleßgans	*Anser albifrons*	Mandarinente	*Aix galericulata*
Streifengans	*Anser indicus*	Reiherente	*Aythya fuligula*
Nonnenkranich	*Grus leucogeranus*	Taube	*Columba spp., Streptopelia spp.*
Schwarzhalskranich	*Grus nigricollis*	Großtrappe	*Otis tarda*
Kranich	*Grus grus*	Halsbandkrähe	*Corvus torquatus*
Großer Brachvogel	*Numenius arquata*	Feldsperling	*Passer montanus*
Haushuhn	*Gallus gallus domesticus*	Ammer	*Emberiza spp.*

Zur Ernährung genutzte Vögel in einer Aufstellung des *Yinshan zhengyao* (1330) Kap. 3

Fischfang ist in China schon für das Neolithikum durch Funde von Gräten, Angelhaken, Netzsenkern und Harpunen gut belegt. Aus der Zeit nach der Reichseinigung im 3. Jahrhundert v. Chr. sind zudem zahlreiche Tonminiaturen von Teichen überliefert, deren Vorbilder offenkundig für Zuchtzwecke angelegt worden waren. Ebenfalls zur Aquakultur dienten darüber hinaus häufig die bewässerten Reisfelder, und natürlich wurden auch Flüsse und Seen befischt. Da die Umweltverschmutzung ihren Tribut fordert, sind die Fangerträge freilich heute in vielen Teilen des Landes weit niedriger als noch vor einigen Jahrzehnten.

«[Unter den in Teichen gezüchteten Fischen] dominieren Silberkarausche, Graskarpfen, Karpfen, Schwarzkarpfen und Ukelei. Zuweilen [...] sind an den Ufern Pavillons errichtet, von denen aus man die Wasserfläche überblicken kann.»

Jiatai Kuaiji zhi(1201) Kap. 17.

Für eine traditionelle Form des Fischens zieht man im Süden gezähmte Kormorane *(Phalacrocorax carbo)* heran, denen ein weicher Ring über den langen Hals gestreift wird, der verhindert, daß sie ihre Beute hinunterschlucken. Stattdessen liefern die Vögel ihren Fang am Boot oder Floß ihres Besitzers ab, um von Zeit zu Zeit mit einem Happen belohnt zu werden. Ökonomisch spielt diese Art der Nahrungsmittelversorgung gegenwärtig aber nur noch insofern eine Rolle, als sich Scharen von Touristen von dem Spektakel angezogen fühlen. Darüber hinaus gibt es Berichte, die schildern, wie dressierte Otter eingesetzt wurden, um Fische aufzuscheuchen und in die Netze zu treiben.

Während der Küstenstreifen nördlich der Yangzi-Mündung von den Bewohnern lange Zeit als Grenze zu unwirtlichen Gefilden wahrgenommen wurde, waren die Menschen, die im Südosten des Landes siedelten, dem Meer deutlich zugewandter. Das galt natürlich insbesondere für die dort ansässigen Fischer, die ihre Netze über Jahrhunderte hinweg in erster Linie zum Fang verschiedener Heringsarten auswarfen und die Ware – ähnlich wie in Europa – durch Salzen oder Trocknen haltbar machten. Analog zur

Karpfen.
Buchillustration (1330)

deutsche Bezeichnung	wiss. Benennung	Durchschnittspreis pro jin (ca. 600 g)
Karpfen	*Cyprinus carpio*	24 fen
Schwarzkarpfen	*Mylopharyngodon aethiops*	20 fen
Graskarpfen	*Ctenopharyngodon idellus*	30 fen
Tolstolob	*Hypophthalmichthys molitrix*	26 fen
Silberkarausche	*Carassius auratus*	20 fen
Scheltotscheck	*Elopichthys bambusa*	20 fen
chin. Kielweißfisch	*Culter brevicauda*	20 fen
chin. Ukelei	*Hemiculter leucisculus*	15 fen
Marmorkarpfen	*Aristichthys nobilis*	30 fen
chin. Brachsen	*Parabramis bramula*	18 fen
Mandarinfisch	*Siniperca chuatsi*	35 fen
Rotaugendöbel	*Squaliobarbus curriculus*	90 fen
Zahn-Schäfergrundel	*Odontobutis potamophila*	48 fen
weißer Kiemenschlitzaal	*Fluta alba*	60 fen
gelber Umberfisch	*Pseudosciaena amblyceps*	28 fen
kleiner Umberfisch	*Pseudosciaena undovittata*	14 fen
Corvina	*Cilus gilberti*	27 fen
chin. Umberfisch	*Nibea sina*	30 fen
Ilisha-Alse	*Ilisha elongata*	30 fen
Reeves-Alse	*Tenualosa reevesii*	30 fen
chin. Makrelenhecht	*Scomberomorus sinensis*	35 fen
jap. Makrelenhecht	*Scomberomorus niphonius*	32 fen
silberner Pampel	*Stromateoides argentus*	20 fen
Hundszunge	*Cynoglossus abbreviatus*	15 fen
jap. Grenadier-Sardelle	*Coilia nasus*	20 fen
rote Meerbrasse	*Pagrosomus major*	30 fen
jap. Seebarsch	*Lateolabrax japonicus*	20 fen
chin. Nudelfisch	*Salanx chinensis*	15 fen
graue Meeräsche	*Mugil cephalus*	32 fen
Kleinspitzen-Dornhai	*Squalus mitsukurii*	17 fen
Hechtmuräne	*Muraenesox cinereus*	28 fen
jap. Tintenfisch	*Sepiella japonica*	8 fen

Die wichtigsten Fische und Mollusken auf den Märkten Shanghais in den 1930er Jahren

(nach Reid 1939 mit aktualisierten zoologischen Benennungen).
Zum Vergleich: Der Stundenlohn für Textilarbeiter lag zwischen 3 und 12 fen.

gestiegenen Nachfrage nach frischen Produkten nahmen auch die Erträge in den letzten Jahren deutlich zu: mit entsprechenden Folgen für die Natur und die Konsumenten; denn die positiven Zahlen sind in erster Linie das Ergebnis einer geradezu dramatisch intensivierten Aquakultur.

Noch deutlicher fällt der Zuwachs bei Krebsen, Muscheln und Schnecken aus. Das liegt zum einen an lukrativen Exportmöglichkeiten, zum anderen aber auch an dem gestiegenen Lebensstandard. Unter den Krustazeen sind dabei neben Garnelen *(Penaeus monodon, Penaeus chinensis, Metapenaeus ensis)* und Langusten *(Palinurus ornatus, Palinurus mauritanicus)* vor allem Wollhandkrabben *(Eriocheir sinensis)* und Blaukrabben *(Charybdis japonica)* von größerer ökonomischer Bedeutung.

	Fang	Zucht	Fische	Krebse	Mollusken	Algen
1980	86,4 %	13,6 %	2341	421	234	262
1985	83,0 %	17,0 %	2745	706	473	273
1990	77,3 %	22,7 %	4231	1070	1473	275
1995	71,4 %	28,6 %	7581	1848	3923	749
2000	58,2 %	41,8 %	10330	2971	10387	1222
2005	51,2 %	48,8 %	10520	3238	11604	1542

Meeresprodukte (in Tsd. Tonnen) von 1980 bis 2005

Der Handel mit Jakobsmuscheln *(Pecten spp.)* war einst saisonabhängig, und erst seit relativ kurzer Zeit gelangen Austern (*Ostrea gigas* und andere Arten) auf die Märkte jenseits der Küstenzone. Ihr Fleisch wurde früher nur selten roh verzehrt, sondern meist durch Trocknen haltbar und transportfähig gemacht. Überdies erfolgte wie bei vielen anderen Meerestieren eine Verarbeitung zu Würzsaucen. Viel zu wertvoll hierfür war hingegen das Innere des Meerohrs *(Haliotis spp.)*, einer als besonders heilkräftig geltenden Schnecke, die in Kochbüchern meist als «Abalone» aufgeführt wird. Das gleiche gilt für verschiedene langge-

«Fische vermehren sich rasch und sind kaum auszurotten. [...] Würde der Mensch den Bestand nicht reduzieren, [...] stiege ihre Zahl in unvorstellbarem Maße an. [Am Ende] könnten sogar die Flüsse verstopfen und verlanden, so daß es für Boote kein Durchkommen mehr gäbe. [...] Daher ist der Verzehr von Fisch und Krabben leichter [zu rechtfertigen] als das Verspeisen anderer Tiere.»

Xianqing ouji (1671) Kap. 12.

Tintenfisch in Bohnensauce (Zhejiang)

Zutaten

600 g Tintenfisch,
Kopf und Tentakel entfernt
(das Gewicht reduziert sich dadurch um
etwa ein Drittel), gesäubert
und gründlich gewaschen
2 Frühlingszwiebeln, nur die weißen Teile,
gehackt

5 Knoblauchzehen, gehackt
1 TL Ingwer, gehackt
1 Chili, mittlere Schärfe, gehackt
1 EL schwarze Bohnensauce
1 EL Stärkemehl in 4 EL kaltem Wasser
und 1 EL Austernsauce gelöst
2 EL Reiswein

Zubereitung

1 Tintenfisch der Länge nach aufschlitzen,
   Innenseite kreuzweise einritzen,
   in Stücke schneiden
2 Diese in kochendem Wasser kurz blanchieren,
   bis sie sich krümmen, abschrecken
3 Anschließend kurz in Öl anbraten,
   herausnehmen und warmstellen
4 Dann Frühlingszwiebel, Knoblauch, Ingwer und Chili anbraten
5 Erst Bohnensauce, dann Tintenfischstücke untermengen
6 Stärkemehllösung zugeben und aufkochen
7 Mit Reiswein abschmecken und sofort servieren

streckte Stachelhäuter, die den Seewalzen (Klasse *Holothuroidea*) zuzurechnen und im Westen meist unter dem Namen «Seegurken» bekannt sind. Neben Haifischflossen und Schwalbennestern gehören sie zu den teuersten Zutaten der chinesischen Küche.

Unter die Fische werden in den traditionellen chinesischen Klassifikationen auch Schildkröten und Schlangen einbezogen: unabhängig davon, ob die Tiere vornehmlich auf dem Land oder im Wasser leben. Als besondere Spezialität gilt die Gallerte, die aus dem Bereich unterhalb des Schildkrötenpanzers stammt. Zudem verspricht man sich vom Verzehr von *Chinemys reevesii, Ocadia sinensis, Cuora trifasciata, Caretta caretta, Trionyx sinensis* und *Pelochelys bibroni* ein langes Leben. Unklar ist der Verlauf der Grenzlinie zwischen Genuß, Diätetik und Phantasie

Fischer am Beidahe.
(1955)

auch bei den Schlangen, von denen die bis zu fünf Meter lange Kö-
nigskobra *(Ophioagus hannah)* sicherlich der spektakulärste Leckerbissen ist. Ansonsten erfreuen sich unter anderem Brillenschlangen *(Naja
naja)*, Kletternattern *(Elaphe spp.)*, Kraits *(Bungarus spp.)*, Rattenschlan-
gen *(Ptyas spp.)* und die in den Küstengewässern lebenden Seeschlan-
gen *(Hydrophis spp.)* großer Beliebtheit.

Wohl dosiert: die Gewürze

Seit der Antike werden in China fünf Geschmacksrichtungen – sauer, bitter, süß, scharf und salzig – unterschieden. Dieses Ordnungsschema orientiert sich an den Wandlungsphasen, auf die noch zahllose weitere Fünferschemata zurückzuführen sind: darunter eine entsprechende Zahl von Gerüchen, Organen und Emotionen. In Wirklichkeit war die Vielfalt an Aromen natürlich weit größer und der Umgang mit Gewürzen entsprechend raffiniert.

Salz wurde in erster Linie aus dem Meer gewonnen; im späten Kaiserreich lag der Anteil, den die Salinen im Küstenbereich produzierten, bei mehr als achtzig Prozent. Im Binnenland wurde analog dazu die natürliche Kristallisierung von Salzseen genutzt, und zuweilen legte man in Ufernähe künstliche Verdunstungsbecken an. In Südwestchina förderte man schließlich natürliche Vorkommen mit Hilfe von Bohrungen, die eine Tiefe von mehr als tausend Metern erreichen konnten. Erd- und Steinsalz hatten hingegen nur einen relativ geringen Ertrag. Die Bedeutung des Mineralstoffs läßt sich vielleicht auch daran erkennen, daß der Anteil der darauf erhobenen Steuer zeitweilig bei annähernd achtzig Prozent des Gesamtaufkommens lag.

Zumindest bei traditionellen chinesischen Speisen ist das Nachsalzen durch den Gast unüblich. Meist besteht aber ohnehin keine Möglichkeit dazu; wenn überhaupt, dann verwendet man zur nachträglichen Beeinflussung des Geschmacks überwiegend Sojasauce, die über einen hohen Anteil an Natriumchlorid verfügt. Im übrigen wird Salz, soweit sich das zurückverfolgen läßt, natürlich nicht nur zum

«Das Salz soll alle anderen Aromen zur Geltung bringen, ohne selbst wahrnehmbar zu sein. [...] Verwendet man zuviel davon, kommt lediglich ein entsprechender Einheitsgeschmack zustande. Dann kann auch die [perfekte] Schneidetechnik, Zutatenauswahl und Gartemperatur nichts mehr retten.»

Meishijia (1983) S. 35.

Würzen, sondern auch zur Konservierung genutzt.

Unter den verschiedenen Verarbeitungsformen von *Piper nigrum* dominiert der schwarze Pfeffer, der ursprünglich aus den südlichen Nachbarstaaten eingeführt wurde und heute primär in den Südwestprovinzen angebaut wird. Erst durch die Begegnung mit den europäischen Kolonialmächten im 16. Jahrhundert gelangten Paprika und Chili *(Capsicum spp.)* nach China, wo sie rasch Verbreitung fanden und nunmehr als Gemüse und Gewürz aus der Küche nicht mehr wegzudenken sind. Mit Abstand die längste Tradition hat die bis in die Zeit vor der Reichseinigung zurückreichende Kultivierung des Sichuanpfeffers *(Zanthoxylum spp.)*; die Früchte der auch unter den Bezeichnungen Fagara und Anispfeffer bekannten Pflanze sollten vor der Verwendung geröstet werden.

Darüber hinaus wird eine ganze Reihe weiterer Pflanzenbestandteile wegen ihres würzigen Geschmacks genutzt, so unter anderem die Zwiebel des Knoblauchs *(Allium sativum);* das Rhizom des Ingwers *(Zingiber officinale);* die Blätter von Koriander *(Coriandrum sativum)* und Basilikum *(Ocimum basilicum);* die Frucht der Sternanis *(Illicium verum);* die Schale der Mandarine *(Citrus reticulata);* die Blütenknospen der Gewürznelke *(Syzygium aromaticum);* die Samen von Fenchel *(Foeniculum vulgare)* und braunem Senf *(Brassica juncea);* die Rinde des Zimtbaums *(Cinnamomum aromaticum).* Vor allem in der vegetarischen Küche werden überdies gerne «Goldnadeln» verwendet: die frischen oder getrockneten Blütenblätter von Tigerlilie *(Lilium lancifolium)* und Taglilie *(Hemerocallis spp.).* Viele der genannten Zutaten waren im China der Han-Dynastie noch unbekannt und gelangten erst später über die

Zuckerrohr.
Buchillustration (1742)

«Lauch und Salz,
[mit Ingwer und Sichuanpfeffer]
fein abgeschmeckt,
sorgen für Harmonie
zwischen den Zähnen.»

Benxinzhai shushipu (um 1250) Kap. 1.

57

asiatischen Handelsrouten in das Land; manche Produkte werden auch heute noch in großem Umfang importiert.

Für viele Gerichte verwendet man fertige Gewürzmischungen wie das auch im Westen bekannte «Fünfgewürzepulver», das aus Sternanis, Zimt, Fenchel, Nelken und Sichuanpfeffer besteht. Großer Beliebtheit in der chinesischen Küche erfreut sich Glutamat: eine Substanz, die zwar über keinen Eigengeschmack verfügt, aber das Aroma anderer Zutaten verstärken kann. Die Wirkung des Pulvers ist unter Medizinern indes höchst umstritten, weshalb man, wenn überhaupt, äußerst sparsam damit umgehen sollte.

Produkt	Erläuterung	Herkunft (u.a.)
Gewürznelken	Knospen von *Syzygium aromaticum*	Arabien
Muskatnuß	Endosperm von *Myristica fragrans*	Molukken
Rosenwasser	Essenz aus den Blättern von *Rosa spp.*	Arabien
Kardamom	Frucht von *Elettaria cardamomum*	Kambodscha
schwarzer Pfeffer	Frucht von *Piper nigrum*	Indien
Kubebenpfeffer	Frucht von *Piper cubeba*	Java

Auf dem Seeweg importierte Gewürze unter den im *Zhufanzhi* (um 1225) aufgeführten Waren

Aus verschiedenen Substanzen setzen sich überdies Öle und Saucen zusammen, deren Schärfe häufig vom hohen Anteil der eingelegten Chilis herrührt, sowie Pasten, die auf der Grundlage fermentierter Bohnen hergestellt werden. Die bekannteste flüssige Gewürzmischung ist aber sicherlich die Sojasauce, deren Erzeugung sich meist über mehrere Monate erstreckt, während derer die gekochten Bohnen zunächst unter Zusatz von Mehl und Salzlake fermentiert werden; später folgen mehrere Extraktionen und Filterungen. Im Prinzip lassen sich – jenseits der Qualitäts- und Markenvielfalt – helle und dunkle Sorten unterscheiden, wobei letzteren Karamel zugesetzt ist. Früher bestimmten zudem die Konsistenz und der Erntezeitpunkt die Benennung. So unterscheidet das *Suiyang shidan*, ein Kochbuch aus dem Jahre 1790, nicht weniger als sieben Arten.

Nicht aus Meeresfrüchten, wie es der chinesische Name *(haixianjiang)* vermuten läßt, sondern aus der Mischung verschiedener Sojaprodukte mit Essig, Zucker und Knoblauch besteht die Hoisinsauce, bei der ein leicht süßliches Aroma dominiert. Daneben gibt es freilich eine ganze Reihe von Flüssigwürzen, die in der Tat auf der Basis von

Salzbrunnen. Buchillustration (1637)

Fisch, Austern oder Krebsen hergestellt werden und im allgemeinen einen kräftigen – und für Europäer zuweilen schwer erträglichen – Geruch verströmen. Essig, der gewöhnlich auf der Grundlage von Reis erzeugt wird, dient nicht nur zum Erzielen eines säuerlichen Geschmacks, sondern vor allem zur Haltbarmachung von Lebensmitteln.

Zwei Konservierungsmittel wurden auch zum Süßen verwendet: der Honig, für den man schon in der Antike – noch in eher geringem Umfang – Bienen *(Apis cerana)* züchtete, sowie der Malzzucker, den man aus verschiedenen Zerealien gewann. Erst während der Tang-Dynastie begann man unter indischem Einfluß damit, Zuckerrohr *(Saccharum sinensis)* in größerem Umfang anzubauen und aus dessen Pflanzensaft neben Farin auch Raffinade herzustellen, für die man geradezu poetische Bezeichnungen wie «Süßreif» und «Steinhonig» prägte.

3. Die Wandlungskraft des Feuers und die Abstimmung der Geschmacksrichtungen

Eis für verdiente Beamte:
Konservierung und Lagerung

Kleinbauern und Pächter lebten fast während der gesamten Kaiserzeit am Rande des Existenzminimums. Die bewirtschaftete Ackerfläche war im allgemeinen klein, die Bodenqualität mäßig, die Ernte gering und die Lagermöglichkeit beschränkt. Zudem dürfte der Anbau unzulänglich diversifiziert und die Ernährung entsprechend unausgewogen gewesen sein, doch gewähren die Quellen darüber – zumindest in der Antike – nur begrenzte Auskunft. Ganz anders ist der Informationsstand im Fall der grundbesitzenden Oberschicht. Handbücher und Ratgeber belegen nämlich seit der Han-Zeit höchst anschaulich, daß deren Gutshöfe eine angemessene Vielfalt agrarischer Produkte hervorbrachten und weitgehend autark waren.

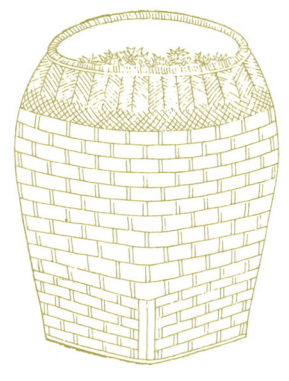

Vorratskorb. Buchillustration (1628)

Alle Tätigkeiten hatten dabei «dem Rhythmus der Jahreszeiten zu folgen»: nicht nur die Bodenbearbeitung und Tierhaltung, sondern auch die Produktion alkoholischer Getränke, die Anfertigung von Kleidung und Gebrauchsgegenständen, die Herstellung von Arzneien, die Versorgung mit Brennmaterial, der Handel mit Saatgut, die Pflichten innerhalb des Gemeinwesens und die Beteiligung an den vorgeschriebenen Opferhandlungen. Besonders wichtig war insbesondere die Einlagerung und Konservierung von Lebensmitteln: unter anderem durch Dörren, Einlegen, Räuchern und Pökeln.

In landwirtschaftlichen Anwesen gab es unterschiedliche Möglichkeiten zur Aufbewahrung von Nahrungsmitteln. Selbst bei vergleichs-

Eingelegtes Gemüse (Sichuan)

Zutaten

1 kl. Chinakohl, in Streifen geschnitten

1 große rote Paprika, in Streifen
geschnitten

2 große Karotten, in Scheiben geschnitten

1 Stange Sellerie, in Scheiben geschnitten

1 kleiner Rettich, in Scheiben geschnitten

50 g Ingwer, in dünne Scheiben geschnitten

2 EL getrocknete Chilis

1 EL Sichuan-Pfeffer, geröstet

5 Sternanis

150 g Salz

40 ml Gaoliang (Hirseschnaps)

Zubereitung

1 Gemüse mischen und auf gut verschließbare Behältnisse verteilen

2 In einem Topf etwa 2 l Wasser zum Kochen bringen

3 Ingwer, Chilis, Sichuan-Pfeffer, Sternanis und Salz zugeben
   und köcheln lassen, bis der Zucker gelöst ist

4 Marinade abkühlen lassen und über das Gemüse gießen,
   fest verschließen

5 Mindestens 2 Tage kühlstellen

weise kleinen Höfen reichte das Spektrum dabei von der Nutzung einzelner Räume bis zur Errichtung einfacher Speicher, bei denen zwischen Fundament und Dach nicht einmal Wände eingezogen sein mußten. Außerdem bediente man sich gerne großer Keramikgefäße und Körbe, die mehr als mannshoch sein konnten.

In Nordchina wurde Getreide darüber hinaus bereits im 5. Jahrtausend v. Chr. in Vorratsgruben gelagert. Dieses Verfahren wird in manchen Regionen bis heute genutzt, erreichte seine imposanteste architektonische Umsetzung aber wohl unter der Tang-Dynastie. So konnten bei der Ausgrabung einer Speicheranlage, die im 8. Jahrhundert in Luoyang angelegt worden war, mehrere hundert Kellerräume freigelegt werden, die eine Tiefe von bis zu zwölf Metern aufwiesen.

Im Gegensatz zu anderen Zerealien – vor allem Hirse – läßt sich Reis indes auf diese Weise nicht zufriedenstellend lagern; allzu rasch setzt die Verrottung der Körner ein. Zudem ist eine subterrane Vorratshaltung wegen der hohen Nieder-schlagsmengen nicht in allen Landesteilen praktikabel. Zahlreiche Tonminiaturen aus der Han-Zeit belegen denn auch, daß im Süden schon vor zweitausend Jahren Pfahlspeicher überwogen, bei denen ein beträchtlicher Abstand zwischen dem Lagerraum und dem Untergrund die Nahrungsmittel vor einer Schädigung durch Bodenfeuchtigkeit und Überschwemmungen schützte.

Speicher. Buchillustration (1313)

Die Bauten standen im allgemeinen auf vier bis sechs Pfosten, von denen sich manche nach oben verjüngten, um sich unterhalb des Fußbodens noch einmal zu einem Kegelstumpf zu verdicken. Klettertüchtige Tiere wurden so daran gehindert, entlang der Unterkonstruktion einzudringen und sich an dem darin befindlichen Getreide, Obst und Gemüse gütlich zu tun. Zuweilen wurde der Boden eines Gebäudes auch durch Konsolgebälk abgestützt. Zum Erreichen der Plattform,

Rispenhirse	*Panicum miliaceum*	Porree/Lauch	*Allium porrum*
Kolbenhirse	*Setaria italica*	Knoblauch	*Allium sativum*
Gerste	*Hordeum vulgare*	Wasserpfeffer	*Polygonum hydropiper*
Reis	*Oryza sativa*	Sesamblatt	*Perilla frutescens*
Taro	*Colocasia esculenta*	Luzerne	*Medicago sativa*
Yams	*Discorea polystachya*	Ingwer	*Zingiber officinale*
Reisbohne	*Vigna umbellata*	Senf	*Brassica juncea*
Adzukibohne	*Vigna angularis*	Quirlmalve	*Malva verticillata*
Puffbohne	*Vicia faba*	Spitzklette	*Xanthium strumarium*
Sojabohne	*Glycine max*	Aprikose	*Prunus armeniaca*
Zuckermelone	*Cucumis melo*	Pfirsich	*Prunus persica*
Flaschenkürbis	*Lagenaria siceraria*	chin. Pflaume	*Prunus salicina*
Hanf	*Cannabis sativa*	Jujube	*Ziziphus jujuba*
Sesam	*Sesamum indicum*	Bitterorange	*Poncirus trifoliata*
Rübse	*Brassica rapa*	Lacksumach	*Rhus verniciflua*
Frühlingszwiebel	*Allium fistulosum*	Maulbeerbaum	*Morus alba*
		Tungbaum	*Aleurites fordii*

Im *Simin yueling* (um 160) erwähnte Kulturpflanzen (Auswahl)

die in einigen Fällen – ebenso wie das Dach – einen runden Grundriß aufwies, verwendete man Leitern, welche aus Planken gefertigt wurden, die man mit einem Tritt aus quer verlaufenden Kerben versah.

Andererseits belegen Tonminiaturen der Han-Zeit vor allem für die Regionen im Bereich des Huanghe mehrgeschossige Speicheranlagen: darunter turmartige Komplexe, die durch überdachte Übergänge miteinander verbunden waren. Diese Bauten waren ebenerdig oder auf Terrassen errichtet, und die riesigen Abmessungen erwecken ebenso wie die aufwendig gestalteten Details den Eindruck, daß mit der architektonischen Dimension eine politische Manifestation verbunden war. Besonders großen Lagerraum benötigte natürlich seit jeher der Kaiserhof, und so gab es beispielsweise in Kaifeng, der Hauptstadt der Song-Dynastie, im 12. Jahrhundert neben zahllosen Getreidespeichern auch Hallen, in denen man ausschließlich Gewürze, Milchprodukte, Tee oder Alkohol aufbewahrte.

«Jedes Jahr im zwölften Monat ergeht durch den zuständigen Oberaufseher über die Kühlräume der Befehl zum Eisschneiden. Dann wird das Dreifache dessen, was man benötigt, gesammelt und in den Kellern eingelagert. Im Frühjahr füllt man dort die Nahrungsmittel und Getränke [...] in riesige Gefäße, in denen sie kühl bleiben, bis sie bei den Opferriten dargebracht oder bei offiziellen Banketten serviert werden. [...] Im Sommer erhalten schließlich die Beamten, die sich [besondere] Verdienste erworben haben, Eis als Geschenk.»

Zhouli (1. Jh.) Kap. *Lingren*.

Während der heißen Jahreszeit verdirbt Fleisch jedoch auch in einem Prachtgebäude rasch, wenn man es zuvor nicht eingelegt, gepökelt, geräuchert oder gedörrt hat. Ähnliches gilt für eine ganze Reihe weiterer Nahrungsmittel. Das ist wohl der wesentliche Grund dafür, warum in China spätestens seit dem fünften vorchristlichen Jahrhundert «Kühlräume» angelegt wurden: gut isolierte Keller und Gruben, in denen empfindliche Produkte durch in den Wintermonaten herbeigeschafftes Eis vor Wärme geschützt wurden.

Heute besitzt nicht nur die Mehrzahl der Stadtbewohner einen Kühlschrank, auch in primär landwirtschaftlich genutzten Gebieten verfügt mittlerweile jeder vierte Haushalt über ein entsprechendes Gerät. So hat sich in den Bauerndörfern der Anteil in den letzten fünfzehn Jahren verfünffacht, auch wenn die Zahlen in jenen Provinzen, die weniger vom Wirtschaftswachstum profitieren, erheblich hinterherhinken. Trotz der Umweltprobleme, die mit der Produktionssteigerung einhergehen, und der saisonalen Engpässe bei der Energieversorgung ist die ungebrochene Nachfrage für fast jeden, der einmal im Sommer in China gereist ist, nachvollziehbar. Mancher profitiert allerdings noch stärker davon: insbesondere die Firma *Haier*, der größte Eisschrankproduzent der Welt.

Daneben wird aber immer noch regelmäßig auf Konservendosen zurückgegriffen. Deren Verwendung geht auf das ausgehende 19. Jahrhundert zurück, als Fabriken in Südchina das in Großbritannien entwickelte Verfahren übernahmen und damit begannen, Lebensmittel in luftdicht verschlossenen Weißblechbehältnissen anzubieten. Vor allem Fisch konnte dadurch hygienisch verpackt und haltbar gemacht werden, so daß er sich nunmehr auch in Gebieten verkaufen ließ, die weit von der Küste entfernt lagen. Darüber hinaus entdeckte man rasch die Vorteile, welche die Konserven als Reiseproviant boten.

Obstverkäuferin. Propagandaplakat (1978)

Spiegel des Lebensstils: die Märkte

Die Nachfrage nach Frischware und konservierten Produkten war gerade in den Städten riesig. In der Song-Metropole Kaifeng wurden zu Beginn des 12. Jahrhunderts die Stände und Buden, die die Straßen säumten oder die Höfe von Klosteranlagen füllten, vom frühen Morgen bis zum späten Abend – und bisweilen die ganze Nacht hindurch – von den Kundenscharen frequentiert. Vielfach war das Angebot auf eine kleine Auswahl von Erzeugnissen beschränkt, und so gab es beispielsweise einen Ingwer-, einen Wachtel- und einen Karpfenmarkt. Darüber hinaus wurden die Menschen durch mobile Händler versorgt, die ihre Waren laut anpriesen.

«Der größte Markt [Kaifengs] befindet sich [gleich] außerhalb des Donghua-Tors, [des östlichen Zugangs zum] kaiserlichen Palastbezirk. [Dessen Bewohner] versorgen sich dort mit Nahrungsmitteln und Getränken: darunter saisonal [gehandelten] Frischwaren wie Blumen, Früchten, Fischen, Weichschildkröten, Krabben und Krebsen, aber auch Wachteln und Hasen sowie gedörrtem und gepökeltem Fleisch.»

Dongjing meng Hua lu (1148) Kap. 1.

Marco Polo will gegen Ende des 13. Jahrhunderts in Hangzhou beobachtet haben, daß auf den regelmäßig abgehaltenen Märkten bis zu 50 000 Händler ihre mitgebrachten Lebensmittel feilboten. Selbst wenn diese Zahl übertrieben ist, war der damit verbundene organisatorische Aufwand zweifellos beträchtlich. Zuständig dafür waren insbesondere die Gilden, die über ein relativ dichtes Netz von Niederlassungen verfügten, die nicht nur als Unterkünfte für die Mitglieder genutzt wurden, sondern auch als Standorte für die Regelung des Zahlungsverkehrs. Zwar gaben sich diese Vereinigungen gerne den Anschein von Egalität, doch war es für den einzelnen Kaufmann in der Regel kaum möglich, sich bei der Preisgestaltung über den Willen des Gildenoberhaupts – oder einer kleinen Führungsclique – hinwegzusetzen.

Einige Jahrhunderte zuvor, unter der Tang-Dynastie, hatten geschäftliche Transaktionen hingegen noch weitgehend unter direkter staatlicher Aufsicht gestanden. Zwar stimmen die Aussagen der Schriftzeugnisse nicht in jedem Detail mit den archäologischen Befunden überein, doch lassen sich zumindest die Grundzüge von Architektur und Organisation erschließen, welche die kommerziellen Zentren der Hauptstadt Chang'an kennzeichneten: den eher etwas «biederen» Ostmarkt, der freilich nicht nur an die Wohngebiete der vornehmen Oberschicht, sondern auch an das Amüsierviertel grenzte, und den «weltoffenen» Westmarkt, der die kulturelle Vielfalt der über die Seidenstraße dorthin gelangten Kaufleute widerspiegelte. Beide erstreckten sich auf ein ummauertes Gelände von annähernd hundert Hektar, auf dem – ähnlich einem Basar – jedes Gewerbe über ein festgelegtes Areal (wörtlich: «Reihe») verfügte, auf dem es seine Produkte vertreiben konnte.

Die Händler, die dort – und im Prinzip nur dort – ihre Waren anbieten durften, wurden streng überwacht. Jeder Markt verfügte über einen größeren Verwaltungsapparat, der dem Finanzministerium unterstand. Ihm oblagen unter anderem die Erteilung von Lizenzen, die Beurkundung von Verträgen, die regelmäßige Festsetzung der Preise, die Kontrolle der Maße und Gewichte, die Überprüfung des im Umlauf befindlichen Geldes, die Aufsicht über die Produktqualität und die Observierung der Besucher. Bei geringeren Vergehen gegen die ausgesprochen strikten Vorschriften waren die Marktbehörden sogar für die Gerichtsbarkeit und den Strafvollzug zuständig.

Großküche. Steinrelief (2. Jh.)

Wassermelonenverkäufer.
Aquarell (um 1870)

Der Staat interessierte sich allerdings nicht nur für Warenströme, sondern auch für die auf dem Gelände ansässigen Dienstleistungsbetriebe, darunter Schreibbüros und Bestattungsunternehmen, und – in noch höherem Maße – für die zahlreichen Schankwirtschaften, Teehäuser und Hotels, die Labsal, Unterkunft und Unterhaltung gewährten. Auf dem Ostmarkt galt es vor allem die «Serviceorientierung» zu überprüfen, da manche Mädchen offenkundig unberechtigterweise dazu bereit waren, die Besucher nicht nur durch ihren Gesang oder die Beherrschung eines Musikinstruments zu erfreuen. Auf dem Westmarkt wiederum beunruhigte primär die hohe Ausländerdichte, die von der Obrigkeit ängstlich beäugt und regelmäßig mit Konspiration in Verbindung gebracht wurde.

Daneben gab es in Chang'an auch kleinere Märkte, und außerdem konnten sich insbesondere Lebensmittelgeschäfte und Restaurants in Stadtvierteln niederlassen, die als reine Wohngebiete ausgewiesen waren. Zuweilen wurden gar die starren Sperrzeiten durchbrochen, welche die Mobilität in der Stadt ansonsten mit Einbruch der Dunkelheit zum Erliegen brachten, so daß Nachtmärkte ihr besonderes Flair entfalten konnten.

Peking war zu dieser Zeit ein verschlafenes Nest. Das sollte sich zwar im 12. Jahrhundert ändern, doch mußte anschließend noch einige Zeit vergehen, bis die kulinarische Raffinesse mit der politischen

Süßkartoffelverkäufer.
Aquarell (um 1870)

Bedeutung einherging. Erst im 17. Jahrhundert wurde der Reiz der südchinesischen Küche entdeckt, und bei der Oberschicht ersetzten Meeresfrüchte zeitweilig Schwein und Hammel. Unter der Mandschu-Herrschaft dominierten dann aber wieder Fleisch und Geflügel, während Fisch – wie früher – zumeist in getrockneter Form angeboten wurde.

Wer gegen Ende der Kaiserzeit in Peking größere Einkäufe tätigen wollte, begab sich gerne auf das Gelände von Tempeln und Klöstern. Obschon die Buden dort jeweils nur an bestimmten Tagen aufgestellt wurden, sorgte die Vielzahl der Märkte dafür, daß sich die Bevölkerung über das ganze Jahr hinweg versorgen konnte. Zwar mußten die Standbesitzer ihre Erzeugnisse normalerweise deutlich teurer verkaufen als die fahrenden Händler, die in großer Zahl durch die Straßen zogen, doch wurde dieser Nachteil durch die Attraktivität einer weit größeren Auswahl wieder wettgemacht. Davon – und von politischen Vorgaben – einmal abgesehen, wurden die Preise durch eine Reihe weiterer Faktoren beeinflußt: im Fall von

«In meiner Jugendzeit war es schwer, auf den Märkten Pekings irgendetwas [Anspruchsvolleres] zu finden. Es gab lediglich Huhn, Ziege, Schaf und Schwein. Fisch galt hingegen als etwas Besonderes. Zwanzig Jahre später sind nun Fische und Krebse preiswerter als im Yangzi-Gebiet, und die Märkte sind voll von Jakobsmuscheln, Nudelfischen, Scheidenmuscheln, Miesmuscheln und Krabben. Es gibt keinen Zweifel daran: Südliche Lebensart ist [endlich] im Norden angelangt.»

Wu zazu (1602) Kap. 9.

Getreide, Obst und Gemüse etwa insbesondere durch die Saison, die Warenqualität, den Ernteertrag, den Transportaufwand und etwaige Lagerkosten. Und Peking war nicht billig! Viele Produkte konnten in anderen Regionen weitaus preiswerter erstanden werden.

	Kupfermünzen pro Stück	Kupfermünzen pro jin («Pfund»)	umgerechnet auf Kilogramm ca.
Schwein	2500		
Schweinefleisch		50	85
Schweineleber		27	46
Hammel	1430		
Hammelfleisch		60	102
Ziege	520		
Ente	360		
Huhn	120		
Reis		11	19
Weizen		10	17
Hirse		9	15
Weiße Bohnen		9	15
Rote Bohnen		7	11
Ingwer		46	78
Orange	50		
Apfel	30		
Pfirsich	20		
Pflaume	3		
Aprikose	3		
Weintrauben		60	102

Lebensmittelpreise 1839 in Peking *(Guanlusi zeli)*.
Arbeiter verdienten damals in der Stadt normalerweise zwischen 50 und 80 Kupfermünzen pro Tag.

Auch auf dem Lande waren die Markttage meist an bestimmte Tage des Monats gebunden und folgten einem festen Rhythmus. Allerdings waren die Dimensionen höchst unterschiedlich. Während auf die Kunden in wohlhabenden Regionen zuweilen ein reichhaltiges Angebot wartete, das auf mehr als tausend Stände verteilt war, wurden anderenorts lediglich die wichtigsten Grundnahrungsmittel bereitgehalten. Aber auch die gemächlicheren Märkte hatten ihren Charme.

Heute ist die Zahl der Märkte, auf denen in den Großstädten Lebensmittel angeboten werden, vergleichsweise übersichtlich. Zwar sind die Restriktionen aus der Zeit der Kulturrevolution, als privater Handel harte Sanktionen nach sich ziehen konnte, längst überwunden, doch führte der darauffolgende Bauboom, in dessen Verlauf ganze Viertel niedergewalzt wurden, zu einer Reduzierung der Freiflächen und damit indirekt zu einem ähnlichen Resultat. Im 21. Jahrhundert kauft man in erster Linie im Laden ein, und wer es sich leisten kann, shoppt im klimatisierten Supermarkt. Das ist weniger pittoresk, aber dafür findet man hygienisch abgepackte Erzeugnisse, die im Kühlregal deutlich länger haltbar sind als auf einem fliegenumschwirrten Schneidebrett.

«Menschen [sieht man], bepackt mit Tee und Salz,
[dazu] gackernde Hühner und bellende Hunde.
[Alles] wird getauscht: Feuerholz gegen Reis
[ebenso wie] Fisch gegen Alkohol.
Hie und da [lassen sich]
die grünen Wimpel der Schankwirtschaften [erkennen],
in denen die alten Männer sitzen,
aufgestützt und schläfrig vom [vielen] Trank.»

Caochuang yunyu (1274) Kap. 4.

Metzger. Aquarell (19. Jh.)

Die Spezialisten: Metzger und Köche

Der Markt war im kaiserzeitlichen China nicht nur Ort der Lebensfreude, sondern oft auch Schauplatz des Schreckens. Seit alters her diente er nämlich bevorzugt als Stätte für Hinrichtungen, die im allgemeinen als grausiges Spektakel inszeniert wurden. Daher kam es regelmäßig vor, daß auf dem Gelände nicht nur Waren, Wimpel und Werbetafeln zu sehen waren, sondern auch die Köpfe der Exekutierten. Vor diesem Hintergrund mutet es dann nur noch bedingt abstoßend an, wenn unter Umständen in direkter Nachbarschaft der Imbißbuden geschlachtet wurde.

Auch wenn es eine grobe Verallgemeinerung ist: Mit Tieren ging man normalerweise nicht besonders zartfühlend um. Entsprechend rustikal war denn auch der Schlachtvorgang. Auf antiken Wandmalereien sind bei den entsprechenden Szenen viel

> «Umgeben von aromatischen Düften bieten die Lebensmittelhändler heiße Mahlzeiten, Teigtaschen und Kuchen an. Die Schankwirtschaften hängen ihre Werbebanner aus; die Becher und Schalen sind gewaschen und blankpoliert. Die Metzger schließlich stellen Schüsseln für das Fett auf und zerlegen Schweine und Schafe. Um sie herum ist alles kräftig mit Blut bespritzt.»
>
> *Liu Mengde ji* (808) Kap. 25.

fach Männer mit Knüppeln, Äxten oder Vorschlaghammern wiedergegeben, doch ist unklar, ob der Einsatz dieser Geräte zur Betäubung oder zum Töten diente. Analog dazu erhebt sich die Frage, inwieweit die in den Händen gehaltenen Messer zum Ausbluten oder zum Zerlegen verwendet wurden. Die Weiterverarbeitung – zum Beispiel durch Räuchern oder Pökeln – war meist nicht mehr Aufgabe des Metzgers, und die Herstellung von Wurstwaren spielte ohnehin eine nachgeordnete Rolle.

Lange Zeit – so hat es zumindest den Anschein – war Metzger ein ausgesprochener Männerberuf. Bei der Zubereitung der Speisen gestaltete sich die Situation hingegen ein wenig komplizierter; denn auf Küchendarstellungen in Gräbern der Han-Zeit findet sich immerhin

«Die zum Schlachten bestimmten Schweine gelangen durch das Nanfeng-Tor in die Stadt [Kaifeng]: jeden Tag vom Morgen bis zum Abend. Keines von ihnen bricht aus, obschon die Herden jeweils mehr als zehntausend Tiere zählen und nur von wenigen Treibern begleitet werden.»

«Je nach Wunsch des Kunden wird das Fleisch von den drei bis fünf Männern, die nebeneinander am Tisch stehen und ihre Messer schwingen, in größere Stücke zerlegt, in Streifen geschnitten, geschnetzelt oder geklopft.»

Dongjing meng Hua lu (1148) Kap. 2 u. 4.

«Nirgends ist Leichtfertigkeit weniger zulässig als bei Speis und Trank. Köche sind durchweg ungehobelte Gesellen ohne sonderliches Talent, die sofort unachtsam werden, wenn ein Tag ohne Anerkennung oder Bestrafung vergeht. Schlingt man eine Mahlzeit hinunter, die noch nicht ganz gar ist, dann wird sie am folgenden Tag in noch roherem Zustand [serviert]. Nimmt man eine mißlungene Brühe aus Rücksichtnahme kommentarlos hin, dann wird sie beim nächsten Mal noch nachlässiger zubereitet. [...] Die Faulheit der Köche und die Gleichgültigkeit der Speisenden bilden die größten Beeinträchtigungen beim Essen und Trinken.»

Suiyuan shidan (1790) Kap. 2.

auch die eine oder andere Frau. Vor allem aber gilt es regionale Unterschiede zu beachten. Während nämlich die Schriftquellen im Norden des Landes in der Regel auf Männer verweisen, werden im Süden mehrheitlich Frauen erwähnt: und zwar nicht nur Bedienstete, sondern auch Damen von Rang.

Die Hofküche war allerdings durchweg von Männern dominiert, und ihr Leiter erfreute sich eines hohen Status, der zeitweilig fast einem Ministerrang gleichkam. Immerhin hatte er ja auch eine Behörde unter sich, in der die Aufgaben auf mehrere große Abteilungen verteilt waren, die jeweils über eigene Hierarchien verfügten. Auch wenn das in der Han-Zeit entstandene *Zhouli* eher einen Idealzustand denn die Realität beschreibt, so ist dessen «Organigramm» doch keineswegs weltfremd. Danach gab es Personen, die mit beachtlichem Stab für das Schlachten, die Zubereitung und das Servieren zuständig waren, und selbst die Bediensteten, die die Verantwortung für den korrekten Umgang mit Fleischbrühe, Essig und Salz trugen, hatten noch jeweils zwanzig Untergebene.

Die Anforderungen waren freilich auch hoch: insbesondere im Hinblick auf ausreichende Kenntnisse der diätetischen Richtlinien, die der Nahrungsmittelauswahl und -zubereitung zugrunde lagen. Erfolgreiches Kochen setzte nämlich die Vertrautheit mit theoretischen Prinzipien ebenso voraus wie jede Menge praktische Erfahrung, und eine solide Ausbildung war meist der Garant dafür. Talent wurde durchaus bewundert, Kreativität dagegen nicht immer geschätzt.

Vermutlich wurden Rezepte ab einem bestimmten Zeitpunkt nicht zuletzt deshalb schriftlich fixiert, um einer Überdosis Phantasie vorzubeugen.

Aus der chinesischen Küche nicht wegzudenken sind Teigwaren. Das hat eine lange Tradition, und kein anderes Land der Welt kann auf eine viertausendjährige «Nudelgeschichte» zurückblicken. Allerdings stammt der früheste Fund nicht aus den für ihren Erfindungsreichtum gerühmten Kerngebieten, sondern aus der weitab im Westen gelegenen Provinz Qinghai. Dort stieß man nämlich 2005 bei einer Siedlungsgrabung auf eine Tonschüssel, die eine große Überraschung barg: auf der Grundlage von Hirse hergestellte dünne Nudeln, die mit einer Länge von bis zu fünfzig Zentimetern ein wenig an Spaghetti erinnern. Seither ist der Fundort Lajia in aller Munde.

Das bedeutet freilich nicht, daß damit eine viertausendjährige Kontinuität gesichert ist; denn erst in der Han-Dynastie gibt es wieder Hinweise auf den Verzehr von Nudeln. Aber selbst die für diese Epoche herangezogenen und ausschließlich auf Schriftquellen gestützten Argumente sind nicht zwingend. Der damals verwendete Begriff schloß nämlich auch Backwaren ein.

Die Hauptgrundlage des Teigs bildete natürlich zu allen Zeiten das Mehl. Zwar haben Erzeugnisse aus gemahlenen Weizen- und Reiskörnern heute einen größeren Marktanteil als früher, doch finden daneben nach wie vor Produkte Verwendung, die aus Hirse, Buchweizen und Yams gewonnen werden.

Für die extrem feinen Glasnudeln benutzt man Mungbohnenstärke. Weitere Zutaten können unter anderem Salz, Öl, Natron und verschiedene Geschmacks- und Farbstoffe sein, seit etwa einem halben Jahrtausend vermehrt auch Ei. Die Herstel-

«Lamm und Schwein sind gar köstlich, die fünf Geschmacksrichtungen werden harmonisch aufeinander abgestimmt, und Bier braut man aus Klebreis und Gärmittel. So ist es auf der ganzen Welt. Und dennoch: Bei Verwendung der gleichen Zutaten wird selbst unter identischen Rahmenbedingungen – im Hinblick auf Wasser, Hitzezufuhr, Außentemperatur und Luftfeuchtigkeit – eine deutliche Abweichung in der Qualität sichtbar, wenn zwei Personen [mit unterschiedlichen Fähigkeiten] sich daran versuchen. [...] So stimmen die Ausgangssituationen überein, nicht jedoch die Resultate; denn die hängen vom Geschick des jeweiligen Kochs ab. [...]

In alter Zeit wurden die Rezepte ernstgenommen... [Heute gibt es freilich Köche, die] auf die überlieferten Erfahrungen keinen Wert mehr legen und behaupten, sie wüßten ohnehin, worauf die Qualität von Bier und Essen zurückzuführen sei. Sie nehmen es mit den Zutaten nicht genau und scheren sich nicht um Maßeinheiten. In der Überzeugung, daß es [auf solche Nebensächlichkeiten] nicht ankomme, verlassen sie sich ausschließlich auf ihre eigenen Vorstellungen. Die Ergebnisse sind indes meist unzureichend, und es kommt nur selten vor, daß sie von denen, die sie kosten, nicht gleich wieder ausgespuckt werden.»

Yanguan dabeige ji (1075).

Schnittnudel	*qiemian*	mit einem Messer aus gefalteten Teigplatten geschnitten; das am weitesten verbreitete Verfahren	im ganzen Land
Zugnudel	*lamian*	mit beiden Händen in einer zunehmenden Zahl von Strängen zu Fäden geformt; setzt jahrelange Übung voraus	Norden
Preßnudel	*yamian*	durch ein gelochtes Behältnis gedrückt; vergleichbar mit Spätzle, aber länger	Nordosten
Fadennudel	*xianmian*	zunächst von Hand geformt, dann auf ein weit ausladendes Gestell gehängt und mit dessen Hilfe langgezogen	Südosten
Schnurnudel	*suomian*	von Hand aneinandergefügt und gezogen; relativ dick	Nordwesten

Techniken der Nudelproduktion (Auswahl)

lung ist höchst variantenreich, und man unterscheidet mindestens fünf Techniken, die dazu dienen, eine schlanke Form und eine angemessene Länge zu erzielen.

Daneben weisen auch gefüllte Teigtaschen, die an italienische Tortellini, Ravioli und – vor allem – Mezzalune erinnern, eine lange Tradition auf. Schriftquellen lassen vermuten, daß diese bis in die Han-Dynastie zurückreicht, doch sind die frühen Berichte nicht eindeutig, und die älteste ausführliche Schilderung stammt erst aus dem ausgehenden 3. Jahrhundert. Andererseits zeigen Essensbeigaben, die aus einem Grab der Tang-Zeit in Astana (Oase Turfan) zutage gefördert wurden, daß unterschiedlich geformte und gefüllte «Pastapäckchen» spätestens im 8. Jahrhundert in den nordwestlichen Randzonen des Reichs auf dem Speiseplan standen.

«Walze den Teig mit Hilfe eines Nudelholzes flach aus und verhindere das Ankleben mit Hilfe von Erbsenmehl. Achte darauf, daß die Ränder nicht zu dick sind. Wickle dann die Füllung in die Teigplättchen ein.»

Wu shi zhong kui lu (13. Jh.) Kap. 1.

Frau beim Ausrollen von Teig. Tonfigur (8. Jh.)

Teigtaschen (Peking und Shandong)

Zutaten

250 g Mehl

1 Tasse Wasser

400 g Schweinehack, feingewiegt

1 EL Ingwer feingehackt

2 EL Reiswein

1 Chinakohl, weiße Mittelrippe

der Blätter entfernt, in dünne Streifen

geschnitten

2 EL Sojasauce

2 EL Sesamsamenöl

Zubereitung

1 In einer Schüssel langsam Wasser in das Mehl einrühren,
gut durchkneten, mindestens eine halbe Stunde ruhen lassen

2 Kohlstreifen in ein Mulltuch geben, Flüssigkeit ausdrücken

3 Schweinehack, Kohl, Ingwer, Reiswein, Sojasauce
und Sesamsamenöl gut vermengen

4 Teig zu einem Strang von 2–3 cm Durchmesser formen,
dann in Scheiben von gut 1 cm Stärke schneiden
und mit einem Nudelholz zu Plättchen von 7 bis 8 cm Durchmesser
ausrollen

5 1 TL der Füllung auf die Mitte eines Plättchens geben,
dann die Ränder anfeuchten, eine halbmondförmige Tasche bilden,
Ränder an mehreren Stellen falten und fest zusammendrücken

6 Dämpfen, kochen oder braten; im letztgenannten Fall kurz anbraten,
dann Flüssigkeit zugeben und bei geschlossenem Deckel
fertig garen

Hinweis

Im allgemeinen werden die Teigtaschen beim Essen in eine individuell
zusammengestellte Gewürzmischung getunkt, die auf einer Grundlage
von Sojasauce und Reisessig besteht, der aber unter anderem auch
Sesamsamenöl, Knoblauch oder Chilipaste beigemengt sein können.
Viele Läden, die sich auf asiatische Lebensmittel spezialisiert haben,
bieten tiefgekühlte Teigplättchen an, deren Verwendung die Zubereitung erheblich vereinfacht.

Koch und Diener.
Wandmalerei (13. Jh.)

Ebenso vielfältig wie die Formen – und gegebenenfalls Füllungen –
der Nudeln sind die Zubereitungsarten. Abgesehen von der Verwendung als Suppeneinlage stehen dabei das Dämpfen, Kochen und Braten im Vordergrund. Auch Kombinationen von Garverfahren sind
möglich. So werden gebratene Nudeln, die zu den Standardzutaten
der chinesischen Küche gehören, zumeist gedämpft oder gekocht,
bevor sie in die Pfanne kommen. Schließlich ergeben sich nicht selten
terminologische Konsequenzen. So ist beispielsweise die halbmondförmige Teigtasche *(jiaozi)* unter drei weiteren Benennungen *(zheng-*
jiao, shuijiao, guotie) bekannt, je nachdem, ob sie gedämpft, gekocht
oder gebraten wurde. Im Westen ist überdies die Bezeichnung Wantan
geläufig, die – über die Vermittlung des Englischen – auf die kantonesische Aussprache *(wantan)* der Begriffe *yuntun* («Wolkenverschlin-
gen») und *huntun* (mit ungeklärter Etymologie) zurückgeht. Die gleiche Ableitung gilt für den Ausdruck Dimsum *(dimsam = dianxin*
«Häppchen»); allerdings ist dessen semantisches Spektrum weiter und
schließt neben Teigtaschen andere Gaumenkitzler ein.

Dämpfgefäß.
Bronze (2. Jh. v. Chr.)

Unter dem Diktat der Sauberkeit:
die Küchenausstattung

Rohkost hatte unter Feinschmeckern keinen hohen Stellenwert. Selbst Salatblätter wurden meist blanchiert, bevor man sie auf Tellern und Platten anrichtete. Bei den häufig kunstvoll beschnitzten Rettichen und Karotten sah man freilich davon ab, dienten sie doch in erster Linie als Dekoration. Ansonsten galt der Verzehr von Nahrungsmitteln, die nicht auf die eine oder andere Weise – und sei es nur ganz kurz – gegart wurden, fast durchweg als «barbarisch».

Bereits in Häusern des Neolithikums lassen sich Herdstellen identifizieren: zumeist einfache Gruben in der Gebäudemitte, die von einem Wulst oder einem kleinen Mäuerchen umgeben waren und zuweilen dicke Ascheschichten enthielten. Als Rauchabzug dienten – wenn die Rekonstruktionen der Architekturhistoriker zutreffen – Dachluken, die zum Schutz vor dem Feuer mit einer Tonschicht umgeben waren. Spätestens in der Han-Zeit setzten sich dann aus Lehm gefertigte Herde durch, bei denen die Brennkammer an einem Ende über eine Öffnung zum Heizen verfügte und am anderen Ende über einen einfachen Abzug oder ein kurzes Rauchrohr. Runde Aussparungen in der Decke dienten zum paßgenauen Einsetzen der bauchigen Töpfe. An diesem Konstruktionsprinzip hielt man lange fest.

Bis weit in das 20. Jahrhundert hinein erfolgte die Befeuerung in erster Linie mit Holz, Holzkohle, Kohle, Dung und Stroh; zwar war in den Städten zeitweilig auch Kerosin in Gebrauch, doch erlangte dieser Brennstoff bei weitem nicht die Bedeutung, die dem Gas seit einiger

> «In grauer Vorzeit kannten die Könige [...] noch nicht die Wandlungskraft des Feuers. Daher ernährten sie sich von den Samen der Gräser und den Früchten der Bäume. [Hinzu kam] das Fleisch der Vögel und wilden Tiere, die [nach dem] Trinken des Bluts mit Haut und Haar verschlungen wurden. [...] Erst sehr viel später gelang es, das Feuer zu nutzen [...], und [man lernte] zu backen, zu grillen, zu kochen und zu braten.»
>
> *Liji* (2. Jh.) Kap. Liyun.

Zeit zukommt. Normale Elektroherde bilden hingegen bis heute keine ernstzunehmende Alternative. Abgesehen davon, daß die traditionellen Gefäßformen wegen ihres gewölbten Bodens für die flachen Platten vergleichsweise ungeeignet sind, erweist sich insbesondere die umständliche und langsame Hitzeregulierung als schwer auszugleichender Nachteil.

Ebenfalls bereits im Neolithikum bediente man sich eines Gefäßes mit perforiertem Boden, das in einen größeren Topf mit kochendem Wasser eingesetzt wurde. Zunächst wurden derartige Dämpfvorrichtungen aus Ton hergestellt, ab der Shang-Dynastie auch aus Bronze.

> «Die Veränderungsprozesse, die [beim Garen] im Dreifuß ablaufen, sind genauso komplex – und [im Grunde] kaum nachvollziehbar – wie die Kunst des Bogenschießens, die Finesse des Wagenlenkens, das Zusammenwirken von *yin* und *yang* und die Abfolge der Jahreszeiten.»
>
> *Lüshi Chunqiu* (um 240 v. Chr.) Kap. 14.

Dem Grundprinzip nach ist diese schonende Art der Zubereitung – auch wenn für die Fertigung der Behältnisse nunmehr vorzugsweise Bambus und Aluminium verwendet werden – bis in die Gegenwart gebräuchlich, und sogar Reis wird immer noch gerne auf diese Weise zubereitet: trotz der großen Verbreitung elektrischer Geräte, die bei der Wahrung einer konstanten Temperatur ebenso im Vorteil sind wie bei der geregelten Beendigung des Garvorgangs. Darüber hinaus sind schon sehr früh Schalen und Becken belegt, in denen man das Brenngut, meist Holzkohle, zum Glühen brachte, um Fleisch zu grillen.

Der Umgang mit Begriffen aus der Küchentechnik ist nicht einfach, gab es im Laufe der Zeit doch oft Bedeutungsverschiebungen. So muß bei der Übersetzung neben der regionalen Zuordnung stets auch der historische Kontext berücksichtigt werden. Darüber hinaus steht einer starken semantischen Ausdifferenzierung die Herausbildung zahlloser Synonyme gegenüber. Für die Vermittlung einer ebenso konsistenten wie nachvollziehbaren Terminologie ergeben sich daher nahezu unüberwindbare Hindernisse. Das gilt nicht zuletzt für die verschiedenen Arten der Zubereitung.

Ab wann Nahrungsmittel in Fett erhitzt wurden, läßt sich leider nicht mehr genau bestimmen. Immerhin scheint Speiseöl spätestens seit der Tang-Zeit in größerem Umfang auf pflanzlicher Basis hergestellt worden zu sein: zunächst vor allem aus den Samen von Hanf, Raps und Rübsen. Bereits einige Jahrhunderte zuvor ist hingegen der Gebrauch von Rinder-, Schweine-, Schaf- und Hundetalg belegt, wo-

Geschmorter Schweinebauch (Hunan)

Zutaten

500 g Schweinebauch (Wammerl)	1 EL Knoblauch, in Scheiben geschnitten
1 EL Erdnußöl	1 Sternanis
2 EL Zucker	5 getrocknete Chilis
3 EL Reiswein	1 kleines Stück Kassia (oder als Ersatz
1 EL Ingwer, in Scheiben geschnitten	½ Zimtstange)

Zubereitung

1 Fleisch in kochendem Wasser wenige Minuten simmern lassen
2 In erhitztem Öl den Zucker karamelisieren lassen
3 Das zwischenzeitlich in Würfel (Kantenlänge etwa 3 cm) geschnittene Fleisch und den Reiswein zugeben
4 Mit Wasser auffüllen, so daß das Fleisch knapp bedeckt ist
5 Ingwer, Knoblauch, Sternanis, Chilis und Kassia zugeben
6 Aufkochen und dann 1 Stunde simmern lassen
7 Fleisch – ohne Gewürze – herausnehmen und mit etwas Salz und Zucker abschmecken

Hinweis

Dieses Gericht, von dem es zahllose Varianten gibt, wird meist auf einem Gemüsebett angerichtet und gilt als Leibspeise Mao Zedongs. Man kann zum Abschmecken auch Sojasauce verwenden, doch schätzte der «große Vorsitzende» dies überhaupt nicht.

---

bei den Quellen die optimale Kombination von Schmalz und Fleischsorte ein wichtiges Anliegen ist. Heute ist die Verwendung tierischer Fette auf einige Regionen reduziert: zumeist allerdings nicht zum Anbraten, sondern zum Abschmecken am Ende eines Kochvorgangs. Die früheste Beschreibung der Herstellung von Stärkemehl stammt aus dem 6. Jahrhundert; bis dahin hatte man die Flüssigkeit vorwiegend durch die Beimengung von zerkrümelten Reis- und Hirsekörnern gebunden.

Töpfe wurden im Lauf der Geschichte aus den verschiedensten Materialien hergestellt. Bis in das 20. Jahrhundert hinein dominierte jedoch – zumindest bei der Bevölkerungsmehrheit – ein einziger Werkstoff: der Ton. Bereits im Neolithikum war damit eine komplexe Technologie verbunden. Eine besondere Bedeutung kam dabei dem Magern durch die Beimengung von Sand (für eine hohe Temperaturbeständigkeit) und Stroh (für eine größere Plastizität) zu. Die Drehscheibe trug spätestens seit dem 3. Jahrtausend v. Chr. dazu bei, daß die Formgebung standardisiert und die Produktion beschleunigt werden konnte. Auch die Brennöfen wurden Schritt für Schritt verbessert, weshalb es seit der Shang-Dynastie möglich war, glasiertes Steinzeug herzustellen.

Höhere Temperaturen waren auch die Voraussetzung für den Metallguß, und es verwundert daher nicht, daß etwa zur selben Zeit die Produktion von Bronzegefäßen in qualitativer wie in quantitativer Hinsicht ihren ersten Höhepunkt fand. Allerdings war die Verwendung dieses Materials zunächst auf das Umfeld des Herrscherhauses und den Einsatz bei rituellen Handlungen begrenzt: möglicherweise zum Glück der weniger begüterten Bevölkerung; denn neben Kupfer

Braten	in wenig Fett scharf anbraten	*jian*
	in wenig Fett unter ständigem Rühren anbraten («Pfannenrühren»)	*chao*
	als Abschluß eines Garvorgangs besonders rasch braten	*bao*
Grillen	erhitzen durch Wärmestrahlung	*kao*
Fritieren	in schwimmendem Fett braten oder ausbacken	*zha*
Rösten	in Glut oder Asche garen	*wei*
Backen	im Tonmantel garen	*bao*
Schmoren	kurz anbraten, dann unter Zugabe von Flüssigkeit garen	*ao, men, peng, shao*
Kochen	allgemein: in Flüssigkeit garen	*gun, peng, zhu*
	in Brühe garen	*lu*
	am Tisch in Flüssigkeit garen	*shuan*
	durch wiederholtes Aufkochen garen	*chuan*
Blanchieren	kurz brühen, dann langsam gar ziehen lassen	*dun, qin*
Simmern	schwach brodelnd kochen	*dao, wei*
Pochieren	in Flüssigkeit unterhalb des Siedepunktes garen	*cuan, zhuo*
Dünsten	in wenig Flüssigkeit garen	*jue, wen*
Dämpfen	in Wasserdampf garen	*zheng*

Verschiedene Garverfahren (Auswahl)

Tonschale mit Stövchen.
Grabbeigabe
(4. Jh. v. Chr.)

und Zink enthielten die Legierungen auch einen relativ hohen – und nicht unbedingt gesundheitsförderlichen – Bleianteil.

Darüber hinaus machte oftmals schon das Gewicht der mit Hilfe von zusammensetzbaren Tonformen geschaffenen Objekte eine Verwendung im Alltag ziemlich unwahrscheinlich, wog doch mancher Topf deutlich mehr als sein Besitzer. Zwar erfolgten im 1. Jahrtausend v. Chr. eine zunehmende Profanisierung des Gebrauchs und eine weitreichende Modifikation des Dekors, die fast durchweg auf neolithische Keramikvorbilder zurückführbaren Grundformen der Bronzegefäße blieben indes erstaunlich konstant.

Ab dem 3. Jahrhundert v. Chr. erlangten dann Utensilien aus Eisen eine wachsende Bedeutung bei der Speisenzubereitung, und man nutzte – lange bevor diese Technologie in Europa aufkam – die Möglichkeiten des Gußver-

«Ich besitze mein Messer bereits seit 19 Jahren und habe damit Tausende von Rindern zerlegt; dennoch ist die Schneide [immer noch] so scharf, als wäre sie soeben [beim Hersteller] auf dem Schleifstein gewesen. Die Gelenke weisen Zwischenräume auf, durch welche die schlanken Klingen [...] problemlos gleiten. [...] An schwierigen Stellen bin ich jedoch auf der Hut und setze die Schnitte – bei voller Konzentration und größter Sorgfalt – an, bis sich die Teile lösen. [...] Vollauf befriedigt reinige ich schließlich mein Messer und räume es beiseite.»

Zhuangzi (3. Jh. v. Chr.) Kap. 3.

fahrens, um Kochgeschirr herzustellen; vermutlich wurden damals bereits Vorformen des Woks entwickelt: einer stark gewölbten Pfanne, deren inzwischen auch im Westen eingebürgerte Bezeichnung auf die kantonesische Aussprache *(wok)* des Begriffs «Topf» *(guo)* zurückgeht. Messer erhielten ihre Form hingegen durch Schmieden. Mitunter bestanden die Klingen aus Stahl und verfügten über eine beachtliche Schärfe.

Das mit Abstand wichtigste Gerät des Metzgers wie des Kochs ist ein gut funktionierendes Schneidewerkzeug. Vor allem das Küchenbeil bietet vielfältige Einsatzmöglichkeiten, lassen sich damit doch nicht nur Knochen zerhacken, sondern auch hauchdünne Scheiben und Haschee produzieren. Überdies bietet die breite Klinge die Möglichkeit, Fleisch zu klopfen, Knoblauch oder Ingwer zu zerdrücken und die Zutaten direkt in den Topf zu heben. Bewährt hat sich zudem die Verwendung eines massiven Holzblockes, der die Arbeitsfläche bildet, auf der Fleisch und Gemüse zerlegt und geschnetzelt werden können. Kleine Stücke sind in erster Linie beim «Pfannenrühren» erforderlich; sie bieten der Hitze eine größere Angriffsfläche und lassen sich daher besonders rasch garen.

«Wird zuviel [gleichzeitig] angebraten, dann kann das Feuer nicht seine [volle] Kraft entfalten, und das Fleisch wird nicht rösch. Man sollte folglich nicht mehr als ein halbes Pfund Fleisch verwenden, im Falle von Huhn und Fisch sogar nur maximal sechs Unzen. Reicht das nicht, dann wartet man besser, bis alles aufgegessen ist, um dann [den Vorgang] zu wiederholen. Beim Kochen nimmt man hingegen möglichst große Mengen; unter zwanzig Pfund gerät das Fleisch nämlich relativ fade.»

Suiyuan shidan (1790) Kap. 1.

Eine ganze Reihe von Utensilien kann auf eine lange, bis in die Antike zurückreichende Tradition zurückblicken. Schon damals wurden Kräuter und Gewürze mit Hilfe von Mörser und Stößel zermahlen; auch genoppte Ingwerreiben sind archäologisch bezeugt. Das gilt gleichermaßen für Spieße und langstielige Gabeln, die beim Grillen und Braten gebräuchlich waren, und für Schöpfkellen, die unter anderem zum Umschütten von Brühe dienten. Weniger gut ist die Beleglage hingegen für die heute unentbehrlichen Pfannenwender, die insbesondere bei der Zubereitung von Geschnetzeltem gute Dienste leisten, und für Schaumlöffel, die mittels eines körbchenähnlichen Drahtgeflechts die Entnahme von Gekochtem oder Fritiertem ermöglichen.

In der Küche ist Sauberkeit oberstes Gebot. Das stimmt sicherlich aus der Perspektive von Ernährungswissenschaftlern und Ärzten. Andererseits sollte man sich freilich nicht zu dem Trugschluß verleiten lassen, die Wahrung hygienischer Standards ließe sich mit der geschmacklichen Qualität der Verköstigung in einen direkten Zusammenhang bringen. Das könnte zumindest in China die Auswahl an Gaumenfreuden drastisch begrenzen. Und will man das Mahl uneingeschränkt genießen, dann empfiehlt es sich zumeist, auf eine Küchenbesichtigung zu verzichten.

Die wenigen Speisen, die nicht gegart werden, legt man gerne in Alkohol, Essig, Honig, Zucker oder Sirup ein. Unter Umständen geschieht dies – insbesondere im Falle von Meerestieren – in vivo. Aber auch sonst geht man nicht gerade zimperlich mit «Frischware» um. So wird Fisch häufig von fliegenden Händlern feilgeboten, die ihre Produkte in kaum mit Wasser gefüllten Plastiktüten von Restaurant zu Restaurant tragen.

Huhn mit Zitronenscheiben (Guangdong)

Zutaten

300 g ausgelöste Hühnerbrüste,
in Streifen geschnitten
1 TL Salz; 3 EL Stärkemehl
3 EL Erdnußöl
5 EL Zucker
1 EL Reisessig

1 größere unbehandelte Zitrone,
zur Hälfte in dünne Scheiben
geschnitten, zur Hälfte ausgepreßt
1 EL Stärkemehl,
in 2 EL kaltem Wasser gelöst
2 EL Petersilie, gehackt

Zubereitung

1 Fleisch salzen und mit Stärkemehl einreiben
2 Die Streifen bei hoher Hitze und ständigem Rühren
  im Öl anbraten
3 Öl ggf. bis auf einen dünnen Film abgießen, Fleisch auf einer
  Anrichteplatte warmstellen
4 Zitronenscheiben, Zucker, Essig und Zitronensaft
  im verbliebenen Öl erhitzen
5 Sobald der Zucker gelöst ist, Stärkemehllösung zugeben
  und andicken
6 Sauce über das Huhn verteilen
7 Zitronenscheiben dekorativ darauf anordnen, Petersilie darüber
  streuen und sofort servieren

Seladonschale.
Kaiserliche Gabe
für ein Kloster (9. Jh.)

Goldschale.
Hortfund (8. Jh.)

Gesteigerte Wonnen: das Geschirr

Die Augen essen mit. Das gilt auch in China. Zwar ist die ästhetische Durchdringung der Eßkultur nicht so ausgeprägt wie in Japan, doch sind dekorative Elemente zumindest bei einem feierlichen Mahl unabdingbar: bei der Komposition der Speisen, der Verzierung durch Gemüseschnitzereien und der Auswahl des Geschirrs.

Das dominierende Material für Teller, Schüsseln und Schalen war vom Neolithikum bis zur Gegenwart die Keramik. Bei der Oberschicht war diese ab der Han-Zeit häufig mit einer Engobe oder Glasur überzogen. Besonders berühmt ist die als *sancai* («drei Farben») bezeichnete Ware mit polychromer Bleiglasur, die sich in großer Zahl in den Gräbern der Tang-Dynastie findet. In der gleichen Epoche ist auch erstmals Porzellan belegt: eine weiße, lichtdurchlässige Keramik mit hohem Kaolinanteil und hartem, klingendem Scherben. Ihre Verwendung war damals auf die Eliten beschränkt; eine besonders hochwertige Ware wurde *mise* («Geheimfarbe») genannt und zählte nachweislich zur Ausstattung des Kaiserhofes. Ihren absoluten Höhepunkt sollte die Töpferkunst jedoch erst unter der Song-Dynastie erreichen, als durch schlichte Form und dezente Farbgebung eine auch später nie wieder erlangte Harmonie erzielt wurde.

Bei den archäologisch überlieferten Bronzeobjekten ist nicht immer klar zu trennen zwischen den Töpfen, in denen Speisen und Getränke zubereitet wurden, und den Gefäßen, in denen man sie servierte. Festzuhalten ist aber, daß allmählich wohl auch beim Anrichten

> «Gleichermaßen leicht und hart ist es,
> das Porzellan aus Dayi.
> Klopft man daran, so heißt es hier,
> dann ähnelt der Klang
> dem klagenden Klimpern von Jade.
> Reif und Schnee erreichen nicht
> das Weiß Deiner Schalen.»
>
> *You yu Wei Chu qi Dayi ciwan* (756).

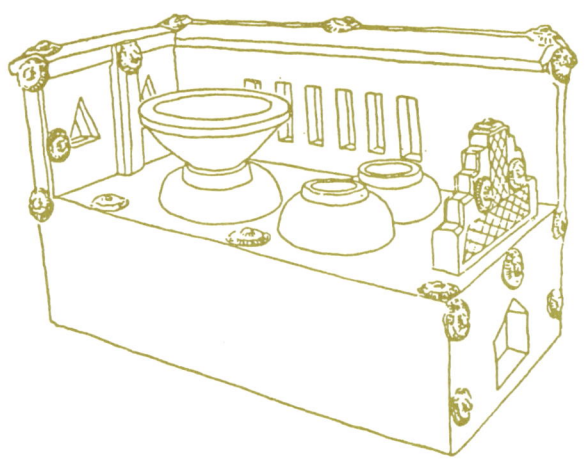

Herd. Tonminiatur (2. Jh.)

die feste Anbindung an den Ritus verlorenging und die profane Nutzung in den Vordergrund trat. Nach der Gründung des Kaiserreichs wurde zwar in großem Umfang weiterproduziert, doch erlangte die künstlerische Qualität nur noch selten den einstigen Rang.

Etwa gleichzeitig fand ein anderes Material zunehmende Beachtung. Der Lack, der zunächst vor allem zur Veredelung anderer Werkstoffe gedient hatte, ging ab der Han-Zeit nämlich in Massenproduktion. Das geschah vor allem in den kaiserlichen Manufakturen, in denen hochspezialisierte Handwerker tätig waren, die jeweils für die einzelnen Arbeitsschritte verantwortlich waren: von der Anfertigung des zumeist aus Weichholz oder Textilfasern bestehenden Kerns über das Auftragen mehrerer Lackschichten bis zum Aufmalen des Dekors. Besonders aufwendig war die Gestaltung mit Hilfe getränkter Hanftücher, die sich – ohne festen Träger – beim Trocknen zu einer vorgegebenen Form versteiften. Trotz der hohen Stückzahlen blieben Lackgegenstände Luxusgüter; die Preise dafür betrugen ein Vielfaches der aus Bronze hergestellten Äquivalente. Diese besondere Wert-

«Rohgold und Jade dürfen bei [der Herstellung von] Geschirr für Beamte unterhalb des 1. Ranges nicht verarbeitet werden. Unterhalb des 6. Ranges darf man auch kein Rohsilber verwenden.»

Erlaß aus dem Jahre 706,
zitiert im *Tang huiyao* (961) Kap. 31.

schätzung ging eigentlich nie verloren, doch wurden später, zumindest was den regelmäßigen Gebrauch beim Essen und Trinken anbelangt, nur noch selten derart ansprechende Stücke geschaffen.

Ganz anders verlief die Chronologie bei der Gestaltung von Silber und Gold. Zwar wurden die edlen Metalle bereits lange zuvor verarbeitet, doch läßt sich ein quantitativ und qualitativ beeindruckendes Niveau bei der Herstellung von Gefäßen erst für die Tang-Zeit konstatieren. Fremder Einfluß ist dabei unverkennbar, auch wenn die Zahl

94

der Importstücke rapide zurück-
ging und sich die Ornamentik
zunehmend dem höfischen Geschmack anpaßte. Besonders eindrucksvoll sind die Silberteller,
-schalen, -kannen und -becher, bei
denen ein Teil des Dekors durch
Vergoldung hervorgehoben ist.
Unter derselben Dynastie entstanden überdies die frühesten
Belege für Cloisonné (Stegemail).

Silbertasse.
Hortfund (8. Jh.)

Schließlich erlangte auch die Glaskunst unter den Tang vermehrte
Aufmerksamkeit. Zu einer wirklichen Blüte kam es jedoch nicht; denn
die hochwertigsten Objekte stammten nach wie vor aus dem Ausland.
Die bedeutendsten Funde gehen auf die Ausgrabungen im Famensi
zurück. In der Klosteranlage, die etwa 120 Kilometer westlich der damaligen Hauptstadt Chang'an errichtet worden war, stieß man unter
anderem auf einen Satz dunkelblauer Teller, die mit floralem Ritzde-
kor versehen waren. Zusammen mit buddhistischen Reliquien hatte
Kaiser Xizong 874 die wertvollen, vermutlich aus dem Nahen oder
Mittleren Osten eingeführten Stücke höchstpersönlich in dem unter
der Pagode errichteten «Palast» deponieren lassen.

Für chinesische Eßkultur steht nicht zuletzt die Verwendung von
Stäbchen. Als bislang ältester archäologischer Beleg gilt ein aus Bronze gegossenes Paar, das in Grab 1005 von Houjiazhuang unweit der
Shang-Hauptstadt Anyang gefunden wurde und an die Wende vom
13. zum 12. vorchristlichen Jahrhundert datiert wird. Das bedeutet
freilich nicht, daß damals – oder gegebenenfalls sogar noch früher –
bereits eine Tradition begründet wurde, die, gleichermaßen normativ
wie allumfassend, bis in die Gegenwart reicht; denn noch über einen
gehörigen Zeitraum hinweg durften, wenn man den unter der Han-
Dynastie entstandenen Ritenkompendien glauben kann, bestimmte
Gerichte, darunter Reis, nur mit der Hand aufgenommen werden. Neben dem Dekor sind auch die Materialien zur Herstellung von Stäbchen ausgesprochen variantenreich; die Bandbreite reicht von Holz
und Bambus im Alltag bis hin zu Lack, Elfenbein, Silber, Gold und
Jade beim Festmahl der Oberschicht; darüber hinaus wird seit dem
20. Jahrhundert vermehrt Plastik und Edelstahl verwendet.

Lückenloser nachweisbar ist die Geschichte von Löffel, Spatel und
Schöpfkelle. Vor allem aus der Han-Zeit sind erlesene Objekte aus

Küchenszene.
Bemalter Ziegel (3. Jh.)

Lack erhalten, später kamen aus Gold und Silber gefertigte Exemplare hinzu. Analog zur vielfältigen Benutzung der Stäbchen dienten die schlichteren Ausführungen nicht nur zum Servieren und zur Nahrungsmittelaufnahme, sondern auch zur Zubereitung am Herd. Bei Messer und Gabel war dies wohl lange Zeit die einzige Funktion. Zumindest legen die Größe der Fundstücke und die Deutung der bildlichen Wiedergaben diesen Schluß nahe. Europäisches Besteck fand erstmals in den Großstädten während der zweiten Hälfte des 19. Jahrhunderts größeren Anklang, als in einer wachsenden Zahl westlich ausgerichteter Restaurants nicht nur Ausländer, sondern auch reiche Chinesen dinierten.

4. Ein kulinarischer Kosmos

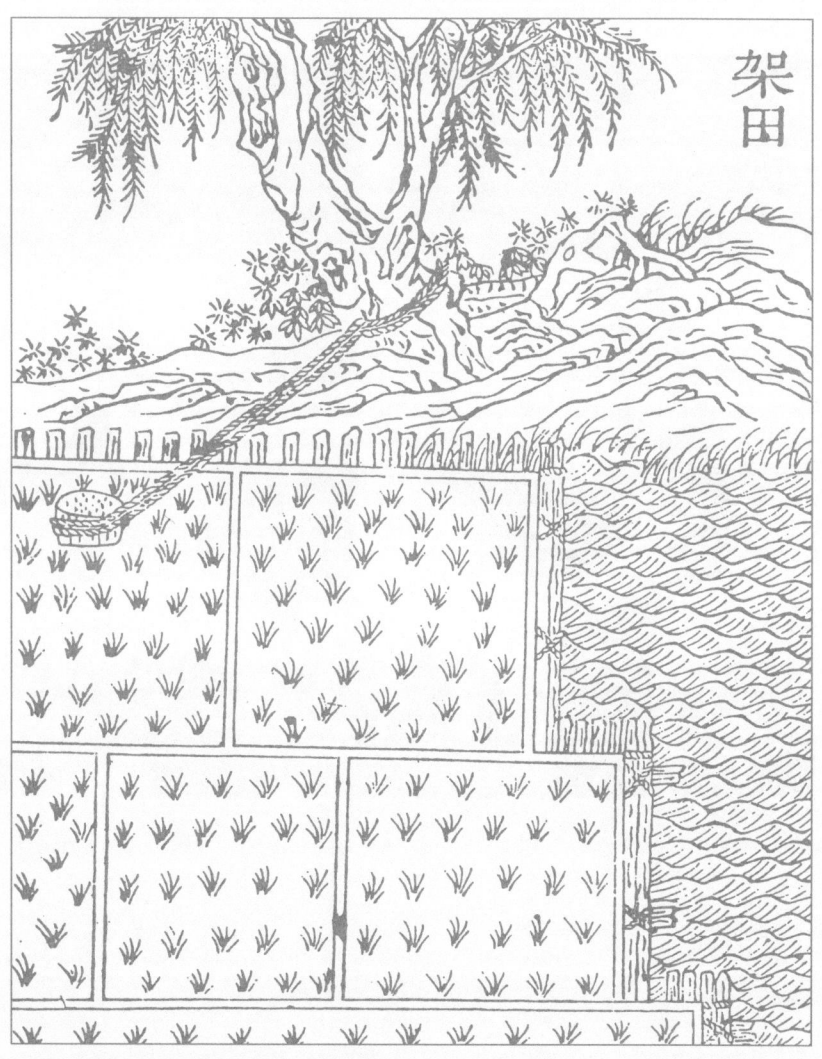

Bewässerung der Reisfelder. Buchillustration (1742)

Land der Gegensätze

Mit 9,6 Millionen Quadratkilometern erstreckt sich China heute über ein Gebiet, das mehr als doppelt so groß ist wie die Gesamtfläche der 27 Staaten der Europäischen Union. Entsprechend vielfältig sind die Landschaftstypen, Klimabereiche und Vegetationszonen, was nicht ohne Folgen für die Herausbildung spezifischer Kulturausprägungen – und damit natürlich auch für die kulinarische Vielfalt – bleiben konnte.

Nach Westen hin wird das Land durch hochaufragende Gebirge abgeschirmt: darunter Tianshan, Kunlun, Karakorum und Himalaya mit einer ganzen Reihe von Sieben- und Achttausendern. Unbezwingbare Barrieren sind die Höhenzüge jedoch nicht, auch wenn die Pässe über viele Monate im Jahr mit Eis und Schnee bedeckt sind. Daß trotzdem ein intensiver Austausch von Gütern und Ideen möglich war, zeigt nicht zuletzt die weit zurückreichende Erfolgsgeschichte der Seidenstraße. Zwar bildet ein Teil des Turfan-Beckens (mit 154 Metern unter dem Meeresspiegel) die zweittiefste Depression der Erde, doch ist Tiefland ansonsten eher rar. Nur 14 Prozent der Gesamtfläche befinden sich in Zonen, die weniger als 500 Meter über dem Meeresspiegel liegen, während sich 33 Prozent über das Hochland (mit mehr als 2000 Metern) erstrecken. Mindestens ein Drittel des Landes wird durch Hügelketten strukturiert, die eine Höhe von 1000 bis 2000 Metern aufweisen.

Ähnlich unwegsam wie die Hochgebirge sind jene Gebiete, in denen Dürre und Desertifikation zu einer dramatischen Verknappung des Wasserhaushalts und einer dauerhaften Schädigung der Vegetati-

> «Um Farne zu sammeln, ging ich in die Berge.
> Nun, am Abend, quält mich der Hunger.
> Die Täler erfüllt von Wind und Sturm,
> klamm die Kleidung von Reif und Tau.
> Überall der Ruf der Fasanen, das Toben der Affen.
> Beim Blick nach der Heimat verläßt mich der Mut.»
>
> *Shanzaixing* (um 210).

> «Man sieht weder einen Vogel in der Luft, noch irgendein Tier auf der Erde. Wenn man angestrengt nach allen Richtungen Ausschau hält, um den Weg für die Durchquerung zu finden, sucht man vergeblich; die einzigen Wegzeiger sind die ausgedörrten Knochen der Toten.»
>
> *Foguoji* (um 420) Kap. 1.

onsdecke führten. Viele Plateaus, Becken und Senken weisen einen ariden oder semiariden Charakter auf und sind Bestandteile eines Trockengürtels, der bis nach Nordafrika reicht; dazu zählt mit der Gobi auch die zweitgrößte Wüste der Erde. Das Überleben ist hier – ebenso wie in der Taklamakan – nur innerhalb eines Netzwerks von Oasen möglich. In der Steppenregion wachsen hingegen zumindest Trockengras und Buschwerk, so daß eine weiträumige Viehwirtschaft betrieben werden kann. Bei den verschiedenen Formen der Tierhaltung – von Transhumanz bis Nomadismus – hat der Wechsel der Weideplätze in einem festen saisonalen Rhythmus zu erfolgen, der nicht nur den Jahreslauf bestimmt, sondern auch die politischen und sozialen Strukturen beeinflußt.

Zahlreiche Flüsse durchziehen Lebensadern gleich das Land. Von besonderer Bedeutung sind dabei der Yangzi und der Huanghe (der «Gelbe Fluß») mit einer Länge von 5530 bzw. 4672 Kilometern. Diese und viele weitere Ströme bilden freilich keine unüberwindbaren Hindernisse, sondern Verbindungsstränge, die Menschen und Kulturen einander näherbringen. Abgesehen davon sind sie essentiell für die Bewässerung, aber auch eine enorme Gefahrenquelle, da sie regelmäßig über die Ufer treten und dabei verheerende Schäden anrichten.

Insbesondere in seinen nördlich der Yangzi-Mündung befindlichen Abschnitten bildet der Küstenstreifen, der das Land im Osten säumt, eine deutliche Begrenzung, welche sich auch im Bewußtsein der Bevölkerung festgesetzt hat, und die im Süden anschließende Inselwelt scheint sich der Wahrnehmung erst spät erschlossen zu haben. Zwar lassen sich maritime Kontakte mit unterschiedlichen Regionen Asiens schon relativ früh ausmachen, doch muß man zunächst wohl vor allem ausländische Seefahrer für das Entstehen geregelter Handelsbeziehungen verantwortlich machen. Zu einer ernstzunehmenden Seemacht entwickelte sich China nur für kurze Zeit im 15. Jahrhundert.

Der Vielfalt der Landschaftstypen entsprechen die klimatischen Gegensätze. Während der Küstenbereich dem jahreszeitlichen Rhythmus der Monsunwinde unterworfen ist, werden Teile des Landesinneren durch kontinentale Luftmassen aus dem Westen beherrscht. In

China heute

einer Grobklassifikation lassen sich mindestens drei größere Zonen identifizieren, die – von Süden nach Norden – durch tropische, subtropische und gemäßigte Klimata gekennzeichnet sind. Entsprechend groß sind die regionalen Unterschiede bei den Temperaturen und Niederschlägen.

Zusammen mit den naturräumlichen Besonderheiten bestimmt dies ganz entscheidend die Produktivität der Landwirtschaft. Seriöse Schätzungen gehen davon aus, daß maximal zwölf bis dreizehn Prozent der Gesamtfläche Chinas als Ackerland genutzt werden können und daß davon wiederum nur ein kleiner Teil Spitzenerträge gewährleistet. Besonders reich fielen die Ernten im Sichuan-Becken sowie in den Tiefebenen aus, die durch die Unterläufe von Huanghe und Yangzi

Feldbestellung.
Bemalter Ziegel (3. Jh.)

geprägt sind. Zwischen den beiden Flüssen verläuft eine horizontale Trennlinie, welche die Gebiete, in denen primär Weizen angebaut wird, von jenen scheidet, in denen die Kultivierung von Reis im Vordergrund steht.

Da mäßig fruchtbare Böden häufig mit dünner Besiedelung einhergehen, sind die Produktionszahlen natürlich nur bedingt aussagefähig. Dennoch läßt sich erahnen, wie limitiert die agrarischen Ressourcen und wie dramatisch die Folgen von Dürren und Überflutungen sind. So konnte selbst die eher zur Beschönigung neigende offizielle Geschichtsschreibung einst nicht umhin, Jahr für Jahr Naturkatastrophen, Hungersnöte und Epidemien zu vermelden.

Als kulturelle Keimzelle wird traditionell das Lößgebiet am Unterlauf des Huanghe betrachtet. Diese Deutung ist jedoch heute nicht mehr haltbar. Archäologische Funde aus vermeintlich peripheren Gebieten belegen nämlich, daß in weiten Teilen des Landes höchst eigenständige Traditionen gepflegt wurden, deren materielle und geistige Impulse langfristig ebenfalls zur Herausbildung jener Charakteristika beitrugen, die wir heute mit der Bevölkerungsmehrheit der Han verbinden.

Die Regionalküchen

Natürlich haben die von der Natur vorgegebenen Konstanten einen nicht unbeträchtlichen Einfluß auf die jeweiligen Kochtraditionen. Schließlich stehen im Küstenbereich und in den Flußtälern andere Ressourcen zur Verfügung als etwa im Gebirge oder in der Steppe. Auch ist es durchaus von Bedeutung, ob sich die Zeit, in der Ackerbau betrieben werden kann, fast über das ganze Jahr erstreckt oder nur über etwas mehr als drei Monate. Andererseits wirken sich aber die Trennlinien zwischen den einzelnen Landschaftsräumen, Klimabereichen und Vegetationszonen nur bedingt auf die Grenzen zwischen den unterschiedlichen Regionalküchen aus.

Das zeigt schon die Fülle von Klassifikationsversuchen, mit deren Hilfe das Land kulinarisch gegliedert werden soll. Großer Beliebtheit erfreut sich dabei ein Schema, das sich – unter Verwendung einer besonders symbolträchtigen Zahl – an acht Provinzen ausrichtet: Sichuan, Hunan, Guangdong, Shandong, Jiangsu, Anhui, Fujian und Zhejiang. Mit Abstand am leichtesten prägt sich im Westen wohl ein an den Himmelsrichtungen orientiertes Modell ein, das mit lediglich vier Kerngebieten – Shanghai (Osten), Kanton (Süden), Sichuan (Westen) und Peking (Norden) – auskommt. Zwar bringt diese Reduktion einen beachtlichen Variantenreichtum im Hinblick auf die jeweils zugeordneten Territorien mit sich, doch reicht diese Einteilung zumindest für eine grobe Charakterisierung aus; die von der Taklamakan bis zum Amur reichende nördliche Peripherie wird bei Erörterungen der Eßkultur ohnehin zumeist ausgeblendet.

Im übrigen wird den vier Großregionen eine ebenso große Anzahl von Geschmacksrichtungen zugeordnet. Danach ist die Küche im Osten sauer, im Süden süß, im Westen scharf und im Norden salzig. Auch das ist natürlich eine starke Vereinfachung; denn die von persönlicher Not oder staatlichem Druck diktierte Migration führte ebenso zu einem regelmäßigen kulturellen Austausch wie die beruflich bedingte Mobilität von Beamten, Soldaten und Händlern. Das konnte natürlich nicht ohne Folgen für die kulinarische Ausdifferenzierung bleiben, und so ist die an Himmelsrichtungen und Verwaltungseinheiten ausgerichtete Unterscheidung von Kochstilen lediglich für eine allererste Orientierung hilfreich.

 **Der Osten** Das Gebiet an Unterlauf und Mündung des Yangzi zählt seit jeher zu den Keimzellen chinesischer Zivilisation. Shanghai, das heutige Zentrum der Region, kann zwar durchaus auf eine lange Geschichte zurückblicken, Weltgeltung erlangte die Stadt aber erst unter dem Einfluß der europäischen Kolonialherren. Bis dahin waren andere Orte – darunter die einstigen Hauptstädte Hangzhou und Nanjing – von weit größerer Bedeutung. Die Kerngebiete der Regionalküche bilden, abgesehen von der Megacity, die Küstenprovinzen Jiangsu und Zhejiang, doch reicht der Einfluß auch weiter ins Inland bis nach Anhui und Jiangxi.

In der Kultur, die sich am Ostchinesischen Meer herausgebildet hat, war der Buddhismus ein prägendes Element, weshalb vegetarische Gerichte einen vergleichsweise hohen Stellenwert haben. Ansonsten dominieren Fisch und Meeresfrüchte, die in einem großen Variantenreichtum serviert werden. Eine Sonderstellung nimmt Fujian ein, wo autochthone Traditionen mit Konventionen aus den Nachbarprovinzen Zhejiang und Guangdong zu einem höchst eigenständigen Stil verschmolzen sind, in dem Suppen als unverzichtbarer Bestandteil eines anständigen Essens gelten.

Fritierter Fisch (Jiangsu)

Zutaten

1 ganzer Fisch
(z. B. Meerbrasse, 1000 bis 1200 g)
50 g Mehl
15 g getrocknete Shiitake-Pilze,
zunächst 30 min. in
warmes Wasser eingeweicht,
dann – ohne die Stiele –
in feine Streifen geschnitten
1 EL gehackter Ingwer
3 Frühlingszwiebeln, feingehackt

50 g Bambussprossen, in feine
Streifen geschnitten
1 Karotte, geputzt und in Streifen
geschnitten
Reichlich Erdnußöl
2 EL Stärkemehl,
in 4 EL kaltem Wasser gelöst
Saucenmischung aus ⅛ l Hühnerbrühe
und jeweils 2 EL Sojasauce,
Reiswein und Zucker

Zubereitung

1 Den Fisch unter kaltem Wasser waschen; den Kopf abtrennen, Wirbel und Gräten so auslösen, daß die beiden Filets nur noch an der Schwanzflosse zusammenhängen
2 Die Filets kreuzweise einschneiden und kräftig mit Mehl bestäuben
3 Den Fisch in reichlich Öl fritieren, bis er goldbraun ist; abtropfen lassen und warmstellen
4 Pilze, Ingwer, Frühlingszwiebeln, Bambussprossen und Karotten in 2 EL Öl anbraten
5 Saucenmischung zugeben und aufkochen lassen
6 Mit Stärkemehllösung andicken
7 Sauce auf den Fisch geben und umgehend servieren

Hinweise

Man kann den Kopf des Fisches mit Mehl bestäuben, mitfritieren und so auf der Servierplatte anordnen, daß der Eindruck eines vollständigen Fisches vermittelt wird. Da sich die Filets beim Fritieren stark aufwölben, wird das Gericht im allgemeinen als «Eichhörnchenfisch» bezeichnet.

Der Süden Im Jahre 111 v. Chr. gelang es den Truppen des Kaisers, am Delta des Perlflusses (Zhujiang) die Stadt Panyu zu erobern: Zentrum eines bis dahin meist unabhängigen Reiches und Keimzelle des heutigen Kanton (Guangzhou). Dabei begegneten sie einem höfischen Lebensstil, der den Vergleich mit dem Standard, der in den Palästen Zentralchinas gepflegt wurde, nicht scheuen mußte. Wie zahlreiche Funde von Koch-, Speise- und Trinkgefäßen aus dem Grab eines elf Jahre zuvor unweit der Residenz bestatteten Herrschers zeigen, galt das nicht zuletzt für die Tafelfreuden. Was in den Schüsseln serviert wurde, verraten die Objekte indes nicht. Die Weltoffenheit, die der nahe Hafen und die Einfuhr von exotischen Handelsgütern vermuten lassen, mag sich aber schon damals auf den Speiseplan ausgewirkt haben.

Zumindest läßt sich in späteren Epochen eine beeindruckende Vielfalt an Aromen festhalten. Überraschen kann das nicht. Schließlich gelangten zahllose Gewürze aus den Regionen jenseits des Meeres zunächst an die «südliche Pforte» des Reiches. Darüber hinaus wurde – und wird – auf den Märkten Kantons manches Nahrungsmittel feilgeboten, das für Menschen, die nicht in den Provinzen Guangdong und Guangxi heimisch sind, oft nicht nur pittoresk, sondern auch abstoßend wirkt: darunter Hunde, Katzen, Affen und Ratten. Ein allenthalben akzeptiertes Charakteristikum ist hingegen der gepflegte Umgang mit Fisch und Meeresfrüchten, die große Auswahl an Gemüse und Obst sowie die Perfektion, mit der der Reis zubereitet wird.

Süß-saures Schweinefleisch (Kanton)

Zutaten

750 g Schweinefilet, in Würfel
von ca. 1,5 cm Kantenlänge
geschnitten
Salz
1 verquirltes Ei
Mischung aus 2 EL Mehl und
2 EL Stärkemehl
Reichlich Erdnußöl

1 rote Paprikaschote, in kleine
Quadrate von ca. 1,5 cm Kantenlänge
geschnitten
Saucenmischung aus ⅛ l Hühnerbrühe,
3 EL Reisessig, 2 EL Reiswein, 1 EL
Sojasauce und 6 EL Zucker
1 EL Stärkemehl, in 2 EL kaltem
Wasser gelöst

Zubereitung

1 Fleisch salzen, in eine Schüssel mit dem verquirlten Ei legen
2 Mischung aus Mehl und Stärkemehl zugeben und
   gut vermengen.
3 In reichlich Öl fritieren, bis die Fleischwürfel goldbraun
   und knusprig sind; abtropfen lassen und warmstellen
4 Paprika kurz in 2 EL Öl anbraten
5 Saucenmischung zugeben und aufkochen lassen
6 Sobald der Zucker gelöst ist, Stärkemehllösung zugeben
   und andicken
7 Vom Herd nehmen, über das Fleisch gießen
   und sofort servieren

Der Norden   Peking (Beijing) war unter den letzten drei Dynastien – den mongolischen Yuan, den chinesischen Ming und den mandschurischen Qing – fast durchweg Sitz des kaiserlichen Hofes. Das wirkte sich zweifellos auf die Vielfalt und Qualität der Küche aus; denn zuvor hatte am Unterlauf des Huanghe ein Stil dominiert, der seinen Ursprung in Shandong hatte. Und auch heute noch bemühen sich die Bewohner der Halbinsel, ihren kulinarischen Hegemonialanspruch gegenüber der Hauptstadt und den Provinzen Hebei, Henan, Shanxi und Shaanxi geltend zu machen.

Die dabei gepriesene Raffinesse bei der Auswahl der Zutaten und bei der Art der Zubereitung konnten sich indes nur wenige leisten. Die Bevölkerungsmehrheit mußte relativ bescheiden leben und ernährte sich in erster Linie von Weizen- und Hirseprodukten, die im allgemeinen in Form von Nudeln, Teigtaschen und Brot verzehrt wurden. Vor allem im Winter galten Frischgemüse und Obst geradezu als Luxuswaren. Fleisch kam ohnehin nur selten auf den Tisch. Auf die langen Kälteperioden ist es wohl auch zurückzuführen, daß die Konservierungsverfahren – insbesondere

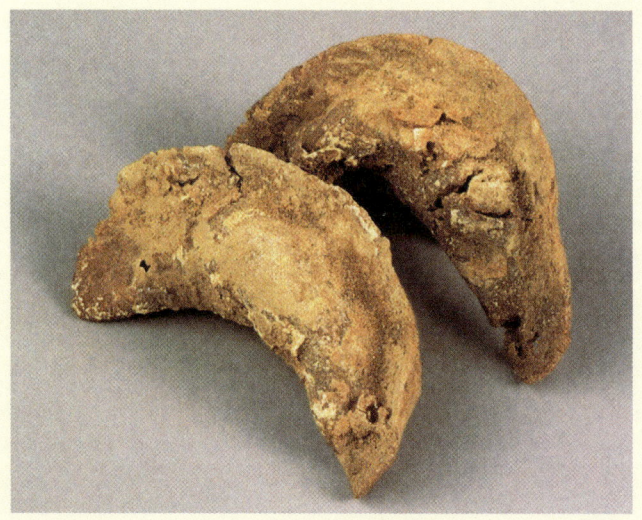

Einlegen, Pökeln und Trocknen – ausgefeilter waren als in anderen Teilen des Landes. Gewürzt wurde zumeist wohl eher «rustikal», und Knoblauch, Ingwer, Sesamöl und Sojasauce bestimmten im wesentlichen den Geschmack.

Teigtaschen.
Grabbeigabe (8. Jh.).

Sauer-scharfe Suppe (Peking)

Zutaten

1 l kräftige Hühnerbrühe
100 g Schweinefilet, in feine Streifen geschnitten
50 g Bambussprosssen, in feine Streifen geschnitten
25 g getrocknete Shiitake-Pilze, zunächst 30 Minuten in warmes Wasser eingeweicht, dann – ohne die Stiele – in feine Streifen geschnitten
50 g geronnenes Schweineblut

100 g Bohnenquark, in kleine Würfel geschnitten
2 EL Sojasauce
2 EL Reisessig
1 TL Salz
½ TL gemahlener weißer Pfeffer
2 EL Stärkemehl, in 4 EL kalter Brühe gelöst
1 verquirltes Ei
2 gehackte Frühlingszwiebeln

Zubereitung

1 Schweinefilet, Bambussprossen und Shiitake in der Brühe aufkochen, dann einige Minuten bei reduzierter Temperatur weiterköcheln
2 Bohnenquark, Schweineblut und alle Gewürze zugeben, dann erneut aufkochen
3 Mit Stärkemehllösung andicken
4 Ei unter Rühren zugeben; sobald es stockt, die Suppe vom Herd nehmen
5 Mit Frühlingszwiebeln bestreuen

Hinweis

Auf das Schweineblut kann gegebenenfalls verzichtet werden.

Der Westen Mit der Eroberung durch die Truppen des Hauses Qin endete die politische Unabhängigkeit der Region, deren Zentrum das fruchtbare «Rote Becken» bildet, nur bedingt; denn die Geschichte Sichuans ist nicht zuletzt durch Autonomiebestrebungen und regelmäßige Aufstände gekennzeichnet. Hinzu kommt eine kulturelle Eigenständigkeit, die bis heute selbstbewußt gepflegt wird. Auch im benachbarten Hunan lassen sich noch lange nach der Reichseinigung Traditionen ausmachen, die deutlich von der zentralchinesischen Norm abweichen. Eine Passion haben die Bewohner der beiden Provinzen gemein: die Vorliebe für scharfes Essen.

Das muß nicht immer so gewesen sein. Pfeffer war lange Zeit ein teures Importgut, und Chilis, die heute den Geschmack weitgehend bestimmen, gelangten – ebenso wie die Paprika – erst im 16. Jahrhundert nach China. Bis dahin bediente man sich vor allem des Sichuanpfeffers, dessen Verwendung durch Grabfunde aus der Han-Zeit belegt ist. Dieses Gewürz wirkt zwar auf Gaumen und Zunge wie ein leichtes Anästhetikum, ist aber weniger scharf und hinterläßt ein Aroma, das, je nach Sorte, unter anderem an Zitrone oder Anis erinnert. Auch manche Zubereitungsarten, die in Yunnan, Guizhou und Hubei heimisch sind, kann man der «westlichen Küche» zurechnen, doch sind die Speisen dort im allgemeinen milder.

Scharfes Huhn (Sichuan)

Zutaten

300 g Hühnerbrust, in Würfel
(max. 1,5 x 1,5 cm) geschnitten
1 TL Salz
2 EL Stärkemehl
2 EL getrocknete Chilis
2 EL Schweineschmalz
6 Frühlingszwiebeln (weißer Teil in
Stücke von ca. 3 cm Länge geschnitten)

3 EL Sojasauce
1 EL Essig
1 TL Zucker
3 EL Reiswein
100 ml Hühnerbrühe
50 g zuvor ohne Fett geröstete
Cashewnüsse
1 EL ebenso gerösteter Sichuan-Pfeffer

Zubereitung

1   Das Fleisch salzen und mit Stärkemehl einreiben
2   Die Würfel und die Chilis im Schweineschmalz bei
    sehr hoher Hitze und unter ständigem Rühren
    anbraten
3   Chilis entnehmen
4   Frühlingszwiebeln zugeben und mitbraten
5   Mischung aus Sojasauce, Essig, Zucker, Reiswein
    und Hühnerbrühe beigeben und aufkochen lassen
6   Cashewnüsse einrühren
    und mit Sichuan-Pfeffer abschmecken

Essen in geselliger Runde. Wandmalerei (724)

Von reichen Schnöseln und armen Schluckern

In den Jahren 1972 und 1973 wurden in Mawangdui, einem Vorort von Changsha (Provinz Hunan), drei Gräber freigelegt, von denen man annimmt, daß sie als die letzten Ruhestätten des 186 v. Chr. verstorbenen Fürsten von Dai und zweier enger Angehöriger dienten: darunter eine rund fünfzig Jahre alte Frau, die etwa zwei Jahrzehnte später bestattet wurde und von der Mehrzahl der Archäologen und Historiker als Witwe des adeligen Herrn betrachtet wird.

Die herausgehobene Stellung der Dame ist schon daran zu erkennen, daß sich in dem 16 Meter tiefen Schacht von Grab 1 massive Holzeinbauten mit mehreren ineinandergeschachtelten Särgen befanden. Vor allem aber besticht die Qualität der mehr als tausend Beigaben, welche ein anschauliches Bild vom Lebensstandard der Oberschicht vermitteln. Zu ihnen zählen auch die in 30 Bambusbehältnissen, vielen Lack- und Keramikgefäßen und einer ganzen Reihe von Hanfsäckchen deponierten Nahrungsmittel, die einer gründlichen botanischen und zoologischen Analyse unterzogen wurden.

Darüber hinaus erlauben die Aufschriften auf den Holzanhängern, die den Inhalt der Schachteln vermerkten, und die Angaben des auf 312 Bambustäfelchen verzeichneten Grabinventars zumindest eine grobe Identifizierung weiterer Zutaten: darunter Bambussprossen, Taro, Wachteln und Wildenten. Zudem benennen sie eine ganze Reihe von Gerichten, so etwa «gebratene Hundeleber», «getrocknetes Rindfleisch», «Lammhack» oder «Eintopf aus Fisch und Lotoswurzel».

Auch lassen sich verschiedene Zubereitungsarten – Braten, Fritieren, Schmoren, Kochen und Dämpfen – rekonstruieren sowie mehrere Verfahren des Würzens und der Haltbarmachung; danach wurden die Produkte unter anderem in Sojasauce, Essig und Honig eingelegt, gesalzen und gezuckert, gedörrt und gepökelt. Unter den Getränken ist schließlich eine Auswahl von Biersorten auf der Grundlage von Hirse, Reis und Weizen auszumachen.

Getreide	Reis	*Oryza sativa*	Körner
	Weizen	*Triticum turgidum*	Körner
	Gerste	*Hordeum vulgare*	Körner
	Rispenhirse	*Panicum miliaceum*	Körner
	Kolbenhirse	*Setaria italica*	Körner
Hülsenfrüchte	Sojabohne	*Glycine max*	Samen
	Adzukibohne	*Vigna angularis*	Samen
Wurzelgemüse	ind. Lotos	*Nelumbo nucifera*	Rhizom
Obst	Jujube	*Ziziphus jujuba*	Frucht
	Zuckermelone	*Cucumis melo*	Samen
	jap. Birne	*Pyrus pyrifolia*	Frucht
	jap. Aprikose	*Prunus mume*	Frucht
Samen und Gewürze	chin. Senf	*Brassica cernua*	Samen
	Quirlmalve	*Malva verticillata*	Samen
	Hanf	*Cannabis sativa*	Samen
	Sichuan-Pfeffer	*Zanthoxylum piperitum*	Frucht
	Zhejiang-Zimt	*Cinnamomum chekiangense*	Rinde
	Süßgras	*Hierochloe odorata*	Rhizom
	Galgant	*Alpinia officinarum*	Rhizom

Pflanzliche Nahrungsmittel und Gewürze aus Grab 1 von Mawangdui

So gewähren die Hinterlassenschaften in Grab 1 von Mawangdui einen Einblick in die kulinarische Vielfalt, an der sich die chinesische Oberschicht erfreuen konnte. Sie geben aber darüber hinaus einen Hinweis auf die Mengen, die gelegentlich vertilgt wurden. Größere Zurückhaltung erlegte sich offenkundig auch die vergleichsweise füllige Dame nicht auf, die hier beigesetzt wurde. Wie eine Analyse des Mageninhalts ergab, hatte sie noch unmittelbar vor ihrem Tode ein stattliches Häufchen Melonenkerne verzehrt, und vermutlich trugen nicht zuletzt ihre Ernährungsgewohnheiten dazu bei, daß sie an Arteriosklerose litt und an einer Thrombose der Herzkranzgefäße erkrankte.

Völlerei zählte wohl auch zu den Privilegien, mit deren Hilfe sich die Eliten der Tang-Zeit von der Bevölkerungsmehrheit absetzten. Besonders aufschlußreich ist in diesem Zusammenhang die Menüfolge eines Festessens, das 709 zu Ehren von Wei Juyuan anläßlich seiner Berufung in ein hohes Staatsamt gegeben wurde. Rezepte lassen sich zwar anhand der im *Shipu* zusammengestellten 58 Speisen nicht rekonstruieren, doch ist es mit Hilfe der knapp gehaltenen Erläuterun-

Fisch	Karpfen	*Cyprinus carpio*
	Silberkarausche	*Carassius auratus*
	Scheltostscheck	*Elopichthys bambusa*
	Brachsen	*Acanthobrama simoni*
	Schwarzbauchnase	*Xenocypris argentea*
	chin. Aucha-Barsch	*Siniperca sp.*
Zuchtvieh und Haarwild	Hausschwein	*Sus scrofa domestica*
	Hausrind	*Bos taurus domesticus*
	Hausschaf	*Ovis ammon aries*
	Haushund	*Canis lupus familiaris*
	Sikahirsch	*Cervus nippon*
	chin. Hase	*Lepus sinensis*
Geflügel und Federwild	Gans	*Anser sp.*
	Mandarinente	*Aix galericulata*
	Ente	*Anas sp.*
	Haushuhn	*Gallus gallus domesticus*
	chin. Bambushuhn	*Bambusicola thoracica*
	Jagdfasan	*Phasianus colchicus*
	Kranich	*Grus sp.*
	Taube	*Streptopelia spp.*
	Steinkauz	*Athene sp.*
	Elster	*Pica pica*
	Feldsperling	*Passer montanus*

Tierische Nahrungsmittel aus Grab 1 von Mawangdui

gen immerhin möglich, die Reichhaltigkeit der Zutaten zu erschließen, zu denen Hirsch, Bär, Esel, Marderhund, Gans, Ente, Schildkröte und Frosch gehörten. Glaubt man dem 1270 verfaßten *Wulin jiushi* (Kap. 6), dann wurden in der Song-Zeit sogar Diners serviert, die aus mehr als zweihundert verschiedenen Gerichten bestanden.

> «Die reichen Schnösel [der Hauptstadt] Chang'an lassen kräftig gewürzte Fleischgerichte auffahren. Aber sie verstehen sich nicht aufs kultivierte Trinken, sondern nur aufs Abfüllen der [Kurtisanen in ihren] roten Röcken. Dem Genuß des Augenblicks verfallen, gleichen sie beinahe einem Schwarm von Stechmücken.»
>
> *Zui zeng Zhang mishu* (806).

Im Vergleich dazu nimmt sich die aus zehn Gängen bestehende Speisenfolge, die Kaiser Qianlong im Jahre 1754 aufgetischt wurde, geradezu frugal aus. Aber nicht alle Potentaten waren gleichermaßen zurückhaltend. So setzten sich die Hauptmahlzeiten, die Kaiser Xuantong im Revolutionsjahr 1911 zweimal täglich serviert wurden, aus «etwa dreißig Platten» zusammen: vor allem Fleisch, Geflügel und Gemüse, aber kaum Fisch und Meeresfrüchte. Allerdings dienten die Leckerbissen, die die Viktualienkammer des Hofes auftischte, lediglich als Staffage; denn im allgemeinen kostete der Herrscher nicht einmal davon, sondern labte sich fast ausschließlich an den Gaumenfreuden, die aus der Küche der ranghöchsten Damen des Kaiserhauses stammten. Das liest man zumindest in der Autobiographie *(Wode qianban sheng),* die der «letzte Kaiser» 1964 unter dem Namen Puyi veröffentlichte. Allerdings war der Blick des bereits als Kind entmachteten Regenten möglicherweise ein wenig getrübt: nicht nur wegen des großen zeitlichen Abstands, sondern auch infolge der Tatsache, daß die Memoiren maßgeblich auf eine «Anregung» Mao Zedongs zurückgehen, so daß vermutlich nicht wenige Passagen unter dem Diktat von Selbstbezichtigung oder Rechtfertigung standen.

Geschnetzeltes Huhn mit Gemüse
Gekochter Schinken
Lamm mit Spinat und Bohnenquark
Rindfleischstreifen mit Gemüse
Seeigel in Entenbrühe
Glasierte Ente
Gewürfeltes Schweinefleisch mit Broccoli
Gebratene Auberginen
Marinierte Kutteln
Bohnenquark mit Bambussprossen
Wildbret
Ausgewähltes Gemüse
Bouillon

Kaiserliche Mahlzeit 1911 (Auszug).
Wode qianban sheng (1964) S. 50–51.

Aber nicht nur am Hof und in den Beamtenresidenzen ließ man es sich gut gehen, auch die in der traditionellen Rangordnung weit darunter stehenden Kaufleute darbten nicht unbedingt. So berichtet im 1799 verfaßten *Shinzoku kibun* (Kap. 1) ein japanischer Beamter, daß die zeitweilig in Nagasaki ansässigen Händler aus dem «Reich der Mitte» zwar im Alltag relativ bescheiden gelebt, bei der Bewirtung von Gästen aber dem Luxus gefrönt hätten: unter anderem durch das Servieren von Bärentatzen, Haifischflossen und Schwalbennestern. Ähnlich schwelgten die westlichen Geschäftsleute, die sich im 19. Jahrhundert in den Küstenstädten niederließen. Vor allem in Shanghai schwelgte man im Genuß, nahm regelmäßig Abendessen von acht und mehr Gängen ein und trank dazu Sherry, Wein, Bier, Champagner und Portwein.

Auch mancher ausländische Firmenmitarbeiter oder Tourist versucht heute an die Kolonialherrenattitüde anzuknüpfen. Freilich mit wenig Erfolg; denn in einem Land, dessen Einwohner in den letzten

Frühlingsbankett. Malerei eines unbekannten Künstlers (12. Jh.)

Jahrzehnten deutlich selbstbewußter geworden sind, kann man mit
Suff und Süffisanz kaum mehr beeindrucken. Zudem ist dem Snob
eine mächtige einheimische Konkurrenz erwachsen. Beim Essen de-
monstrativ zur Schau gestellter Reichtum ist nämlich unter Chinesen
längst keine Schande mehr. Und die Luxusrestaurants der Großstädte
erreichen zweifellos internationales Niveau: nicht immer im Hinblick
auf die Qualität, aber fast durchweg bei der Gestaltung der Preise.

Am anderen Ende der sozialen Skala – vor allem unter den während der Rezession entlassenen Arbeitsmigranten – gibt es indessen
Abermillionen Menschen, die wieder unter die Armutsgrenze ge-
rutscht und ständig vom Hunger bedroht sind. Zudem haben sie keine Perspektive. Wegen ihres häufig illegalen Status fallen sie nämlich
durch das ohnehin extrem weitmaschige soziale Netz der Behörden,
und da das Ersparte oft nicht einmal für die Rückkehr in die Heimat
reicht, fehlt die Absicherung, die die Familie gewähren könnte. Schließlich bietet die Umgebung der Megacities kaum die Möglichkeit, sich
ohne Einkommen zu ernähren.

Das war früher, als die Städte noch nicht weiträumig zubetoniert waren, vermutlich einfacher. Besonders aufschlußreich ist in diesem Zusammenhang das 1406 erstmalig in Druck gegangene *Jiuhuang benzao*, das von Zhu Su, einem Angehörigen des Kaiserhauses, zusammengestellt wurde. Das Werk, das auch wegen der Qualität seiner Illustrationen Berühmtheit erlangte, enthält die Namen von 414 Pflanzen, die damals in der Umgebung von Kaifeng wuchsen und im Notfall verzehrt werden konnten. 245 Arten sind dabei den Kräutern zugeordnet, 80 den Bäumen, 20 dem Getreide, 23 dem Obst und 46 dem Gemüse. Neben der botanischen Beschreibung ist jeweils genau erfaßt, welche Pflanzenteile – Blatt, Frucht, Samen, Stamm, Rinde, Wurzel, Knolle, Sprosse – genießbar sind.

Das bedeutet freilich nicht, daß man in Krisenzeiten nur mit offenen Augen durch die Wiesen und Wälder streifen mußte, um die Existenz zu sichern; denn unter den im *Jiuhuang benzao* erwähnten Gewächsen haben viele einen vergleichsweise niedrigen Nährwert, so daß man große Mengen davon benötigte. Auch konnte man nicht unbedingt von der Hand in den Mund leben. Schließlich enthält – um nur ein Beispiel anzuführen – die Wurzel der Asiatischen Kermesbeere *(Phytolacca acinosa)* Giftstoffe, die zunächst durch eine relativ aufwendige Behandlung herausgelöst werden müssen. Ansonsten erwecken manche Abschnitte des Werks heftige Assoziationen an die Plünderung eines Blumenbeets, anderes erinnert eher an die Bestandsaufnahme einer Apotheke.

Viele Menschen lebten ohnehin in einer Art Dauerkrise, und nicht umsonst konstatierte John Barrow, der sich von 1793 bis 1794 als Mitglied einer britischen Gesandtschaft im Lande aufhielt, daß «der Unterschied zwischen Arm und Reich bei der Auswahl von Nahrungsmitteln in China größer ist als in jedem anderen Land der Welt» (zit. in Williams 1883, Bd. 1, S. 772). Mit der Revolution von 1911 war dieser Zustand keineswegs beendet. Auch in den beiden folgenden Jahrzehnten gaben Arbeiter in Peking 80 Prozent ihrer Lebensmittelaufwendungen für Getreide aus, aber lediglich drei Prozent für Fleisch und ein Prozent für Obst. Wenn dann aber – wie 1920 – eine Hungersnot ausbrach, blieben nur noch Sägespäne, Erdnußschalen und Laub, um den Magen zu füllen. Und zu Beginn der 1960er Jahre sollte es bekanntlich noch schlimmer kommen.

Verspeiste Klassenfeinde

Daß Notsituationen den Verzehr von Menschenfleisch mit sich bringen können, ist wohl unbestritten. Auch in China, das regelmäßig von Naturkatastrophen heimgesucht wurde, gibt es zahllose Berichte, die derartige Verzweiflungstaten, denen häufig Kinder zum Opfer fielen, schildern. Die Belagerung von Städten brachte vergleichbare Zwangslagen mit sich. Weitaus seltener kommt hingegen die Anthropophagie als gesellschaftlich anerkannte institutionalisierte Handlung vor. Im Gegensatz zu den Überlieferungen aus anderen Teilen der Welt enthalten chinesische Quellen nämlich vielfach Selbstzuschreibungen.

Demnach geht es häufig nicht nur um die übliche Charakterisierung von Fremden oder Psychopathen. Im Gegenteil: Demjenigen, dem durch den rituellen Verzehr die vollständige Eliminierung eines Gegners oder Konkurrenten gelingt, wird in der Literatur ein besonders hohes Maß an Tatkraft attestiert. Nicht selten wird Kannibalismus sogar mit Dynastiegründern in Verbindung gebracht. So soll Gaozu, der erste Kaiser der Han-Dynastie (reg. 206–195 v. Chr.), gar persönlich die Verfütterung von Menschenfleisch angeordnet haben. Ihm wird nachgesagt, er habe den Leichnam des gegen ihn opponierenden Königs von Liang zerlegen und pökeln lassen, um das «Geschnetzelte» anschließend an seine Lehensträger zu verteilen.

Glaubt man den Quellen, dann wurde Menschenfleisch gebacken, gebraten, geröstet, geschmort, gekocht, gedämpft, gedünstet, geräuchert, gepökelt, luftgetrocknet und eingelegt. Allerdings waren viele Schilderungen wohl in erster Linie Elemente einer Metaphorik und Rhetorik, die sich der Erniedrigung der Opfer verschrieben hatte. Inwieweit dadurch wirklich Furcht und Schrecken verbreitet wurden,

> «Der Mann mit dem gelockten Bart öffnete seine Ledertasche. Daraus zog er den blutigen Kopf, das Herz und die Leber eines Menschen hervor. Den Kopf warf er zurück in den Beutel, Herz und Leber aber schnitt er in Streifen, die er dann zum Bier verspeiste.
> ‹Das war ein Mann, der dem Reich gegenüber nicht loyal gehandelt hat›, verkündete er dabei unbarmherzig.»
>
> *Qiuranke zhuan* (um 900).

läßt sich heute nicht mehr klären. Ein gewisser Einschüchterungseffekt ist aber in einer Gesellschaft, in der der physischen Unversehrtheit ein hoher Stellenwert zukam, durchaus zu erwarten.

Andererseits wird es in einer ganzen Reihe von Schriften als besonderes Verdienst gewürdigt, eigene Körperteile für die Heilung hierarchisch übergeordneter Familienmitglieder einzusetzen: also namentlich für Eltern und Schwiegereltern. Beispielsweise verweist das *Huaian fuzhi* (Kap. 13), eine 1573 kompilierte Chronik, auf eine tugendhafte Frau, die im Alter von 14 Jahren verheiratet worden sei. Als später ihre Schwiegereltern erkrankten, habe sie für deren rasche Gesundung gebetet und sich überdies drei Stücke Fleisch aus dem Oberschenkel geschnitten, um daraus eine Suppe zu bereiten. Kurz nachdem sie diese zu sich genommen hatten, seien die Schwiegereltern dann genesen.

Das Geschlecht der Spender steht offensichtlich in einem direkten Zusammenhang mit den jeweils befragten Quellen: Während in der offiziellen Geschichtsschreibung die Männer dominieren, sind in den etwas weniger standardisierten Abhandlungen die Frauen in der Mehrzahl. Fast immer wird das Überleben der pietätvollen Nachfahren – zuweilen auch der liebenden Gattin – attestiert, nur selten verlief der Eingriff tödlich. Das überrascht, wenn man bedenkt, daß selbst Organe wie die Leber zur Herstellung einer Arznei verwendet und die Ektomien im allgemeinen von Laien durchgeführt worden sein sollen. Nicht zuletzt aufgrund derartiger Unstimmigkeiten ist wohl davon auszugehen, daß die Schilderungen auch als rhetorische Floskeln herzuhalten hatten. Trotzdem kommt es bis heute zu echten Selbstverstümmelungen, und sei es nur, weil der metaphorische Charakter der Beschreibungen nicht immer erkannt und der Topos als Handlungsanweisung mißverstanden wird.

> «Auf Taiwan fütterte eine Schülerin ihre Mutter, die an Krebs im Endstadium litt, mit einem Stück eigenen Fleisches, um sie zu heilen. Fräulein Yang Fenghuan [...] schnitt sich ein Stück aus ihrem Arm und kochte es zusammen mit einer chinesischen Arznei, doch blieb die erwünschte Wirkung aus.»
>
> *South China Morning Post* vom 27. Januar 1978.

Zuweilen wird Anthropophagie auch als «der grausigste Tiefpunkt der chinesischen Kulturrevolution» betrachtet. Diese Auffassung stützt sich in erster Linie auf Recherchen, die der in den USA lebende Autor Zheng Yi 1996 der Öffentlichkeit zugänglich machte. Danach sind zwischen 1966 und 1970 in Guangxi (einem «Autonomen Gebiet» in Südchina) Tausende von «Klassenfeinden» dem Kannibalismus zum Opfer gefallen. Es ist unbestritten, daß es damals zu zahllosen Greueltaten kam, die nicht nur die persönliche Erniedrigung, sondern sogar die physische Vernichtung des Gegners zum Ziel hatten. Es ist somit auch nicht grundsätzlich auszuschließen, daß «Töpfe mit Menschenfleisch vor lokalen Regierungsstellen brodelten». Freilich

«Haß war offiziell verordnet, es wurden Vernichtungsquoten vorgegeben; alte Fälle von Blutrache wurden gleich miterledigt. Messer blitzten, Fleischstücke flogen durch die Luft, und die Tore der Hölle öffneten sich weit. Wenn die Leichen der ‹Klassenfeinde› zum Verzehr freigegeben wurden, entschied sich die politische Elite für Herz und Leber, die Massen hielten sich an Arme und Fußsohlen.»

Terrill (1996).

waren diese Auswüchse wohl eher die Folge einer mißverstandenen Rhetorik denn Anknüpfung an eine verbürgte Tradition.

Schon gar nicht tragfähig ist der Versuch, die Ausschreitungen mit einem vermeintlichen Brauch der Zhuang zu verknüpfen: der dominierenden ethnischen Minderheit in Guangxi. Anthropophagie kannten die Angehörigen dieser Gruppe nämlich bestenfalls als Stereotyp, das sich auf das Verhalten von Fremden bezog. Die anderen Erklärungen sind indes nicht schlüssiger, und es zeugt schon von erstaunlicher intellektueller Unbedarftheit, wenn – in einer Art Synthese – die Ursachen von «Grausamkeit und Kannibalismus» in einer «Mischung aus Zhuang-Kultur, Han-Kultur, totalitärer Politik, der Klassenanalyse des Marxismus-Leninismus und der Persönlichkeit Maos» vermutet werden.

Junger Kitan tanzt beim Auftragen des Essens.
Wandmalerei (1111)

Schlimmer als tot zu sein:
die Küche der Minderheiten

Rund 8,4 Prozent der Gesamtbevölkerung Chinas gehören nach der letzten Volkszählung im Jahre 2000 einer ethnischen Minderheit an. Das klingt zunächst nicht besonders beeindruckend, summiert sich aber bei einer Gesamtbevölkerung von etwa 1,3 Milliarden Einwohnern immerhin auf 107 Millionen Menschen. 18 der darunter aufgeführten Gruppen umfassen mehr als eine Million Angehörige, und verwendet man europäische Staaten als Vergleichsgrößen, dann entsprächen die demographischen Daten der Zhuang denen der Niederlande, diejenigen der Mandschuren denen Griechenlands, diejenigen der Hui denen Ungarns, diejenigen der Miao denen Schwedens sowie diejenigen der Tujia, Uiguren und Yi etwa denen Österreichs.

> «Ich bin Chinese, und unsere Speisen, Getränke und Gewänder unterscheiden sich in jeder Hinsicht von dem, was hier [in den nördlichen Randzonen geboten wird]. So leben [zu müssen] ist schlimmer als tot zu sein.»
>
> Zhang Li zit. in *Jiu Wudaishi* (974) Kap. 98.

Einen offiziellen Minderheitenstatus genießen aber keineswegs alle Ethnien, die nicht der Milliardenbevölkerung der Han zugerechnet werden. Die Anerkennung von derzeit 55 «nationalen Minderheiten», von denen manche – aber keineswegs alle – auf eine lange Geschichte zurückblicken können, basiert auf einem Auswahlverfahren, das auf der Grundlage einer weit höheren Anzahl von Anträgen noch während der 1950er Jahre nahezu abgeschlossen wurde. Ihm sollten – in Anlehnung an Stalin – folgende Kriterien zugrunde liegen: (1) eigene Sprache; (2) territoriale Geschlossenheit; (3) einheitliches Wirtschaftssystem; (4) Zusammengehörigkeitsgefühl.

Allerdings kann keiner der genannten Faktoren als allgemeingültiges Kriterium für die Festlegung ethnischer Zugehörigkeit gelten. Die Willkür einer bürokratischen Umsetzung zeigt schon das vermutlich

Gruppe	Hauptsiedlungsgebiet	Demographische Daten 2000
Achang	Südwesten (Yunnan)	33 936
Bai (Minjia)	Südwesten (Yunnan)	1 858 063
Baoan	Norden (Gansu)	16 505
Benglong	Südwesten (Yunnan)	17 935
Bulang (Blang)	Südwesten (Yunnan)	91 882
Buyi (Bouyei)	Südwesten (Guizhou)	2 971 460
Dahuren (Dagur, Dagour, Daur, Tahur)	Norden (Innere Mongolei)	132 394
Dai	Südwesten (Yunnan)	1 158 989
Dong (Kam)	Südwesten (Guizhou)	2 960 293
Dongxiang (Santa)	Norden (Gansu)	513 805
Dulong (Drong, Drung, Deang)	Südwesten (Yunnan)	7 426
Evenken (Evenki, Owenki)	Norden (Innere Mongolei)	30 505
Gaoshan (Kaoshan)	Südosten (Taiwan)	4 461
Gelao	Südwesten (Guizhou)	579 357
Hani	Südwesten (Yunnan)	1 439 673
Hezhen (Hezhe, Heche, Holchih)	Nordosten (Heilongjiang)	4 640
Hui	Norden (Ningxia)	9 816 805
Jing (Gin, Vietnamesen)	Süden (Guangxi)	22 517
Jingpo (Kachin)	Südwesten (Yunnan)	132 143
Jino	Südwesten (Yunnan)	20 899
Kasachen (Kazaken, Kazakh)	Nordwesten (Xinjiang)	1 250 458
Kirgisen (Kirghizen, Kirghiz, Khalkhas)	Nordwesten (Xinjiang)	160 823
Koreaner	Nordosten (Jilin)	1 923 842
Lahu	Südwesten (Yunnan)	453 705
Li	Süden (Hainan)	1 247 814
Lisu	Südwesten (Yunnan)	634 912
Luoba (Lhopa, Lhoba, Lopa, Loyu)	Westen (Tibet)	2 965
Mandschuren (Mandschu, Manchu)	Nordosten (Liaoning)	10 682 262

Die ethnischen Minderheiten Chinas

124

Gruppe	Hauptsiedlungsgebiet	Demographische Daten 2000
Maonan	Süden (Guangxi)	107 166
Menba (Monpa, Monba, Moinba)	Westen (Tibet)	8 923
Miao (Hmong)	Südwesten (Guizhou)	8 940 116
Mongolen	Norden (Innere Mongolei)	5 813 947
Mulao (Molao, Mulam)	Süden (Guangxi)	207 352
Naxi (Nakhi, Moso)	Südwesten (Yunnan)	308 839
Nu	Südwesten (Yunnan)	28 759
Oroquen (Orochon, Oluntschun, Elunchun)	Norden (Innere Mongolei)	8 196
Pumi (Primi)	Südwesten (Yunnan)	33 600
Qiang	Südwesten (Sichuan)	306 072
Russen	Nordwesten (Xinjiang)	15 609
Salar	Norden (Qinghai)	104 503
She	Südosten (Fujian)	709 592
Shui (Sui)	Südwesten (Guizhou)	406 902
Tadschiken (Tajiken, Pamirtajiken)	Nordwesten (Xinjiang)	41 028
Tataren (Tatar, Tartar)	Nordwesten (Xinjiang)	4 890
Tibeter (Zang)	Westen (Tibet)	5 416 021
Tu (Monguor)	Norden (Qinghai)	241 198
Tujia	Süden (Hunan)	8 028 133
Uiguren (Uighuren, Uighur, Uyghuren)	Nordwesten (Xinjiang)	8 399 393
Usbeken (Uzbeken)	Nordwesten (Xinjiang)	12 370
Wa (Va)	Südwesten (Yunnan)	396 610
Xibo (Sibo, Xibe, Hsipo)	Nordwesten (Xinjiang)	188 824
Yao (Mien)	Süden (Guangxi)	2 637 421
Yi (Lolo)	Südwesten (Sichuan)	7 762 272
Yugur (Yugu, Yuku, gelbe Uiguren)	Norden (Gansu)	13 719
Zhuang (Chuang, Tong)	Süden (Guangxi)	16 178 811

am einfachsten zu erfassende Kriterium: die Sprache. So finden sich unter den offiziell anerkannten «Nationalitäten» einerseits Gruppen (wie die Mandschuren), deren Angehörige sich der vermeintlichen Muttersprache kaum mehr besinnen und mehrheitlich nurmehr Chinesisch sprechen, und andererseits Gruppen, die nie über eine einheitliche Sprache verfügten: sei es, weil die Zugehörigkeit (wie bei den muslimischen Hui) über die Religion festgelegt ist; sei es, daß (wie bei den Yao) innerhalb einer mutmaßlichen Gemeinschaft mehrere Sprachen verbreitet sind. Ähnliche Vorbehalte gelten für das Postulat der «territorialen Geschlossenheit»; denn insbesondere im Norden und Nordwesten des Landes bedingt die traditionelle Weidewirtschaft ein hohes Maß an Mobilität.

Eine Lebensweise, die nicht an Seßhaftigkeit gebunden ist, wirkt in den Augen der chinesischen Obrigkeit indes höchst suspekt: heute ebenso wie vor mehr als zweitausend Jahren, als das *Shiji* (Kap. 110) das «Fehlen von Städten und festen Wohnsitzen» monierte. Darüber hinaus hatte auch das jeweils unterstellte Aggressionspotential Konsequenzen für den Umgang mit den Regionen, in denen autochthone Gruppen lebten. Während der Süden als geradezu «natürliches» Expansionsgebiet betrachtet wurde, überwog gegenüber dem Norden eine defensive Einstellung. Schließlich gelang es manchen Steppenvölkern im Lauf der Geschichte, ihre Reiche bis in die chinesischen Kernlande auszudehnen; am erfolgreichsten dabei waren die Konföderationen der Tuoba (Nördliche Wei-Dynastie: 386–534), Kitan (Liao-Dynastie: 916–1125), Tanguten (Westliche Xia-Dynastie: 1032–1227) und Dschurdschen (Jin-Dynastie: 1115–1235). Den Mongolen (Yuan-Dynastie: 1279–1368) und Mandschuren (Qing-Dynastie: 1644–1911) blieb es schließlich vorbehalten, das gesamte Reich unter ihre Herrschaft zu bringen. Die Liste ließe sich noch weiter in die Vergangenheit verlängern, wären die Xiongnu einst weniger an Zuwendungen denn an Territorialgewinn interessiert gewesen; denn nur mit Hilfe von reichen Geschenken und einer geschickten Heiratspolitik gelang es dem Han-Hof, deren Übergriffe zu begrenzen.

«Dorthin, wo der Himmel endet,
wurde ich vermählt. [...]
Als Unterkunft dient nun
ein filzbespanntes Zelt,
als Nahrung rohes Fleisch
und Stutenmilch.
Schwer wird mir das Herz,
so sehn' ich mich zurück!
Wär ich ein gelber Kranich,
heimwärts flöge ich sogleich.»

Xijun zit. in *Hanshu* (115) Kap. 96.

«Barbarengelage». Buchillustration (1716)

Leidtragende waren freilich die Prinzessinnen, die den «Barbarenfürsten» zugeführt wurden: darunter Xijun, die dichtende Enkelin des Kaisers Wu, die sich an der Schwelle zum 1. Jahrhundert v. Chr. bitter über die Ernährungsgewohnheiten in der Steppe beklagte.

Bei der Ernährung der Minoritäten, die in den nördlichen Randgebieten Chinas leben, überwiegen Fleisch und Milchprodukte bis heute. Gibt es etwa bei den Mongolen etwas zu feiern, dann bieten sie ger-

Lammspieße (Xinjiang: Uiguren)

Zutaten

1 kg nicht zu mageres Lammfleisch   2 EL Salz
4 EL Kreuzkümmel   Sonnenblumenöl
2 EL Chilipulver

Zubereitung

1 Fleisch in längliche, nicht zu dicke Stücke schneiden
   und auf die Spieße stecken
2 Kreuzkümmel, Chilipulver und Salz vermengen
3 Spieße auf dem Holzkohlengrill garen
4 Mehrfach wenden, dabei großzügig Gewürzmischung darüberstreuen
5 Gegebenenfalls zwischendurch mit Öl beträufeln

Hinweis

Als Beilage eignet sich am besten Fladenbrot.

ne einen *horhog* an: einen Eintopf, dessen wichtigster Bestandteil ein frisch geschlachtetes Lamm ist. Dieses wird in größere Stücke zerlegt und mit Hilfe von Steinen gegart, die man zunächst im offenen Feuer erhitzt und dann abwechselnd mit dem Fleisch und den Knochen in ein Behältnis schichtet. Früher verwendete man dafür eine Schafshaut, heute zumeist eine der großen Kannen, die ansonsten zum Transport der Milch dienen. Als Gemüse können Kartoffeln, Karotten, Rüben und Zwiebeln untergemengt werden, zum Würzen verwendet man Knoblauch, Kräuter aus der Umgebung, Pfeffer und Salz: aber in relativ niedriger Dosierung, so daß der Lammgeschmack dominant bleibt. Vor dem Verschließen des «Topfes» wird noch Wasser eingefüllt, damit sich Dampf – und damit Druck – bildet und zu einer schonenden Zubereitung beiträgt.

Wegen seiner Haltbarkeit gehört auch Käse zu den Grundnahrungsmitteln. Allerdings wird er oft solange auf dem Dach der Jurte getrocknet, daß er kaum mehr zu beißen ist und geradezu «gelutscht» werden muß; zudem mutet sein Geschmack zumindest den Europäer vergleichsweise fade an. Deutlich gaumenfreundlicher ist da der Joghurt, der bevorzugt aus Yak-, Stuten-, Ziegen-, Schafs- und Kamelmilch hergestellt und zuweilen mit Früchten und Zucker angeboten wird.

Zwar gibt es getrockneten Käse auch bei den an der südlichen Peripherie lebenden Minderheiten, doch zählt er bei ihnen nicht zu den Grundnahrungsmitteln. Im Vordergrund steht vielmehr die Nutzung von Gemüse und Obst, und in den stark bewaldeten Regionen Yunnans trägt während des Frühherbstes das Sammeln von Pilzen wesentlich zur Ergänzung des Küchenzettels bei. Einen substantiellen Beitrag leistet überdies die Jagd. Ansonsten spielt Fleisch im Alltag aber nur eine nachgeordnete Rolle. Diese

Kameltreiber. Tonfigur (um 700)

Zurückhaltung ist indes nicht nur auf mangelnde Verfügbarkeit, rationale Erwägungen oder kulinarische Vorlieben zurückzuführen, sondern auch auf Vorstellungen, die in der Mythologie verankert sind. So ist es beispielsweise den Yao, die sich von einem «Hundestammvater» ableiten, grundsätzlich untersagt, Caniden zu essen. Tierische Produkte werden oft gepökelt oder bei niedriger Temperatur gegart, pflanzliche Erzeugnisse vielfach getrocknet und eingelegt; den Reis bereitet man gerne im Bambusrohr zu.

Diese Vorliebe teilt die autochthone Bevölkerung Taiwans, die in den Handbüchern und Statistiken des Festlands meist unter den Begriffen Gaoshan oder Gaoshanzu («Hochgebirgler») auftaucht, in den entsprechenden Werken der Insel hingegen als Yuanzhumin («Ureinwohner»). Sie umfaßt heute 13 Gruppen: darunter Ami, Atayal, Bunun, Paiwan, Puyuma, Rukai und Tsou. Auch diese Klassifikation ist ein Produkt der jüngeren Geschichte und geht auf aufwendige Erhebungen zurück, die japanische Sprachwissenschaftler und Ethnologen an der Wende zum 20. Jahrhundert anstellten. Bis dahin hatte der Großteil der autochthonen Bevölkerung offenbar kein Zugehörigkeitsempfin-

Reis im Bambusrohr (Taiwan: Tsou)

Zutaten

4 Becher Klebreis
3 bis 5 getrocknete Pilze,
kleingeschnitten

2 TL Sichuan-Pfeffer
1 Bambusrohr
Bambusblätter

Zubereitung

1 Den Klebreis waschen und 3 bis 4 Stunden
in kaltem Wasser einweichen

2 Die Pilze und den Sichuan-Pfeffer zugeben

3 Die Mischung in ein Bambusrohr füllen,
bis dieses zu etwa zwei Dritteln gefüllt ist

4 Mit Wasser auffüllen (aber nicht vollständig)
und mit Bambusblättern verschließen

5 Das Bambusrohr – mit der Öffnung schräg nach
oben gerichtet – am Rand des offenen Feuers
vorsichtig drehen

6 Wenn der Inhalt zu kochen beginnt,
von der Hitzequelle entfernen
und langsam weitergaren

7 Das Bambusrohr abkühlen lassen
und den angesengten Teil mit einem Messer
entfernen

8 Das Bambusrohr zerlegen,
den Inhalt vorsichtig herausnehmen
und in Scheiben schneiden

Hinweis

Neben den Pilzen können auch weitere Zutaten –
wie Pökelfleisch, Krabben oder Fisch –
beigemengt werden.

den, welches sich weit über die eigene Siedlungseinheit hinaus manifestierte. So hat auch die Mehrzahl der Ethnonyme keine allzu weit zurückreichende Tradition. Vielmehr wurden häufig die jeweils gebräuchlichen (und eigentlich somatisch verstandenen) Bezeichnungen für «Mensch» als Grundlage grobrastriger linguistischer Gliederungsversuche verwendet und danach auf dadurch definierte «Stämme» übertragen.

«Man gibt den zuvor gewässerten Klebreis in ein [noch] grünes Bambusrohr. Dieses wird dann in die von einem Feuer verbliebene Holzkohle gelegt, so daß man sich nach kurzer Zeit an den Verzehr machen kann.»

Zhulo xianzhi (1716) Kap. 8.

會昌四年十一月冬至後三日 和景晏温
於後園 高亭披閲太尉平章事

Lebenswichtiges Labsal: das Wasser

Auch in China war Wasser wohl lange Zeit der wichtigste Bestandteil der Ernährung: zumindest für die Bevölkerungsmehrheit. Und den Menschen am untersten Rand des sozialen Spektrums standen, wie das zu Beginn des 2. Jahrhunderts kompilierte *Hanshu* (Kap. 91) anmerkt, ohnehin nur «Sojabohnen zum Beißen und Wasser zum Trinken» zur Verfügung. Andererseits stand klares Wasser in den Auflistungen antiker Ritenkompendien stets auch an der ersten Stelle jener Getränke, die den Angehörigen des Herrscherhauses kredenzt wurden.

Von großer Bedeutung war die Qualität des Labsals. Allerdings fällt auf, daß schon in der Zeit vor der Reichseinigung bevorzugt entlegene, an mythische Gefilde angrenzende Berge als Herkunftsort besonders köstlichen Wassers genannt werden. Bedenkt man indes die damaligen Transportmöglichkeiten, dann waren die in der Literatur zum Ausdruck gebrachte Sehnsucht nach Exklusivität und der die Lebensrealität bestimmende Wunsch nach Frische wohl kaum in Einklang zu bringen. Sieht man aber einmal von der regionalen Zuordnung ab, so unterschied man – leichter nachvollziehbar – danach, ob das Wasser aus einem Brunnen, aus einer Quelle oder von gesammeltem Tau stammte.

> «Auch schlicht speisend, Wasser trinkend und die Armbeuge als Kissen nutzend kann man durchaus fröhlich sein.»
>
> *Lunyu* (um 450 v. Chr.) Kap. 7.

Brunnen lassen sich archäologisch gut rekonstruieren. Zuweilen war die Wandung nur geglättet, insbesondere in Städten kam indes oft eine Auskleidung mit Schachtringen hinzu, die unter anderem aus Ton, Stein, Holz oder Flechtwerk bestanden. Zwar sind die obertägigen Elemente im allgemeinen nicht durch entsprechende Befunde dokumentiert, doch lassen sich verschiedene Arten von Seilwinden,

Einfassungen und Überdachungen durch in Gräbern deponierte Miniaturen gut erschließen.

In den Wüsten- und Steppenzonen am nordwestlichen Rand des Reiches mußte man andere Wege gehen, um eine kontinuierliche Versorgung zu gewährleisten. Bis heute bedient man sich dort eines Systems, welches sich seit der Antike in weiten Teilen West- und Zentralasiens bewährt hat und unter zwei Bezeichnungen bekannt ist, die auf das Persische *(kariz)* und Arabische *(qanat)* zurückgehen. Es besteht aus unterirdisch angelegten Kanälen, die das Wasser unter Ausnutzung des Gefälles vom Fuß der Berge zu den Oasen transportieren, ohne daß der Verlust durch Verdunstung und Versickerung übermäßig groß wird.

Insbesondere im Zusammenhang mit der Diätetik war auch der Zeitpunkt der Verwendung von Bedeutung, und aufgefangener Regen galt nur dann als nützlich, wenn er nicht von heftigem Sturm begleitet wurde. Das bemerkt zumindest das 1350 entstandene *Yinshi xuzhi*, welches mehr als zwei Dutzend Arten von Wasser im Hinblick auf ihre Heilwirkung unterscheidet, wobei die Spannbreite von der Thermalquelle bis zum verflüssigten Eis reicht. Aber auch hier gilt: Ein weit entfernter Herkunftsort gilt im allgemeinen als Beleg für eine höhere Qualität.

> «Rauhreif [...] wird mit Hilfe einer Hühnerfeder in eine Flasche gekehrt. Wenn diese dann gut verschlossen und dunkel gelagert wird, hält sich [der Inhalt] lange Zeit, ohne zu verderben.»
>
> *Yinshi xuzhi* (1350) Kap. 1.

Schon früh wurden offenkundig Mineralquellen genutzt, der Zusatz von Kohlensäure geht jedoch erst auf westliche Anregung zurück. Das läßt sich nicht zuletzt daran erkennen, daß Soda, das etwa seit der Mitte des 19. Jahrhunderts in den Großstädten vertrieben wurde, zunächst als *helanshui* («Hollandwasser») in die chinesische Sprache einging. Relativ rasch wurden dann auch Geschmacks- und Aromastoffe beigegeben, und ein großes Sortiment an Limonaden gelangte auf den Markt. Trotz gewaltiger, in den letzten Jahren vor allem auf der Nachfrage junger Städter aufbauender Zuwachsraten ist der Konsum von Softdrinks aber immer noch bescheiden. Im Falle von Mineral- und Tafelwasser liegt er sogar unvermindert im einstelligen Bereich, wenn man den jährlichen Pro-Kopf-Verbrauch in Litern betrachtet.

In der heißen Jahreszeit war das Nippen an eisgekühlten Erfrischungsgetränken lange Zeit ein Privileg der Oberschicht. Besonders, wenn sie sich auf Reisen begaben, wollten aber selbst «einfache Leute» nicht auf abgekochtes Wasser verzichten; allerdings stammt der früheste Hinweis auf diese Hygienemaßnahme erst aus dem *Jilei bian* (Kap. 1), einem Werk des 12. Jahrhunderts. Der späte Eingang in die Literatur verwundert ein wenig, ist jedoch vermutlich darauf zurückzuführen, daß man den Vorgang als selbstverständlich – und damit nicht erwähnenswert – empfand. Heute wird heißes *kaishui* allenthalben in Getränkespendern oder Thermosflaschen angeboten, und man tut gut daran, sich daran zu bedienen und auf Wasser zu verzichten, das frisch aus der Leitung kommt.

«Beim Öffnen [der Mineralwasserflasche] fliegt einem der Verschluß entgegen. Man sollte daher darauf aufpassen, daß weder die Augen noch [andere] Gesichtspartien getroffen werden. Bei unverzüglichem Genuß ist die kühlende Wirkung enorm.»

Huyou zaji (1876) S. 40.

Auch ansonsten ist beim Stillen des Durstes Vorsicht angesagt; denn die vermeintliche Erquickung führt leicht zum Erbrechen – oder gar zu schlimmeren Folgeerscheinungen, wenn der Trank mit irgendwelchen Schadstoffen kontaminiert ist. Zwar wurden die Fässer und Kübel, in denen fliegende Händler das Wasser bis weit in das 20. Jahrhundert hinein feilboten, inzwischen fast überall im Lande durch ein leidlich funktionierendes Leitungsnetz ersetzt, doch können die eingebauten Filteranlagen nur eine sehr begrenzte Wirkung erzielen, solange die Ressource selbst nicht ausreichend vor Verschmutzung geschützt ist.

Andererseits bekommt Chlor, das zudem häufig in Überdosis gegen die Kontaminierung eingesetzt wird, auch nicht jedem.

In Einklang mit den Unsterblichen: der Tee

Will man das Alltagsleben der Oberschicht im 11. Jahrhundert rekonstruieren, dann bieten die Gräber, die damals unter der Herrschaft der Fremddynastie Liao im Nordosten des Landes errichtet wurden, den besten Zugang. Das gilt nicht zuletzt für die Wandmalereien in einem Familienfriedhof in Xiabali (Provinz Hebei), auf denen mehrfach die Zubereitung von Tee wiedergegeben ist. Besonders anschaulich mutet die Darstellung auf der Ostwand des Vorraums von Grab 7 an, in welchem 1093 die Asche des 19 Jahre zuvor verstorbenen Zhang Wenzao beigesetzt worden war. Einschließlich einiger offenkundig recht vergnügter Kinder sind darauf insgesamt acht Personen um eine Kommode und zwei Tische gruppiert. Auf dem Fußboden lassen sich mehrere Objekte erkennen, die für die Zubereitung von Tee benötigt wurden: eine Teereibe, ein Lacktablett, auf dem sich ein Messer, ein Bambusbesen zum Schlagen der Flüssigkeit und ein Teekuchen befinden, sowie eine Kanne auf einem Holzkohleofen.

Teezubereitung.
Wandmalerei (1093)

Die Reibe erinnert an ein ähnliches Objekt, das, aus Silber gefertigt, zu jenen Preziosen zählte, die 1987 bei Ausgrabungen im Kloster Famensi (Provinz Shaanxi) entdeckt wurden. Es läßt sich als Gabe identifizieren, die Kaiser Xizong im Jahre 874 gestiftet hatte. Daneben stieß man dort auf ein Siebkästchen, zwei Körbe und weitere Dosen und Löffel aus demselben Material sowie auf mehrere Schälchen aus Glas und edler Keramik: also die verschiedensten Gegenstände, die mit der Zubereitung und dem Genuß des Getränks in Verbindung gebracht werden können.

Noch weit ausgeklügelter ist das Zubehör, das in der umfangreichen Tee-Literatur beschrieben wird. So erwähnt schon das 760 von Lu Yu verfaßte *Chajing*, das erste Kompendium seiner Art, nicht weniger als 24 Accessoires: darunter – neben den bereits erwähnten Objekten – verschiedene Seier, Bürsten und Zangen sowie einen Meßbecher, ein Wasserbehältnis, eine Kanne und ein Tuch zur Reinigung. Mit genau der Hälfte der Gerätschaften kommt hingegen das 1269 entstandene und wegen seiner Illustrationen besonders instruktive *Chaju tuzan* aus. Auch bei Hofe gab man sich zuweilen bescheiden; denn das 1107 von Kaiser Huizong zu Papier gebrachte *Daguan chalun* beschränkt sich gar auf fünf Utensilien.

Gemeinsam ist vielen Traktaten ein unübersehbarer Purismus, der sich in der exakten Festlegung der einzelnen Zubereitungsschritte und der Ablehnung von Beimengungen äußert. Wenn auch nur mit begrenztem Erfolg! Weite Teile der Bevölkerung verfügten nämlich weder über das Gerät noch über die Zeit, um die komplizierten Anweisungen zu befolgen, von denen uns heute noch die japanische Tee-Zeremonie einen lebhaften Eindruck vermittelt. Zudem bevorzugten sie einen Aufguß, der unter anderem Bestandteile

> «Obschon der Tee ein eigenes Aroma hat, ist es bei der für den Hof bestimmten Ware üblich, Ambra oder Fett beizumengen, um den Geschmack zu verstärken. [...] Auch Früchte und Kräuter werden hierfür verwendet, doch schadet das noch mehr. Daher ist dringend davon abzuraten.»
>
> *Chalu* (1051) Kap. 1.

oder Aufbereitungen von Ingwer *(Zingiber officinale)*, Winterzwiebel *(Allium fistulosum)*, Jujube *(Ziziphus jujuba)*, Orange *(Citrus sinensis)*, japanischem Hartriegel *(Cornus officinalis)*, Pfefferminze *(Mentha piperita)*, Gewürznelke *(Syzygium aromaticum)*, Kampfer *(Cinnamomum camphora)* und Moschuskorn *(Abelmoschus moschatus)* enthielt. Salz gehörte ohnehin zu den wichtigsten Ingredienzien. Heute gilt es hingegen bisweilen als schick, im Anklang an westliche Usancen, Milch und Zucker beizugeben. Ansonsten erfolgt die Aromatisierung in erster Line mit Hilfe von Blüten, die vor allem vom Jasmin, der Chrysantheme oder der Rose stammen.

Die Grundlage bilden aber seit jeher die Blätter des Teestrauchs *(Camellia sinensis),* welcher schon vor der Reichseinigung in Südwestchina, vor allem im Bereich der heutigen Provinz Sichuan, angebaut wurde und unter der Han-Dynastie allmählich die zentralen und östlichen Regionen des Landes erreichte. Verglichen mit der vornehmlich in Indien angebauten Varietät *(assamica)* sind die Erträge dieser Pflanze nicht gerade hoch, doch wird dies durch eine größere Robustheit – vor allem die geringere Empfindlichkeit gegenüber Trockenheit und Kälte – ausgeglichen.

Tee-Eier

Zutaten
6 Eier, 3 EL Tee

Zubereitung

1 Eier in etwa 10 Minuten hart kochen, abschrecken,
Schale unter Druck (durch Zusammendrücken in der Hand
oder Rollen auf einer festen Oberfläche) anbrechen,
so daß feine Risse entstehen, aber nichts abblättert

2 Teeblätter ins Eierwasser geben und aufkochen

3 Eier vorsichtig einlegen und etwa 30 Minuten simmern lassen,
bis sich die Schale verfärbt, danach ohne Hitzezufuhr ziehen lassen,
bis das Wasser kalt ist

4 Die nunmehr fein marmorierten Eier schälen und vierteln

Hinweis

Um den Geschmack zu beeinflussen, kann man Gewürze –
beispielsweise Salz, Sichuan-Pfeffer, Gewürznelken, Sternanis
und Zimt – zusammen mit dem Tee ins Wasser geben.
Als Vorspeise oder Snack servieren.

Teereibe. Silber mit Gold tauschiert (9. Jh.)

In der gängigen Klassifikation reicht die Skala – mit einigen Zwischen-
stufen – vom unbehandelten «grünen Tee» bis zum vollständig fer-
mentierten «roten Tee», der im Westen als «schwarz» bezeichnet wird.
Soll das Produkt allerdings in eine gehobene Kategorie eingeordnet
werden, sind überdies das exakte Anbaugebiet und der Erntezeitpunkt
wichtig. Vom Namen des Erzeugnisses auf das zu erwartende sensorische Erlebnis zu schließen, ist freilich nur dem Eingeweihten möglich; denn in der Terminologie zeigt sich eine überbordende Phantasie, die dem kulinarischen Vokabular in nichts nachsteht. Hierzu nur
eine kleine Auswahl von Beispielen aus unterschiedlichen Epochen:
«Himmelstau», «Jadetrank», «Wassernymphe», «Duftplättchen», «Dra-
chenbrunnen», «Löwengipfel», «Geschmeidewolke» und «Himmels-
pfeiler». Allerdings bürgt die schönste Benennung nicht für das er-
sehnte Labsal, wenn beim Brühen nicht auf die Qualität und die
angemessene Temperatur des Wassers geachtet wird.

Grüner Tee, der nach einem Blätteraufguß getrunken wird, gilt
heute auch im Westen als Ausdruck feinsinniger Schlichtheit und
kontemplativen Genusses. Die sehr einfach anmutende Form der Zubereitung war unter den Dynastien Tang und Song aber wohl ebenso
die Ausnahme wie manches in der Rückschau als typisch erachtete

Bearbeitungsverfahren: darunter das Anwelken, Pfannenrühren, Trocknen und Fermentieren. Bis zum 13. Jahrhundert wurden die Blätter hingegen nach der Ernte und Qualitätsbestimmung bevorzugt in drei Arbeitsschritten behandelt: (1) Erhitzen im Wasserdampf; (2) Stampfen oder Pressen und Rollen; (3) Formen von Kuchen oder Ziegeln mit fester Konsistenz. Bevor heißes Wasser zugegeben werden konnte, mußte die Masse folglich zunächst mit Hilfe einer Reibe oder eines Mörsers pulverisiert und mehrfach gesiebt werden; zuweilen wurde auch noch ein Röstvorgang vorangestellt.

«Die erste Schale benetzt Lippen und Kehle,
die zweite verjagt die Melancholie.
Die dritte Schale durchfeuchtet mein Inneres:
den Dörrplatz von fünftausend angelesenen Bänden.
Die vierte Schale treibt Schweiß und Schmerz aus den Poren,
und die fünfte reinigt den Körper vollends.
Die sechste Schale bringt mich in Einklang mit den Unsterblichen,
doch die siebte vermag ich nicht mehr zu trinken:
erfaßt vom Wind, der die Ärmel mir zu Flügeln macht.»

Zoubi xie Meng yongyi xin cha (835).

Ein wichtiger Faktor bei der Verbreitung des Teetrinkens waren buddhistische Mönche: vor allem die Anhänger jener Schulen, bei denen die Meditation eine wichtige Rolle spielte und denen ein kurzer Aufguß dabei half, munter zu bleiben; in den ersten Minuten nach der Wasserzufuhr wird nämlich primär das anregende Koffein freigesetzt, während die beruhigenden Gerbstoffe erst später wirksam werden. Vermutlich waren es auch buddhistische Würdenträger, die das belebende Getränk – zusammen mit ihrer Religion – hoffähig machten und dafür sorgten, daß die daoistisch und konfuzianisch geprägten Eliten den Genuß ebenfalls schätzen lernten.

Bis sich die Bevölkerungsmehrheit derlei Entrücktheit leisten konnte, sollte indes noch ein wenig Zeit verstreichen. Spätestens unter der Song-Dynastie waren «Himmelstau» und «Jadetrank» aber für weite Kreise erschwinglich; davon zeugen nicht zuletzt die zahllosen Teehäuser, die in den Städten eröffnet wurden. Diese Einrichtung erlebt derzeit wieder eine Renaissance: wenn auch zuweilen weniger bei den Bewohnern der näheren Umgebung denn bei zahlungskräftigen Touristen. Das liegt neben der Preisgestaltung vor allem am weitgehenden Verlust der sozialen Funktion; denn Anbau und Konsum sind in den letzten Jahren deutlich gestiegen, und China ist mit einer Jahresproduktion von 1,1 Millionen Tonnen der größte Hersteller auf dem Weltmarkt. Davon werden im übrigen rund 290 000 Tonnen exportiert: annähernd dieselbe Menge, die vor dreißig Jahren noch den

Anrichten des Tees.
Wandmalerei (1117)

Gesamtertrag ausmachte. Daß diese Steigerung nicht nur auf eine Erweiterung der Anbaugebiete zurückzuführen ist, sondern auch auf den Einsatz der «chemischen Keule», zeigt die große Anzahl von Analysen, die erhebliche Rückstände von Pestiziden offenlegen: ausgerechnet bei grünem Tee, dem in der Werbung gerne eine heilende Wirkung zugesprochen wird.

Rhyton. Achat mit Goldverschluß (8. Jh.)

Gewöhnungssache: der Alkohol

In China gibt es seit mehr als zwei Jahrtausenden eine reichhaltige Terminologie für alkoholische Getränke. Deren Geschichte wäre folglich, so möchte man meinen, leicht zu erschließen. Leider trifft diese Einschätzung aber nur sehr bedingt zu; denn der in der Literatur mit Abstand am häufigsten verwendete Begriff *jiu* unterscheidet nicht zwischen dem aus stärkehaltigem Getreide gebrauten Bier, dem aus zuckerhaltigem Obst gekelterten Wein und dem durch Destillieren gewonnenen Schnaps. Für zusätzliche Verwirrung sorgt dann noch der Umstand, daß sich im Westen ein Vokabular eingebürgert hat, das diese Differenzierung – etwa im Fall von «Reiswein» – ebenfalls ignoriert.

Die heute für Bier gebräuchliche Bezeichnung *(pijiu)* geht erst auf das ausgehende 19. Jahrhundert zurück, als man sich entschloß, dem allgemeinen Terminus *jiu* das Zeichen *pi* voranzustellen, dem man eine gewisse Lautähnlichkeit mit westlichen Bezeichnungen (*beer* etc.) unterstellte. Die beiden ersten Elemente des Ausdrucks *putaojiu* («Wein») wurden hingegen schon in der Antike aus dem Iranischen abgeleitet. Trotz der weiter zurückverfolgbaren Etymologie hat das damit benannte Getränk in China aber wohl eine kürzere Tradition.

Die Grundlagen der Bierherstellung bildeten in vorgeschichtlicher Zeit vor allem Hirse und Reis, und spätestens unter der Shang-Dynastie hatte die damit verbundene Technologie bereits einen hohen Stand erreicht. Das zeigt der Fund einer kleinen «Brauerei» in der Nähe von Gaocheng (Provinz Hebei), in der man auf insgesamt 64 Behältnisse und Gerätschaften stieß, die teilweise noch Reste von Zutaten enthielten: darunter Hefe, Pfirsich-, Pflaumen- und Jujubenkerne sowie Hanf- und Jasminsamen. Die regelmäßig geäußerte Vermutung, hier sei eigentlich Obstwein gekeltert worden, ist jedoch falsch; denn der wichtigste Bestandteil war wohl doch die in einer unweit gelegenen Vorratsgrube eingelagerte Kolbenhirse, während die anderen

Ingredienzien lediglich zur Fermentierung und Geschmacksanreicherung dienten. In ähnlicher Weise wirkte der andernorts angetroffene Honig, dessen Beimengung noch keinen Met macht.

Großes Aufsehen erregte vor einigen Jahren die Nachricht, man sei in China auf die bislang früheste Stätte für die Produktion von Traubenwein gestoßen. Tatsächlich hatte man in Jiahu (Provinz Henan) an Keramiken, die in das 7. Jahrtausend v. Chr. datiert wurden, Spuren entdeckt, die sich Wildreben zuordnen ließen. Daneben belegten die Analysen aber auch Reste von Reis, Honig und weiteren Früchten; daher ist auch hier wie bei vielen anderen Befunden zu erwarten, daß die Zerealie die dominierende Komponente bildete und die anderen Elemente lediglich zugesetzt waren: ein Vorgang, der auch aus späterer Zeit gut belegt ist. So berichtet etwa das zu Beginn des 11. Jahrhunderts entstandene *Beishan jiujing* (Kap. 3) davon, daß man während des Gärvorgangs «zermahlene Aprikosenkerne und Trauben» unter den Reis menge.

Im Gegensatz zum zuckerhaltigen, von Hefepilzen besiedelten Obst, bei dem die Gärung auch ohne menschliches Zutun ausgelöst werden kann, müssen dem Getreide Enzyme zugesetzt werden, damit

Betrunkenes Huhn (Taiwan)

Zutaten

300 g ausgelöste Hühnerbrust	¼ l Reiswein
¼ TL Salz	¼ l Hühnerbrühe
¼ TL weißer Pfeffer	1 EL Ingwer, feingehackt

Zubereitung

1 Hühnerbrust salzen und pfeffern; anschließend im Dampf garen

2 Abkühlen lassen und in eine Mischung aus Reiswein, Hühnerbrühe und Ingwer geben

3 Behältnis fest verschließen und über Nacht in den Kühlschrank stellen

4 Hühnerbrust in Stücke schneiden und kalt als Vorspeise oder Snack servieren

sich aus der Stärke Maltose bildet, die sich ihrerseits dann in Alkohol und Kohlenstoffdioxid aufspalten läßt. Zur Erzeugung des Ferments (*qu*) verwendete man daher bereits in der Antike höchst elaborierte Rezepturen, und der Herstellungsprozeß nahm unter Umständen mehrere Wochen oder Monate in Anspruch. Hauptbestandteil waren stets Zerealien, zumeist Weizen, Reis oder Hirse, doch war die Zahl der weiteren Zutaten nahezu unbegrenzt; beliebt waren unter anderem Ginseng, Ingwer und Muskatnuß.

Um den gewünschten Geschmack zu erzielen, wurden aber auch noch in späteren Stadien des Brauvorgangs Aromastoffe beigemischt: darunter Kardamom, Nelken und Zimt. In der Song-Zeit verwendete man überdies Lammbrühe, und das damit angereicherte «Schäfchenbier» war im ganzen Land berühmt. Das entspricht natürlich – einmal abgesehen von einer erheblichen sensorischen Diskrepanz – nicht so recht dem deutschen Reinheitsgebot. Dessen Einhaltung reklamieren zwar die

> «Gärungsmittel werden aus einer breiten Palette von Inhaltsstoffen und Zusätzen produziert, wobei die Zahl der Gewürze, die das Aroma verleihen, von einigen wenigen bis zu einhundert reicht. [...] Wasserpfeffer ist der Geist des Ferments, Getreide sein Körper.»
>
> *Tiangong kaiwu* (1637) Kap. 17.

Produzenten des berühmten, heute in 62 Länder exportierten Tsingtao-Biers für sich, doch wurde schon die Vorgängerin des chinesisch-japanisch-amerikanischen Konsortiums, die 1903 von den deutschen Kolonialherren in Qingdao gegründete «Germania-Brauerei», diesem Anspruch nicht auf Dauer gerecht und verwendete neben Wasser, Hopfen und Gerstenmalz auch Reis.

Andere Produzenten benutzen zudem Sorghum und Roggen. Außerdem soll angeblich zuweilen die Bittergurke (*Momordica charantia*) den Hopfen ersetzen; ansonsten hat freilich die zunächst von deutschen, russischen und tschechischen Fachleuten an der Wende zum 20. Jahrhundert eingeleitete Verbreitung europäischer Brautechnik den einheimischen Traditionen ein unwiderrufliches Ende bereitet. Die große Erfolgsgeschichte begann aber nicht vor den 1980er Jahren, als die bis dahin unter kommunistischer Herrschaft eher dahindümpelnde Branche durch die erneute Übernahme westlichen Know-hows in die Lage versetzt wurde, die Qualität wie die Quantität ihrer Erzeugnisse gewaltig zu steigern.

Sorgloser als in vielen anderen Staaten geht man mit Formaldehyd um, das von der Mehrzahl der Hersteller zugesetzt wird, um eine Sedimentbildung während der Lagerung zu verhindern. Dafür verheißen

Biernamen wie «Schneeflocke», «Meeresperle» und «Mondschein» ein regelrechtes Idyll. Immerhin ist die Wortwahl zurückhaltender als zur Song-Zeit, als man sich nicht nur an «Jadegischt» labte, sondern auch an Tropfen, die «Langlebigkeit» und «Unsterblichkeit» versprachen.

Vermutlich zählte China schon damals im internationalen Vergleich zu den führenden Produzenten. Heute hat das Land mit mehr als 400 Millionen Hektolitern auf alle Fälle den höchsten Ausstoß auf der ganzen Welt. Ebenfalls durch die Zusammenarbeit mit westlichen Partnern – Investoren wie Önologen – hat auch der Weinbau zuletzt stark an Bedeutung gewonnen; nach mehreren erfolgreichen Jahren mit zweistelligen Wachstumsraten lag die Gesamterzeugung 2008 bei etwa 700 Millionen Litern. Das ist auch international durchaus respektabel, auf den Pro-Kopf-Verbrauch umgerechnet aber immer noch vergleichsweise wenig.

Allerdings kann die Vitikultur nicht auf die gleiche kontinuierliche Akzeptanz zurückblicken wie das Brauereiwesen; denn eigentlich gab es in der Kaiserzeit nur eine Epoche, in der gekelterte Trauben eine annähernd so große Rolle spielten wie vergorenes Getreide: die von einer bisweilen stürmischen Begeisterung für exotische Güter und Ideen geprägte Tang-Dynastie. Bis dahin spielte das Getränk eine nachgeordnete Rolle, und die vermutlich früheste, dezidiert auf das «Reich der Mitte» bezogene Erwähnung geht vermutlich auf das Jahr 223 zurück, als Kaiser Wen (reg. 220–226) der Wei-Dynastie in einem Edikt die Vorzüge des Getränks pries.

«Die Zahl erlesener Früchte ist in China riesig. Kommen wir nochmals auf die Weintrauben zu sprechen. [...] Sie [vermitteln] ein lang anhaltendes Aroma, [enthalten] reichlich Saft, verscheuchen Verdruß, stillen den Durst und lassen sich überdies zu Alkohol vergären, der süßer ist als Bier. Man wird davon zwar ordentlich betrunken, aber auch problemlos wieder nüchtern. [...] Anderes Obst kann sich in keiner Weise daran messen.»

Zhao qun chen (223).

Bis dahin war die Rebe lediglich als Zierpflanze in den Parks und Gärten der Nobilität heimisch. Ihre Einführung wird von einigen Quellen – darunter *Shiji* und *Hanshu* – mit dem Jahr 126 v. Chr. in Zusammenhang gebracht, in dem General Zhang Qian (195–114 v. Chr.) von einer diplomatischen Mission nach Zentralasien in die Hauptstadt zurückkehrte und einige Raritäten mit sich führte. Getrunken wurden hingegen während der Han-Zeit noch keine Eigenprodukte, sondern lediglich rare Tropfen, die einen mehrere tausend Kilometer weiten Weg aus den fernen Westlanden hinter sich hatten. Im Gegensatz zu anderen alkoholhaltigen Erquickungen, die – auch von den Bauern –

unter anderem aus Birnen, Jujuben oder Palmsaft hergestellt wurden, blieb Traubenwein in den
darauffolgenden Jahrhunderten
ein Luxusgut, dessen Genuß einer
kleinen Oberschicht vorbehalten
war. Grundlage war stets *Vitis vinifera;* für die gelegentlich geäußerte
Annahme, daß damals auch Wildreben wie *Vitis amurensis, Vitis
flexuosa* oder *Vitis adstricta* gekeltert
worden sein könnten, fehlt bislang der Nachweis.

Weinrebe.
Buchillustration (1609)

Noch zu Beginn der Tang-
Dynastie war der Weinbau eng an
den Hof gebunden, und die beiden ersten Kaiser der Dynastie,
Gaozu (reg. 618–626) und Tai-
zong (627–649), sollen sich intensiv damit befaßt haben. Über die Brau-
kunst und über manche Details des Umgangs mit Trauben – von der
Lagerung bis zur Rosinenproduktion – berichtet das um 540 entstandene Agrarhandbuch *Qimin yaoshu* (Kap. 4 und 7). Information über die
Vinifikation sucht man in diesem ansonsten umfassenden Werk jedoch ebenso vergeblich wie in der Dichtung der darauffolgenden Jahrhunderte, die zwar auf die Reberziehung, Bewässerung und Lese ein-
geht, nicht aber auf die Steuerung der anschließenden Gärvorgänge.

Häufigere Themen der Lyrik waren indes der kultivierte Rausch
und der darauffolgende Kater, der, entgegen der optimistischen Schilderung Cao Pis, überaus nachhaltig ausfallen konnte. Dafür sorgten
namentlich das relativ wahllose Verschneiden und – wie beim Bier –
die Beimengung vielfältiger Zusatzstoffe. Überdies wurde der daraus
resultierende Tropfen im allgemeinen in erwärmtem Zustand getrunken, so daß man sich, was Geschmack und Wirkung angeht, heute
wohl eher an einen leicht abgestandenen Glühwein erinnert fühlen
dürfte als an eine korrekt temperierte Spitzenlage.

Am berühmtesten war einst eine Traube, die ob der länglichen
Form ihrer Beeren unter dem Namen «Stutenzitze» geführt wurde: im
Gegensatz zur rundlichen «Grasdrachenperle». Andere Bezeichnungen – wie «Kristall» oder «Purpur» – orientierten sich wiederum einfach an der Farbe. Kaum weniger anschaulich sind aber auch einige

Benennungen, die für Rebsorten verwendet werden, die erst im letzten Jahrhundert eingeführt wurden, darunter «Morgenrotperle» (Cabernet Sauvignon), «Abendrotsüße» (Saperavi), «Aristokratenduft» (Riesling) und «Jadesirup» (Gewürztraminer).

Spätestens seit der Tang-Zeit liegt ein führendes Zentrum der Vitikultur in der Umgebung der Stadt Taiyuan (Provinz Shanxi), aber auch die Anbaugebiete im Hexi-Korridor (Provinz Gansu, Autonomes Gebiet Ningxia) und in Turfan (Autonomes Gebiet Xinjiang) haben eine weit zurückreichende Tradition. Noch bedeutsamer sind heute allerdings die vergleichsweise jungen Weingüter im Nordosten des Landes (in den Provinzen Hebei, Shandong und Liaoning). Sogar südlich des 25. Breitengrads werden Rebstöcke kultiviert: unter anderem in der Provinz Yunnan, wo die Winzer in Höhenlagen von annähernd 2000 Metern einen durchaus trinkbaren Tropfen produzieren.

> «Die Hauptstadt der Provinz [...] heißt Tiananfu [Taiyuan]. Dort gibt es soviel Wein, [...] daß auch die umliegenden Provinzen damit versorgt werden [können].»
>
> Marco Polo (um 1300) Buch 2, Kap. 29 [S. 34r].

Auch Sekt wird heute in annehmbarer Qualität hergestellt. Allerdings mußte beinahe ein Jahrhundert vergehen, bevor eine ernstzunehmende einheimische Konkurrenz für die anfangs dominierenden Importe erwuchs. Diese kamen zunächst vor allem aus Frankreich, und der dafür verwendete chinesische Begriff *xiangbin* läßt sich – über die Vermittlung des Englischen – auf *champagne* zurückführen, was aber keineswegs zu der Annahme verleiten sollte, es seien ausschließlich Edelmarken ausgeschenkt worden. Vielleicht auch deshalb wurde das Getränk nicht überall mit Begeisterung aufgenommen; das zeigt auch die zeitgenössische Satire auf.

> «Vorsichtig nippte er an dem mit Champagner gefüllten Glas, legte die Stirn in Falten und brüllte: ‹Das ist kein Alkohol, das schmeckt nach Essig. Sieh nur, wie das Zeug Blasen treibt; es ist vollkommen ungenießbar.› ‹Das gehört nun einmal so›, wurde ihm [...] erläutert, ‹aber wenn man sich erst einmal daran gewöhnt hat, schmeckt es ganz ordentlich.›»
>
> *Xin shitou ji* (1905) Kap. 9.

Der Genuß von Schaumwein war natürlich in erster Linie ein städtisches Phänomen und der dadurch zum Ausdruck gebrachte Luxus nur wenigen zugänglich. Sieht man einmal vom Konsum in eher zwielichtigen Lokalen ab, in denen Animierdamen den Umsatz förderten, wurde das Getränk schon relativ früh vor allem dazu benutzt, offiziellen Anlässen

Aufbruch.
Wandmalerei (1116)

einen feierlichen Anstrich zu geben. Kein Bankett ohne Sekt: nicht nur bei der Bewirtung westlicher Kolonialherren, sondern auch beim Staatsempfang im 21. Jahrhundert! Gleichermaßen begießt man Vertragsabschlüsse gerne mit einem Glas «Kaiserhof» oder «Wohlstand».

Selbstverständlich werden bei Empfängen auch Spirituosen getrunken. Im Lande hochgeschätzt und international geläufig ist der *Maotai,* der in dem gleichnamigen Städtchen in der Provinz Guizhou gebrannt wird und nicht zuletzt ein wichtiges Medium in der Diplomatie und im Geschäftsleben ist. Hergestellt aus Sorghum und Weizen erreicht er nach mehrfachem Destillieren einen Alkoholgehalt von etwa 55 Prozent. Die Nachfrage ist enorm, und trotz des für chinesische Verhältnisse geradezu astronomischen Preises kommt es immer wieder zu Engpässen bei der Lieferung.

«Besonders eingebürgert hatte sich bereits der Champagner. Der Chinese liebt diesen süßen, prickelnden Trank sehr, und der Mandarin weiß, daß der Europäer in den Küstenstädten kaum ein festliches Gastmahl ohne Sekt kennt. So glaubt er denn, den Europäer, wenn er irgend kann, vor allem damit bewirten zu müssen. Natürlich versteht er im Grunde nichts davon, und so ist es kein Wunder, daß, je weiter man ins Innere kommt, um so bösartigere Sekte, mit Namen, die bei uns zulande überhaupt kein sterblich Ohr vernimmt, auftreten, die ihnen aber dort durch Agenten europäischer und japanischer Firmen für schweres Geld aufgehalst werden.»

Georg Wegener (1926) 49–50.

Die Tradition des Schnapsbrennens läßt sich in Südwestchina bis in die späte Kaiserzeit zurückverfolgen, aber nicht – wie zuweilen behauptet wird – bis zur Han-Zeit. Auch sonst sind die Argumente, die eine lange Tradition begründen, eher dürftig. Zwar werden Darstellungen auf zwei in das 1. oder 2. Jahrhundert datierten Reliefziegeln

Silberflasche.
Hortfund (8. Jh.)

aus Xinlongxiang und Pengxian (Provinz Sichuan) von manchen Archäologen als Wiedergaben des Destillationsprozesses gedeutet, doch
ist diese Schlußfolgerung keineswegs zwingend. Und selbst wenn man
sich dieser Hypothese anschließt, fehlt immer noch der Nachweis, daß
der dadurch gewonnene hochprozentige Alkohol für den Genuß –
und nicht etwa für eine medizinische Verwendung – hergestellt wurde.
Die zeitgenössischen Schriftquellen enthalten zumindest keine wei-
terführenden Anhaltspunkte.

Die vereinzelte Erwähnung von *shaojiu* in Quellen der Tang-Zeit
bietet ebenfalls keine sichere Handhabe, kann dieser Begriff doch
nicht nur mit «gebrannter Alkohol» übersetzt werden, sondern auch –
zu den damaligen Konventionen des Bier- und Weintrinkens durchaus
passend – mit «erhitzter Alkohol». Zuverlässige Beschreibungen des
Brennvorgangs gibt es erst seit der Yuan-Dynastie, als China Bestandteil des mongolischen Weltreichs war. Da damit eine entscheidende Phase im Technologietransfer entlang der Seidenstraße einherging, spricht vieles für eine Über-
nahme der in Westasien schon
früher bekannten Destillation:
nicht zuletzt auch deshalb, weil
sich die in jenen Tagen aufkom-
menden Benennungen *alaji* und
yalaji vom arabischen Terminus
ʿaraq («Schweiß») ableiten lassen,

«[Bei yalaji] handelt es sich um ein Lehnwort, das man
für Alkohol benutzt, der mehrfach aufbereitet wurde.
[...] Der aufsteigende Dampf verhält sich dabei wie
Wolken, aus deren Kondensat der Regen – fein wie
Nebel – heruntertropft. [...] Beim Probieren waren die
Freunde gehalten, sich sinnlos zu betrinken, und ich
mußte mit ansehen, wie sich die Gesichter röteten, die
Blicke trübten und der Speichel [aus den Mundwinkeln]
lief.»

Yalaji jiu fu (1344).

152

der bis heute im Orient als Bezeichnung für Anisschnaps weiterlebt und auch bei uns als Arak und Raki geläufig ist. Unter anderem erschließt sich die lautliche Entlehnung im 1330 zusammengestellten *Yinshan zhengyao* (Kap. 3), in dem nachzulesen ist, daß «der Tau, der beim Verdampfen guten Alkohols gewonnen wird, den *alaji* bildet».

Zu den bekannteren Klaren zählen neben dem *Maotai* vor allem der *Gaoliang,* der meist einen Alkoholgehalt von mehr als 60 Prozent aufweist und gelegentlich ein wenig «muffig» riecht, und der etwas leichtere *Erguotou,* den in erster Linie die einfachen Leute in der Region um Peking trinken. Beide werden – zumindest in der Theorie – ausschließlich aus Sorghum hergestellt, während der *Wuliangye* noch auf vier weiteren Getreidesorten basiert: Reis, Klebreis, Weizen und Mais. China ist also, wenn man so will, das Land des Doppelkorns. Allerdings gibt es daneben eine große Auswahl von Kräuterschnäpsen, deren Zusätze – und Geschmack – die Unterscheidung von der Arznei nicht immer leicht machen. Zu den besser verträglichen Sorten gehört der unter anderem mit Hilfe von Bambusblättern aromatisierte *Zhuyeqing.* Zwar werden bis heute aus den verschiedensten Früchten – nicht nur aus Trauben, sondern insbesondere auch aus Pflaumen und Litschis – Weine angesetzt, doch spielen Obstbrände so gut wie keine Rolle.

Anbieten von Getränken.
Steingravur (632)

Schwer einzuordnen sind schließlich die verschiedenen Getränke, die unter dem Begriff Reiswein zusammengefaßt werden. Zwar kann man eine ganze Reihe von ihnen einfach als Bier betrachten, doch gibt es daneben so manches Gebräu, das – wie etwa der *Shaoxing* – aufgrund seines hohen Alkohol- und Zuckergehalts nicht so recht in diese Kategorie paßt; zudem sind auch die beigemengten Inhaltsstoffe zuweilen arg unkonventionell. Zwar hat das «Panschen» in China eine weit zurückreichende Tradition, doch kamen Mischgetränke erst unter westlichem Einfluß auf. Immerhin ist ein Cocktail, der auf einen chinesischen Barkeeper zurückgeht, weltberühmt: der Singapore Sling, der 1915 im Raffles Hotel von dem aus Hainan stammenden Ngiam Tong Boon (Yan Chongwen) erfunden wurde.

Nur von regionaler Bedeutung ist das Trinken von vergorener Milch bei den traditionell von ihrer Weidewirtschaft lebenden Bewohnern der Steppenzonen Nordchinas. Dort wird *kumis* (türk.) oder *airag* (mong.), ein leicht säuerliches Getränk mit einem Alkoholgehalt zwischen einem und drei Prozent, bis heute vor allem von den Nachfahren

«Der *kosmos [kumis]* ist Stutenmilch und wird auf folgende Weise hergestellt: [...] Sobald [die Tartaren] eine große Menge Milch zusammengebracht haben, [...] gießen sie diese in einen großen Schlauch oder ein [anderes] Behältnis und beginnen damit, sie mit einem eigens dafür gefertigten Stößel zu schlagen, der am unteren Ende menschenkopfgroß und ausgehöhlt ist. So stoßen sie in rascher Folge zu, auf daß sie anfängt, zu blubbern wie junger Wein, sauer zu werden oder zu gären. Schließlich wird weiter gestampft, bis die Butter extrahiert ist. Dann probieren sie und trinken davon, wenn sie leicht perlt. [...] Das führt zu großem inneren Wohlbehagen, bei Schwächlingen aber [auch] zur Trunkenheit.»

Wilhelm von Rubruk (1256) Kap. 6.

der «Reitervölker» hergestellt: also etwa der Mongolen, Kasachen und Kirgisen und damit jener Gruppen, die in den mittelalterlichen europäischen Reiseberichten gerne unter dem Begriff «Tartaren» zusammengefaßt wurden. Stammte die Milch damals noch vornehmlich von Pferde- und Kamelstuten, spielen seit einiger Zeit Kuh-, Schaf- und Ziegenprodukte eine größere Rolle.

In einem zweiten Arbeitsgang kann daraus auch ein eher niedrigprozentiger Schnaps gebrannt werden. Wann die Erzeugung dieser Spirituosen aufkam, ist nicht mehr mit Sicherheit zu rekonstruieren, doch lassen die dafür verwendeten Bezeichnungen (von ʿaraq bis arkhi) vermuten, daß die Destillation – wie in den chinesischen Kernlanden – auf die Yuan-Dynastie zurückgeht. Sicher ist hingegen der Niedergang der innerhalb der Verwandtschaftsgruppe weitergegebenen Technologie. Das zeigt sich unter anderem auch daran, daß die entsprechenden Begriffe heute meist nicht mehr auf «Milchbranntwein» verweisen, sondern in erster Linie auf Wodka.

Betrunkene
auf dem Heimweg.
Malerei eines unbekann-
ten Künstlers (13. Jh.)

Rausch und Entsagung

Wenn freilich der Franziskanerpater Wilhelm von Rubruk die «Trunkenheit» ausschließlich «Schwächlingen» attestiert, dann ist das nicht nur aus ethischer Perspektive zu kurz gegriffen. Zwar wird der Laktoseintoleranz, von der in China und seinen Nachbarstaaten rund neunzig Prozent der Bevölkerung betroffen sind, durch die Gärung entgegengewirkt, doch ist damit lediglich ein Problem behoben; denn hinzu kommt noch die gleichfalls weitverbreitete Unverträglichkeit von Alkohol. Wie die andere Enzymdefizienz primär genetisch bedingt, führt sie zu einem verlangsamten Stoffwechsel und einem erhöhten Acetaldehydspiegel, der eine ganze Reihe von Unbilden mit sich bringt: von Gesichtsröte und Übelkeit bis hin zu Herzfrequenzsteigerung und Leberschädigung.

> «Den ganzen Tag über trinke ich Alkohol, wenn auch nie mehr als eine halbe Pinte [fünf *ge* zu 67 ml]; denn unter denjenigen auf der Welt, die ihn schlecht vertragen, gibt es niemanden, der darunter mehr leidet als ich. [...] Es gibt aber auch niemanden unter dem Himmel, der ihm mehr zugetan ist.»
>
> *Shu Donggaozi zhuan hou* (1096).

Natürlich gibt es auch in China den Typus des sozial isolierten Alkoholikers. Er ist aber wohl eher die Ausnahme. Im allgemeinen steht das gesellige Trinken im Vordergrund: nicht nur im rituellen Kontext des Altertums, sondern auch in den stärker vom kollektiven Genuß geprägten Konventionen späterer Epochen. Und damit die Ausschweifungen nicht ins Chaos abgleiten, wurden dafür immer wieder Normen geschaffen.

Den Regulierungswahn auf die Spitze trieb 1606 Yuan Hongtao. Dieser hatte sieben Jahre zuvor mit einigen Freunden die «Traubengesellschaft» gegründet und legte nun in seinen «Becherstatuten» *Shangzheng* eine satirisch angehauchte Zusammenstellung von Direktiven vor. So legt das Traktat gleich zu Beginn fest, daß ungezügelte

Zechereien durch ein zweiköpfiges Direktorium zu verhindern seien, das den Ablauf der Treffen und den Ausschank zu überwachen habe. Ansonsten stellt die Satzung Überlegungen über den geeigneten Anlaß, den richtigen Zeitpunkt oder die passende Gesellschaft eines Gelages auf. Positive und negative Aspekte werden dabei meist gegenübergestellt. So führt beispielsweise ein Paragraph «13 angenehme und 16 unerfreuliche Begleitumstände» einer Zusammenkunft auf. Zu den letzteren zählen unter anderem geizige Hausherren, respektlose Gäste, unbotmäßiges Personal, schlechte Lichtverhältnisse, mürrische Gesichter, gedankliches Abschweifen, übertriebener Spott und heimlicher Aufbruch. Schließlich unterlagen Mobiliar, Geschirr, Speisen und Getränke ebenso festen Bestimmungen wie die Strafen bei etwaigem Fehlverhalten.

Und auch den Trinkspielen ließ man nicht einfach freien Lauf. Derlei Wettbewerbe waren insbesondere in der späten Kaiserzeit sehr beliebt: nicht nur in den «Wine Clubs», wie der von 1849 bis 1864 in Fujian wirkende Missionar Justus Doolittle die entsprechenden Vereinigungen um die Mitte des 19. Jahrhunderts nannte, sondern auch bei informellen Zusammenkünften. Historisch weiter zurückverfolgbar sind im übrigen jene Spielvarianten, bei denen den Teilnehmern Aufgaben abgefordert werden, deren Bewältigung unter Umständen respektable intellektuelle Fähigkeiten voraussetzt: also etwa das Verfassen von Stegreifgedichten, die sich auf vorgegebene Zitate oder Schriftzeichen beziehen müssen und darüber hinaus noch einem bestimmten Reimschema unterworfen sind.

> «Alle Trinker, die viel vertragen, messen sich am Nashornbecher; alle Trinker, die sich durch Wagemut auszeichnen, messen sich am Spielbrett; alle Trinker, die über Inspiration verfügen, messen sich in der Rhetorik; alle Trinker, die literarisch begabt sind, messen sich in der Dichtkunst; alle Trinker, denen [besonderes] Talent gegeben ist, messen sich bis zur völligen Erschöpfung.»
>
> *Shangzheng* (1606) § 7.

Mit großer Wahrscheinlichkeit ist diese längere Kontinuität aber nur einer Quellenlage geschuldet, die in erster Linie der Beschreibung der Elitenkultur verpflichtet ist. Vieles spricht nämlich dafür, daß schlichtere Versionen schon in der Antike verbreitet waren; denn gezockt wurde schon damals kräftig. Heute dominieren jedenfalls Spiele, bei denen durch Pantomime vorgestellte Begriffe zu erraten sind oder bei denen Karten und Würfel entscheiden. Aber auch das Aufsagen von Zungenbrechern, die vorgegebenen Regeln folgende Umstellung von Sätzen und die Beantwortung von Wissensfragen können darüber bestimmen, wer gegebenenfalls zum Becher greifen muß. Häufig sieht man zudem zwei Personen, die einander gegenübersitzen und in rascher Folge mit den Händen fuchteln. Europäer fühlen sich dabei zumeist an Knobeln erinnert. Indes ist die Aufgabe ein wenig komplizierter, geht es doch darum, gleichzeitig mit der Bewegung die Gesamtzahl der ausgestreckten Finger anzusagen.

Heftig dem Alkohol zugesprochen wird auf all jenen Festen, die den Jahreslauf strukturieren und die verschiedenen Abschnitte des Lebens markieren: namentlich bei der Hochzeit, wenn Braut und Bräutigam abwechselnd an zwei Bechern nippen, die durch eine rote Schnur miteinander verbunden sind, um die unverbrüchliche Beziehung zu veranschaulichen. Abgesehen davon sollte das Paar –

«Schlag die Sieben: Beginnend mit dem Spielleiter zählen die Teilnehmer der Reihe nach durch: eins, zwei, drei, vier... Ist man bei einer Zahl angekommen, die eine sieben als Bestandteil enthält (wie 7 und 17) oder das Vielfache von sieben beträgt (wie 14 und 21), hat die entsprechende Person zu schweigen und auf den Tisch zu klopfen. Zählt sie hingegen laut weiter, muß sie zur Strafe trinken.

Die Blume weiterreichen: Vom Spielleiter, dem die Augen verbunden sind, ausgehend wird eine Blume [oder ein anderer Gegenstand] solange von Teilnehmer zu Teilnehmer weitergegeben, bis dieser‹Stop› ruft. Die Person, die das Objekt dann gerade in den Händen hält, muß zur Strafe trinken.»

Zuixiang riyue (1991) S. 136–137.

zumindest im Prinzip – jedem einzelnen Gast zuprosten, was die Kapazität der beiden natürlich rasch übersteigen kann, so daß sie nicht nur trunken vor Glück sind. Im übrigen ist das «Leeren des Freudentrunks» mehr als ein nachgeordnetes Element im komplexen Ablauf der Eheschließung. Vielmehr wird der Vorgang gerne als symbolische Umsetzung des gesamten Akts verstanden, und der dafür verwendete Begriff steht geradezu als Synonym für die Heiratsfeierlichkeiten. Glaubt man der Überlieferung (*Liaoshi,* Kap. 7), wurde der Alkoholgenuß darüber hinaus zumindest zeitweilig direkt mit weiblicher Fruchtbarkeit in Bezug gesetzt. Danach soll es im 10. und 11. Jahrhundert am Liao-Hof üblich gewesen sein, daß die kaiserliche Braut einer Frau, die als besonders «gebärfreudig» galt, während der Zeremonie einen Krug Bier offerierte, um an deren Fertilität teilhaben zu können.

Dem «Freudentrunk» bei der Hochzeit entspricht der «Trauertrunk» bei der Bestattung. Die Gelegenheiten, diesen zu kredenzen, sind zahlreich. Sieht man einmal von den im Kalender festgelegten Festtagen, an denen allgemein der Toten gedacht wird, ab, dann müssen nämlich auch in bestimmten Abständen individuelle Zeremonien für die Verstorbenen abgehalten werden. Den Schlußpunkt bildet

«Ohne Gesellschaft, allein mit einer Kanne Bier
zwischen den Blumen sitzend,
heb' ich den Becher und lad' den Mond hinzu.
Mit meinem Schatten sind wir nun zu dritt.
Der Mond indes versteht sich nicht aufs Trinken,
und blindlings folgt der Schatten meinem Schritt.
Für den Moment jedoch genieße ich die Runde,
die ausgelassen durch den Frühling springt.
Wenn ich singe, wippt der Mond dazu,
und wenn ich tanze, torkelt der Schatten hinterdrein.
Leicht trunken finden selig wir zusammen,
doch trennt uns dann der Rausch.
Gewogenheit ist eben nicht von Dauer:
anders als der Sternenhimmel, der stets die Sehnsucht
stillt.»

Yuexia duzhuo (744).

«Ich trinke [nur] aus einem Grund:
um Gedichte zu schreiben,
bis ich völlig benebelt bin.»

Zui zeng Zhang mishu (806).

dabei der dritte Jahrestag, bei dem die Trauer der Zuversicht weichen darf, so daß die Feier oft kaum von einer Hochzeit zu unterscheiden ist; oder von einer Geburt, nach der in festgelegter Abfolge dreimal Alkohol getrunken werden soll.

Im Hinblick auf die Feste, die den Jahreslauf gliedern, findet man in manchem Traktat konkrete Vorgaben, welche die jeweils angemessene Gemütsverfassung betreffen. Danach hat man beispielsweise beim Frühlingsfest (zu Beginn des neuen Jahres nach dem lunisolaren Kalender) «vergnügt» zu zechen, beim Drachenbootfest (am 5. Tag des 5. Monats) «gesittet», beim Mondfest (am 15. Tag des 8. Monats) «schwärmerisch» und beim Doppelneunfest (am 9. Tag des 9. Monats) «entrückt». Es bleibt freilich dahingestellt, in welchem Umfang diese Regeln eingehalten werden: vor allem nach dem fünften Becher. Beinahe analog dazu benennt das *Shangzheng* (§ 9) einige Vorbilder, an denen sich der Teilnehmer eines kultivierten Gelages orientieren konnte. Das Spektrum des am Beispiel berühmter Persönlichkeiten veranschaulichten Trinkverhaltens reicht dabei von «behaglich» bis «staatserhaltend», von «hastig» bis «stolz», von «unbekümmert» bis «melancholisch» und von «bildungsbeflissen» bis «erregt».

Ansonsten setzt sich die Literatur zuweilen aber auch auf intellektuell anspruchsvolle Weise mit dem Thema Alkohol auseinander. Das gilt insbesondere für die Lyrik der Tang-Zeit, in der sich zahllose Poeten mit dem Genuß eines guten Tropfens und den Folgen – von der Inspiration bis zum Kater – auseinandersetzen. So haben die drei namhaftesten Dichter dieser Epoche – Li Bo (701–762), Du Fu (712–770) und Bo Juyi (772–846) – jeweils mehrere hundert Gedichte geschrieben, die sich mit Bier oder Wein befassen.

Der Kalligraph Zang Xu.
Malerei von Liang Changlin
(um1980)

Die von den Autoren aufgegriffenen Motive sind höchst unterschiedlich und beziehen natürlich – jenseits der etwas schlichten Katalogisierung im *Shangzheng* – auch psychologische Elemente ein, wobei die Besiegelung sozialer Bande ebenso im Vordergrund stehen kann wie die Beschreibung individueller Freude und Verzweiflung. So tritt neben die Hymne auf die Geselligkeit und die Bekräftigung der Freundschaft das Lob der Einsamkeit, und zahllose Verse widmen sich der Bekämpfung des Kummers, der Wonne des Vergessens, der Angst vor dem Erwachen und der Suche nach Inspiration. Schließlich wird oft genug das Los des Dichters geschildert, der nur dann die rechten Worte zu finden glaubt, wenn er entsprechend «besäuselt» ist.

«[Der Anfang des 9. Jahrhunderts verstorbene] Wang Mo liebte den Alkohol, und jedes Mal, wenn er sich an die Gestaltung einer Hängerolle machte, begann er zu trinken. Sobald er beschwipst war, pflegte er – ununterbrochen lachend und singend – Tusche zu verspritzen, die er [...] dann mit der Hand verschmierte. Unter schwungvoller Führung des Pinsels und mit Hilfe von helleren und dunkleren Tönen schuf er schließlich Strukturen, aus denen [am Ende] Berge, Felsen, Wolken und Wasser hervorgingen.»

Tangchao minghua lu (um 845) Kap. 30.

Ähnliches gilt wohl für namhafte Kalligraphen und Maler wie Zhang Xu (710–750), dem von Du Fu in einem Gedicht *(Yinzhong baxian ge)* nachgesagt wurde, daß aus seinem Pinsel erst dann «Wolken aufs Papier flössen», wenn er mindestens drei Becher geleert habe. Überdies soll er – wie mancher andere Künstler mit Hang zum performativen Akt – seine Haare zuweilen in Tusche getaucht haben, um damit zu malen, so daß sich allmählich der Spitzname «verrückter Zhang» durchsetzte. Mit ihm in einem Atemzug genannt wird traditionell der etwas jüngere Huai Su (737–798), ein buddhistischer Mönch, der die Inspiration für seinen dynamischen Schreibstil aus dem kräftigen Konsum von Bier und Wein bezog und als «betrunkener Su» in die Literatur einging.

Zu den besonders gefährdeten «Berufsgruppen» zählten neben den Künstlern auch die Herrscher. Diesen Eindruck vermittelt zumindest die Historiographie, die insbesondere den letzten Repräsentanten einer Dynastie häufig unterstellt, sie hätten durch ihren zügellosen Lebensstil die Rechtmäßigkeit ihrer Regentschaft verwirkt. Das gilt bereits für den Untergang der königlichen Häuser von Xia und Shang, deren Oberhäupter Jie und Zhou im 2. Jahrtausend v.Chr. den Staat dadurch zugrunde gerichtet haben sollen, daß sie – angestachelt durch verführerische Frauen – «Fleischwälder» und «Bierteiche» anlegten.

Durch Alkoholabhängigkeit oder sexuelle Eskapaden herbeigeführter sittlicher Verfall sollte schließlich das Bild prägen, mit dem man später auch so manchen Kaiser verband. Das mußte nicht zwingend falsch sein; denn vielen «Söhnen des Himmels» war ein beträchtliches Maß an Zügellosigkeit sicherlich nicht fremd. Andererseits entstanden die literarischen Konturen eines «Wüstlings» im allgemeinen erst posthum, wenn im Auftrag der jeweiligen Nachfolgedynastie eine abschließende «historische» Bewertung erfolgte. Und da fügte es sich zweifellos gut, wenn man auf einen Topos zurückgreifen konnte, der die Machtübernahme im nachhinein mit moralischer Überlegenheit legitimierte.

Jenseits der Diskussion über politische Verantwortung und ethische Normen wurde indes nur selten Enthaltsamkeit gepredigt, und

«Den dargebotenen Trank verweigern sie, weltlichem Ruhme gilt ihr ganzes Streben.»

Yin jiu ershi shou (403) Nr. 3.

«Lieber zu Lebzeiten noch einen Becher kippen, als nach dem Tod dem Ruhm von tausend Generationen [anheimfallen].»

Xing lu nan (744) Nr. 3.

die Mehrzahl der literarisch anspruchsvollen Texte lobt den Rausch. Das gilt insbesondere für die Verse Tao Yuanmings, der 403 in seinem Gedichtzyklus *Yin jiu ershi shou* (Nr. 13) die unzureichenden Verständigungsmöglichkeiten zwischen Abstinenzlern und Befürwortern anprangert und bei einem Vergleich zwischen zwei Männern, von denen der eine «einsam trinkt» und der andere «ganzjährig nüchtern» ist, dem erstgenannten den Vorzug gibt; denn dieser sei auf seine «lockere Art» einfach «geistreicher».

6. Konventionen

Staatliche Kontrolle:
Autorität mit Verfallsdatum

Nach der Reichseinigung im Jahre 221 v.Chr. setzte das Haus Qin alles daran, im ganzen Lande einheitliche Standards zu setzen, was die Kodifizierung des Rechts, der Neuordnung der Währung, die Modifizierung der Schrift und die Normierung von Maßen und Gewichten einschloß. Dem Kaiser ging es dabei vermutlich nicht nur um Vorschriften, die die Kompatibilität innerhalb eines stetig gewachsenen Territoriums sicherstellen sollten, sondern auch – und vor allem – um die Demonstration seines universellen Herrschaftsanspruches.

Archäologische Funde belegen jedoch, daß selbst unter der rigiden Qin-Dynastie Abweichungen nicht verhindert werden konnten: trotz der Androhung schwerer Strafen. So schwanken aus dem ausgehenden 3. Jahrhundert v.Chr. stammende Gewichte, die laut Inschrift jeweils ein *jin* (256 g) wiegen sollten, immerhin zwischen 234,6 g und 273,8 g; bei Hohlmaßen sind die Diskrepanzen ähnlich. Die Ursache dieser «Ungenauigkeiten» ist nicht immer klar, doch zeigen zeitgenössische Rechtstexte, daß sie oft genug das Ergebnis von bewußten Manipulationen waren, die dazu dienen sollten, den Profit von einzelnen Beamten und Privatleuten zu maximieren.

Jenseits der politischen Mission und der Sorge, daß die in Form von Naturalien erhobenen Steuern zu gering ausfallen könnten, scherte die korrekte Eichung der Marktwaagen und Meßbehältnisse den Machtmenschen Qin Shihuangdi (reg. 221–210 v.Chr.) wohl eher wenig. Andererseits war dem

«Um die Maße zu vereinheitlichen, erließ der Kaiser ein Edikt [...], wonach Abweichungen zu unterbinden und Unklarheiten zu beseitigen seien. [...] Entgegen der Verordnung [...] halten sich die Menschen aber nicht mehr an die damals [...] gesetzten Normen. Dieser Rückschritt ist dem Lauf der Zeit geschuldet. Sollte sich [die Tendenz freilich] verstärken, dann wird von den großartigen Errungenschaften nichts bleiben.»

Inschrift auf zahlreichen Gewichten und Hohlmaßen (3. Jh. v. Chr.).

Staat, der auch ansonsten nicht mit Vorschriften geizte, durchaus daran gelegen, die auf den Märkten abgewickelten Transaktionen zu überwachen. Ziel war allerdings in erster Linie die Kontrolle der Warenströme, nicht der Verbraucherschutz. Die Ernährungssicherung hatte im allgemeinen Vorrang vor der Produktqualität.

So wurden auf den Märkten der Tang-Zeit zwar Waffen und Seidenstoffe einer Qualitätsüberprüfung unterzogen, nicht jedoch die Nahrungsmittel. Lediglich der Handel mit Reit- und Zugtieren war meldepflichtig; Schweine, Schafe und Geflügel konnten hingegen ohne großen bürokratischen Aufwand verkauft werden. Nur bei Hofe gab es stets gründliche Kontrollen. So legte beispielsweise der 653 in Kraft gesetzte Strafrechtskodex fest, daß schon das unbefugte Betreten der Palastküche lebenslange Verbannung zur Folge hatte. Besonders groß war freilich das Berufsrisiko der Köche und Vorkoster; denn jedes Abweichen von der Norm – und dazu zählte beispielsweise schon die falsche Temperatur oder unangemessenes Würzen – wurde als Verbrechen betrachtet.

An der Situation der Bevölkerungsmehrheit hat sich im Grunde seit der Antike nicht viel geändert. Zwar gibt es ein zuletzt in kurzen Abständen revidiertes Lebensmittelgesetz, doch sind dessen Regelungen bisweilen auffallend großzügig formuliert. Erstaunlich lasch muten beispielsweise die Vorgaben bei Herkunfts- und Qualitätsbezeichnungen von Wein an. So kann dieser unter anderem auch dann auf dem Flaschenetikett mit einem bestimmten Jahrgang ausgewiesen sein, wenn bis zu zwanzig Prozent des Inhalts aus anderen Ernten stammen. Immerhin: Ausschließlich der Zahlensymbolik verhaftete Angaben – als besonders glückverheißend galt etwa 1988 – sollten nunmehr etwas seltener werden.

Da sich die Verantwortung für die Durchsetzung eines einheitlichen Standards überdies auf ungefähr ein Dutzend Ministerien und Institutionen verteilt, ist Kompetenzgerangel geradezu vorprogrammiert. Daran ändert auch die Einrichtung einer eigenständigen Nah-

> «(1) Bei allen Verstößen gegen die für die Zubereitung kaiserlicher Gerichte gültigen Speisevorschriften werden die Verantwortlichen stranguliert.
> (2) Sollten Speisen oder Getränke verunreinigt sein, wird das mit zwei Jahren Zwangsarbeit geahndet.
> (3) Wenn [lediglich] die Zutaten verunreinigt sind oder die Speisen dem Kaiser nicht im Einklang mit den Jahreszeiten serviert werden, reduziert sich die Strafe um zwei Grade.
> (4) Wenn die Speisen nicht vorgekostet wurden, lautet das Urteil auf einhundert Hiebe mit dem schweren Stock.»
>
> *Tanglü shuyi* (653) Paragraph 103.

rungs- und Arzneimittelaufsicht wenig. Ihr Gründungsdirektor Zheng Xiaoyu wurde nach nur vier Amtsjahren der Korruption überführt und 2007 hingerichtet. Daß die dadurch intendierte Abschreckung erfolgreich war, ist indes nicht anzunehmen.

Immer noch weisen Lebensmittel regelmäßig erhebliche toxische Belastungen auf, die teils von Insektizidrückständen herrühren, teils von bewußt zugesetzten Substanzen. Unter anderem fanden sich zwischen 2003 und 2009: Blei in Nudeln, Formaldehyd in der Blutwurst, Eisensulfat im Bohnenquark, DDT in Gemüsekonserven, Methamidophos in gefüllten Teigtaschen, Dichlorvos im Schinken, Antibiotika im Fisch, Aldicarb im Ingwerpulver und Sudan in Würzsaucen. Aber auch jenseits der «chemischen Keule» ist man zuweilen kreativ. So kam 2004 auf, daß von mehreren Produzenten zur Herstellung von Sojasauce Menschenhaar verwendet wurde, das man teilweise aus Krankenhäusern bezog.

Besonders deutlich wurde der Unterschied zwischen öffentlichen Versprechungen und ökonomischen Verirrungen im Umfeld der Olympischen Spiele. Im Vordergrund der Bemühungen stand nämlich meist die Imagepflege, nicht die Schaffung verbesserter Kontrollmechanismen. Daran änderte auch die Erklärung, auf die sich im April 2008 dreihundert namhafte Nahrungsmittelhersteller in Xi'an einigten, nichts. Noch im selben Jahr ergaben Ermittlungen, daß mehrere Firmen Milchpulver mit Melamin versetzt hatten: einer Industriechemikalie, die ansonsten zur Herstellung von Klebstoffen und Reinigungsmitteln benutzt wird. Ansonsten vermag die Substanz freilich auch den Stickstoffgehalt zu steigern, wodurch bei Analysen ein höherer Proteingehalt angezeigt wird. Diesen Effekt nutzte man beispielsweise bei der Erzeugung von Schokolade, Keksen und Sahnebonbons. In erster Linie wurde damit aber das Strecken von Säuglingsnahrung kaschiert. Mit fatalen Folgen! Eine ganze Reihe von Kindern starb, Tausende erlitten schwere Nierenschäden.

Aufgeklärt wurde der Milchskandal erst, nachdem sich die hohe Zahl der Erkrankungen nicht mehr vertuschen ließ und massiver öffentlicher Druck das Abwiegeln erschwerte. Bis dahin waren jedoch schon mehrere Monate ins Land gegangen und manche Spuren bereits verwischt. Das ist kein Einzelfall; denn nicht wenige Amtsträger erhalten von den Lebensmittelproduzenten eine Gehaltsaufbesserung, die gründliche Nachforschungen verhindert und schmerzhafte Konsequenzen abmildert, wenn die Aufdeckung einmal wirklich unvermeidlich war. Vor allem aber wird die Bevölkerung nicht ausreichend über mögliche Gesundheitsgefahren informiert. Noch schlimmer ist allerdings, daß oft genug nicht die Verursacher der Mißstände Sanktionen befürchten müssen, sondern die Personen, die sie publik gemacht haben. Schließlich wollen die Machthaber in erster Linie eines verhindern: Unruhe in der Bevölkerung.

Dementsprechend schweigt die Presse im allgemeinen solange, bis die Fakten ohnehin bekannt sind und die Berichterstattung unausweichlich ist. Aber nicht alle Journalisten lassen sich abschrecken. Zwar wird kritischen Stimmen in den staatlich gelenkten Medien kaum Platz eingeräumt, doch bietet insbesondere das Internet eine zunehmend in Anspruch genommene Möglichkeit, unbequeme Themen anzusprechen. Der prominenteste unter den Autoren, die sich mit der Lebensmittelsicherheit auseinandersetzen, ist gegenwärtig wohl Zhou Qing. Die Aufmerksamkeit, die ihm auch im Westen geschenkt wird, verdankt er den verstörenden Beobachtungen, die er 2004 in einem aufrüttelnden Buch *(Min yi he shi wei tian)* zusammenfaßte, das ihm die Nominierung für einen angesehenen deutschen Literaturpreis und einen zehnmonatigen Aufenthalt in Köln einbrachte.

Lauter artikulieren sich die Aktivisten für den Tierschutz, der bislang keiner rechtlichen Regelung unterliegt. Ein erster Erfolg hat sich inzwischen immerhin eingestellt. Seit Januar 2010 liegt ein leidenschaftlich diskutierter Gesetzesentwurf vor, der unter anderem den Verzehr von Hunden und Katzen unter Strafe stellen will. Einen Termin für die Verabschiedung dieser Vorlage gibt es gleichwohl noch nicht. Obendrein richtet sich der öffentlich wahrnehmbare Protest fast ausschließlich gegen das Mißhandeln und Schlachten von «Ku-

> «Chinesische Neujahrskuchen lenken stets die Blicke auf sich, doch birgt das ansprechende Äußere oftmals einen gefährlichen Inhalt, [dessen Zusammensetzung] gegen das Gesetz verstößt. So verlängert ein Laden im Shanghaier Stadtviertel Huangpu [...] die Haltbarkeit seiner Neujahrskuchen mit Hilfe von Schwefelpulver. Die weiße Farbe wird durch die Beimengung von industriellen Bleichmitteln erzielt, und man verwendet sogar billiges Natriumdithionit, um den Menschen Frische vorzugaukeln.»
>
> *Zhongguo de shipin anquan konghuang* (2006) Teil 2, S. 1.

> «Es gehört sich einfach nicht für einen kultivierten Menschen, [Geflügel] bei lebendigem Leib [zu malträtieren]. So geht es weder an, daß Gänsefüße auf glühender Kohle geröstet werden, noch daß Hühnerlebern einfach mit dem Messer herausgeschnitten werden. Warum wohl? Da Tiere für den menschlichen Gebrauch bestimmt sind, ist es zwar durchaus statthaft sie zu schlachten, nicht aber sie zu Tode zu quälen.»
>
> *Suiyuan shidan* (1790) Kap. 2.

scheltieren», nicht gegen die erbärmlichen Verhältnisse, in denen Schweine, Enten und Hühner gehalten werden; lediglich die unhygienischen Zustände in Legebatterien werden hin und wieder zur Sprache gebracht.

Allerdings raten die Medien inzwischen auch aus anderen Gründen von dem insbesondere in der kalten Jahreszeit beliebten Genuß von Hundefleisch ab: nicht um den Besitzern beizustehen, denen der Anblick der Halsbänder auf den Magen schlägt, die zuweilen auf den Fleischtheken liegengeblieben sind, sondern weil der Verzehr gefährlich geworden ist. Zwar stammt die Mehrzahl der Vierbeiner aus spezialisierten Zuchtbetrieben, doch werden nicht wenige Tiere von durch die Straßen ziehenden Dieben gestohlen. Dabei gelangen immer häufiger vergiftete Köder zum Einsatz, deren toxische Rückstände wenig gesundheitsförderlich sind. Gleichermaßen unerquicklich ist das Risiko, sich mit Parasiten zu infizieren. So weist auch noch im 21. Jahrhundert ein zweistelliger Prozentsatz der in Nordostchina bei der Fleischbeschau überprüften Hunde einen Trichinenbefall auf, und die Folgen anderer Zoonosen sind nicht unbedingt angenehmer.

Rind. Querrolle (um 770)

Im Reich des Herdfürsten

Lange Zeit war in China die Vorstellung verbreitet, daß dem Menschen zwei Kategorien von Seelen innewohnten: die Körperseele *po* und die Geistseele *hun*. Im Augenblick des Todes, so nahm man an, trennten sich die beiden voneinander. Während erstere noch für einige Zeit beim Leichnam verharre, steige letztere wieder zu den luftigen Gefilden auf, denen sie entstammte. Ihr galt nun die Fürsorge der Nachfahren, die sich nicht zuletzt in regelmäßigen Speiseopfern äußerte: ein Brauch, der vor allem in ländlichen Gebieten bis heute weiterlebt.

Schon die frühesten Schriftquellen, die Orakelknochen der Shang-Dynastie, erwähnen regelmäßig Kulthandlungen, die der Kommunikation mit den Ahnen galten. Dabei wurden vielfach Rinder und Schafe dargebracht, womit die lange Tradition des höfischen Tieropfers ihren Anfang nahm, die bis in die späte Kaiserzeit fortgeführt wurde. Die ursprüngliche Intention verblaßte jedoch, die Berufung auf Althergebrachtes war oft wichtiger als dessen Deutung, und schon um die Mitte des ersten vorchristlichen Jahrtausends

> «In Lu [in der heutigen Provinz Shandong] führte man alljährlich am Grabe des Konfuzius Opferhandlungen durch. [...] Als Kaiser Gaozu [reg. 206–195 v. Chr.] die Region durchquerte, vollzog er das Erhabene Tieropfer [das aus einem Rind, einem Schaf und einem Schwein bestand].»
>
> *Shengjitu* (1544) Bl. 52.

hatte sich das Ritual offenkundig verselbständigt. Auch Konfuzius soll ja in erster Linie auf der kontinuierlichen Fortführung des Brauchs, nicht auf seiner Hinterfragung bestanden haben. Im übrigen wäre der Meister möglicherweise gar nicht begeistert gewesen, hätte er geahnt, daß er selbst einmal zum Gegenstand elaborierter Kulthandlungen werden würde: zunächst auf lokaler Ebene, später im gesamten Reich.

Rind, Schaf und Schwein blieben lange Zeit die «klassischen» Opfergaben, doch wurden unter anderem auch Hund, Pferd, Huhn, Wild-

«Wenn sich derjenige erhebt, der [den Adressaten des Ritus] verkörpert, nehmen der Fürst und seine drei Minister das zu sich, was dieser übrigließ. Wenn sich der Fürst erhebt, verzehren die sechs Großwürdenträger die verbliebenen Speisen. Wenn sich die Großwürdenträger erheben, machen sich die acht Beamten an das, was nicht aufgegessen wurde. Diejenigen, die den jeweils niedrigeren Rang innehaben, tun sich also jeweils an den Resten gütlich...»

Liji (2. Jh.) Kap. *Jitong.*

gans und Fisch dargebracht. Bei wichtigen Ritualen kam es dann zu regelrechten Schlachtorgien, in deren Verlauf die Metzger tausendfach zum Messer griffen. Die Tiere konnten danach auf unterschiedliche Weise präsentiert werden: vollständig, ausgenommen oder auch zerlegt. Auf alle Fälle wurde das Fleisch bis zum Abschluß der Zeremonie in rohem Zustand belassen, erst danach erfolgte die Zubereitung für den menschlichen Verzehr. Vor allem in der Shang- und Zhou-Zeit verwendete man hierbei aufwendig gestaltete Bronzegefäße. Ähnlich wertvolles Geschirr diente zum Servieren, wobei strikt auf die hierarchische Rangfolge zu achten war.

Die Verteilung von Fleisch an Untergebene war in der Antike fest institutionalisiert. Auf diese Weise ließen sich Abhängigkeit und sozialer Aufstieg ebenso veranschaulichen wie Mißtrauen und vollständiger Gunstentzug. Auch in späteren Epochen zeigte die Partizipation an den Opfern die Machtverhältnisse bei Hofe an, wo Beamte und Eunuchen ständig um Einfluß rangen. Schließlich sprechen nicht zuletzt die Zahlen für sich. So waren unter der Ming-Dynastie meist mehr

«Eine Schweinshaxe ohne Zehen wird in klarem Wasser weichgekocht. Dann gießt man die Brühe ab und fügt [statt dessen] eineinhalb Becher guten Biers, ein Quentchen getrockneter Orangenschale und fünf Jujuben zu. Sobald die Zutaten gar sind, nimmt man den Topf [vom Feuer], gibt Zwiebeln und Pfeffer hinzu und gießt Bier nach; die Orangenschale und die Jujuben werden hingegen entfernt.»

Suiyuan shidan (1790) Kap. 5.

als tausend sorgfältig ausgewählte Metzger und Köche beschäftigt, die ausschließlich für den reibungslosen Ablauf der Rituale zu sorgen hatten.

Geopfert wurde freilich nicht nur vom Kaiser und dessen direktem Umfeld, sondern auch von seiner Gemahlin und den ihr untergeordneten Konkubinen.

Dabei war die Auswahl der Speisen für jeden Tag des Jahres genau festgelegt. Dazu nur zwei Beispiele aus der kompletten Liste, die das *Jianzhi bian* (Kap. 2) für die Zeit um 1370 festhielt: Am zweiten Tag des achten Monats bestanden die Gaben aus Kolbenhirse, Rispen-

Rotgekochte Schweinshaxe (Kanton)

Zutaten

1 hintere Schweinshaxe,	Gewürzmischung aus
rundum mit einem scharfen Messer	8 EL Sojasauce und
rautenförmig eingeritzt	8 EL Reiswein
2 TL Salz	4 TL Zucker

Zubereitung

1 Wasser in einem großen Topf zum Sieden bringen,
Schweinshaxe hineingeben und etwa 10 Minuten bei großer Hitze
kochen; herausnehmen und etwas abkühlen lassen

2 Haxe mit Salz einreiben und in eine fingerhoch
mit Wasser gefüllte Kasserolle geben; die Hälfte
der Gewürzmischung möglichst gleichmäßig darüber verteilen

3 Geschlossene Kasserolle in das vorgeheizte Rohr geben;
Haxe rund 2 Stunden bei etwa 150° garen; mehrmals wenden
und mit Flüssigkeit begießen

4 Zucker in der verbleibenden Gewürzmischung auflösen
und über dem Fleisch verteilen, nochmals rund 2 Stunden garen;
regelmäßig wenden und mit Flüssigkeit übergießen

5 Haxe auslösen und in Scheiben schneiden;
sofort servieren

hirse, Reis, Lotoswurzel, Taro, Seetang, Ingwer, Garnelen und Zucker, am neunten Tag des elften Monats hingegen aus Buchweizennudeln, Zuckerrohr, Schwein, Hirsch, Reh, Wildgans, Schwan, Kormoran, Storch, Wachtel, Rebhuhn und Barsch. Die Zusammenstellung der Nahrungsmittel war im übrigen nicht willkürlich. Vielmehr sollte sie, konfuzianischer Argumentation folgend, dem Rhythmus der Jahreszeiten folgen.

> «Im allgemeinen sollten, um die Harmonie [zu wahren, die Speisen] im Frühling vorzugsweise sauer, im Sommer bitter, im Herbst scharf und im Winter salzig sein.»
>
> *Liji* (2. Jh.) Kap. *Neice.*

Diese Forderung erstreckte sich im Prinzip nicht nur auf den sakralen Bereich, sondern auch auf den Alltag der Eliten. Allerdings ging es dabei weniger um die Frische der verwendeten Produkte als um die Umsetzung eines festen Schemas, das sich an den Wandlungsphasen – Holz, Feuer, Erde, Metall und Wasser – orientierte und in der Han-Zeit einen veritablen Systematisierungswahn auslöste. Der daraus abgeleiteten Unterwerfung unter das Diktat der Zahl fünf folgten schließlich sogar die Himmelsrichtungen und Jahreszeiten.

Holz	Feuer	Erde	Metall	Wasser
Osten	Süden	Mitte	Westen	Norden
Frühling	Sommer	Spätsommer	Herbst	Winter
sauer	bitter	süß	scharf	salzig
Weizen	Kolbenhirse	Rispenhirse	Reis	Bohnen
Leber	Herz	Milz	Lunge	Nieren

Entsprechungen zu den fünf Wandlungsphasen (kleine Auswahl)

War das Rind zunächst unabdingbarer Bestandteil des «Erhabenen Tieropfers», setzte sich seit dem 9. Jahrhundert auch bei einer zunehmenden Zahl von Konfuzianern die Einstellung durch, daß Büffel und Ochsen zu verschonen seien und im Kochtopf nichts verloren hätten. Lediglich die «Fundamentalisten» unter ihnen und einige vermeintlich «asoziale Elemente» wollten nicht davon lassen und wurden deshalb zuweilen heftig angegriffen. Im ausgehenden 19. Jahrhundert verglich man sie gar mit den gänzlich unkultivierten Europäern, die in Shanghai oder Peking nicht auf ihr Steak verzichten wollten. In die Tradition der Kritiker reihte sich schließlich sogar ein Mann ein, dem man im allgemeinen keine Rücksichtnahme auf religiöse Empfindungen unterstellt: Mao Zedong, der schon 1927 das Schlachten des «unschätzbaren Arbeitstiers» brandmarkte. Nachhaltiger Erfolg blieb ihm indes nicht beschieden. Seit seinem Tod 1976 hat sich die Produktion von Rindfleisch mehr als verdreißigfacht.

Hackfleischbällchen (Jiangsu)

Zutaten

400 g durchwachsenes Schweinefleisch, fein gehackt
100 g Garnelen, Darm entfernt, fein gehackt
4 getrocknete Shiitake-Pilze, zunächst 30 Minuten in warmes Wasser eingeweicht, dann – ohne die Stiele – in feine Streifen geschnitten
1 Zwiebel, gehackt

4 Wasserkastanien, gehackt
1 TL Salz, 1 TL Zucker
etwas Pfeffer
2 EL Sojasauce
1 EL Stärkemehl
250 g Spinat oder Rübsen (Senfkohl)
Saucenmischung aus ⅛ l Brühe, 1 EL Sojasauce, 1 EL Reiswein, 1 TL frisch gepreßtem Ingwersaft

Zubereitung

1 Schweinehack, Garnelen, Shiitake, Zwiebel, Wasserkastanien, Salz, Zucker, Pfeffer, Sojasauce und Stärkemehl gut vermengen, zu 4 Bällchen formen und fritieren; Fett abtropfen lassen, warmstellen

2 Spinat blanchieren, auf dem Boden eines feuerfesten Gefäßes ausbreiten, Fleischbällchen darauf verteilen, zudecken und etwa 20 Minuten bei 170° zu Ende garen

3 Saucenmischung erhitzen und über die Fleischbällchen verteilen, sofort servieren

Hinweis

Dieses Gericht ist in China unter dem Begriff «Löwenköpfe» bekannt.

Anders als die askesefeindlichen Konfuzianer lehnte die Mehrzahl der Daoisten den Verzehr von Fleisch grundsätzlich ab. Und gegen das Essen von Zwiebelgewächsen, Rettich und Ingwer gab es ebenso deutliche Vorbehalte wie gegen den Alkoholgenuß. Als besonders anstößig galt es aber, das Fleisch jener Tiere aus dem Zwölferzyklus zu verzehren, unter deren symbolischer Regentschaft die Geburtsjahre einer Person und ihrer Eltern standen: also in einer sich ständig wiederholenden Abfolge Ratte, Rind, Tiger, Hase, Drache, Schlange, Pferd, Schaf, Affe, Hahn, Hund oder Schwein. Nach Auffassung mancher Schulen waren allerdings Hirsche und Fasane von dem Verbot ausgenommen: nicht wegen eines etwaigen Sonderstatus des Jagdwilds, sondern weil es für die beiden Tiere – im Gegensatz zu vielen anderen – kein Äquivalent am Firmament gab.

Als Pendants zu den am Himmel prangenden Sternen wurden von einigen Denkern zudem die auf der Erde abgeernteten Getreidekörner betrachtet. Aber nicht nur deshalb nahmen viele Anhänger der Religion prinzipiell keine Zerealien zu sich, sondern auch – und vor allem –, weil sie deren konkretes Gefährdungspotential fürchteten; als Folge, so glaubten sie nämlich, würden im Bauch und im Gehirn malevolente «Würmer» entstehen, die Schmerzen verursachen und langfristig den

Verlust der Lebenskraft bewirken könnten. Als Ersatz wurden im allgemeinen Kräuter und Mineralien oder Wasser empfohlen, in dem die Asche verbrannter Talismane aufgelöst war. Schließlich galten auch der eigene Speichel und Atem als alternative Nahrungsmittel.

Die Selbstkasteiung barg natürlich gesundheitliche Risiken. Noch weitaus gefährlicher war jedoch die Einnahme von Mitteln, denen man eine lebensverlängernde Wirkung unterstellte. Oder gar das Erreichen der Unsterblichkeit! Ebenso wie bei den Aphrodisiaka wurden dabei vor allem Mineralien eingesetzt: so unter anderem Realgar, Auripigment, Arsenolith, Quecksilber, Quecksilbersulfid (Zinnober), Kupfersulfat (Vitriol), Magnetit und Aktinolith. Daß der Tod auf diese Weise häufig nicht hinausgeschoben, sondern beschleunigt wurde, überrascht aus der Rückschau nicht; denn insbesondere bei arsenhaltigen Elixieren konnte schon eine leichte Überdosierung verheerende

Folgen zeitigen. Aber auch sonst waren die «Nebenwirkungen» zuweilen äußerst unerquicklich.

Weitaus bekömmlicher waren gemeinsames Meditieren und Beten. Allerdings gestaltete sich das Leben in den daoistischen Klöstern eher frugal, und in der Tang-Zeit war neben einem leichten Frühstück zumeist nur eine richtige Mahlzeit am Tag erlaubt. In der Regel fand diese am späten

«Man füttere eine Krähe [...] solange mit Zinnober und Rindfleisch, bis ihr Federkleid völlig rot ist. Dann töte man sie, trockne [den Körper] 100 Tage im Schatten und zerstoße ihn gründlich in einem Mörser. Wenn man [das daraus hergestellte Präparat] 100 Tage lang einnimmt, erzielt man eine Lebenserwartung von bis zu 500 Jahren.»

Baopuzi neipian (um 320) zitiert nach
Taiping yulan (983) Kap. 920.

Vormittag zwischen zehn und zwölf Uhr statt: nicht aus Rücksicht auf etwaige Hungergefühle, sondern weil man davon ausging, daß in dieser Zeit die ranghöchsten Bewohner des Himmels speisten und die Synchronisierung des Essens eine Verlängerung der individuellen Lebensspanne um jeweils vierhundert Tage mit sich brächte. Bis zum darauffolgenden Morgen war dann nur noch der Verzehr von Früchten, das Trinken von Tee und die Einnahme von Medikamenten zulässig; denn am Nachmittag und Abend stärkten sich die Dämonen, und eine gleichzeitige Nahrungsaufnahme konnte zu einer Verkürzung des Lebens um bis zu fünftausend Tagen führen.

Freilich tafelte man nicht nur mit den Geistern, sondern auch mit den anderen Mönchen und Nonnen, wobei der gesamte Ablauf – vom Abholen des Geschirrs bis zum abschließenden Zähneputzen – geregelt war. Glaubt man dem um die Mitte des 7. Jahrhunderts entstandenen *Xuanmen shishi weiyi*, dann unterlag sogar das Essenstempo strikter Disziplin: »Bist du hinterher, dann beeile dich. [...] Bist du schon weiter [als die anderen], dann zügele dich.»

Zwar orientierten sich die Daoisten in mancherlei Hinsicht an buddhistischen Speisevorschriften, doch gab es – etwa bei der Verschärfung des Fleischverbots – auch die umgekehrte Beeinflussung. Zudem wurde manche Gemeinsamkeit durch den Staat gefördert, der ab dem 7. Jahrhundert Klosterregeln für beide Religionen erließ. Die im Alltag wahrnehmbaren Unterschiede waren also deutlich geringer als die

«Es gibt buddhistische Mönche, die Alkohol als ‹Suppe der Weisheit› bezeichnen, Fisch als ‹auf dem Wasser treibende Blüten› und Hühner als ‹durch den Zaun wachsendes Gemüse›. Welch vergebliches Bemühen! Es dient lediglich dem Selbstbetrug, und die Leute machen sich nur darüber lustig.»

Dongbo zhilin (1101) Kap. 2.

179

theologischen Differenzen, die regelmäßig in heftiger Polemik ausgetragen wurden. So konzentrierte sich der Spott der Buddhisten zumeist auf den restriktiven Umgang mit Getreide, an den sich aber ohnehin nur eine begrenzte Zahl der Daoisten hielt.

Darüber hinaus hob sich die in den Klöstern eingeforderte Disziplin sichtbar von der Praxis der Außenwelt ab, in der sich die Mehrheit der Laien wenig um die Speisegebote scherte. Nur an Feiertagen hielt man sich im allgemeinen an die Vorschriften und ernährte sich bewußt vegetarisch. Ansonsten wurde der große Interpretationsspielraum genutzt, den man sich mit Hilfe gelehrter Spitzfindigkeit erschloß. Die vielen lokal verankerten Kulte standen ohnehin unter dem Zwang, einen Kompromiß zwischen Dogmatik und Tradition zu finden, und so konnte es durchaus vorkommen, daß am Geburtstag des Buddha Fleisch geopfert wurde.

> «Jemand, der einen Becher Bier zum Trinken weitergereicht hat, wird bei den nächsten 500 Reinkarnationen jeweils nur mit einer Hand geboren werden. Wie drastisch müssen dann erst die Folgen für den sein, der selbst gezecht hat?»
>
> *Fayuan zhulin* (668) Kap. 93.

Obschon seine Verwendung im Prinzip strikt untersagt und bestenfalls bei der Behandlung schwerer Krankheiten gestattet war, wurde auch Alkohol in die Kulthandlungen einbezogen. Und nicht nur das! Es gab durchaus bekennende Buddhisten, die in dem Getränk weniger die «Wurzel des Müßiggangs» denn die Quelle ihrer Kreativität sahen, und manche Mönche betrieben sogar Brauereien und verkauften Bier. Im allgemeinen stand die «Suppe der Weisheit» aber wohl nicht auf dem Speiseplan der Klöster.

Schon immer jenseits der religiösen und sozialen Trennlinien regiert der «Herdfürst» (auch «Herdkönig» oder «Herdgeist», in westlichen Schriften meist «Küchengott»). Seine Verehrung reicht bis in das 1. Jahrtausend v. Chr. zurück, und vor der kommunistischen Machtübernahme hing sein Bild in beinahe jedem Haushalt. Außerdem werden ihm regelmäßig Opfer dargebracht. Dadurch glaubt man nicht nur seinen Beistand beim Zubereiten der Speisen zu erwirken, sondern auch so manchem anderen Anliegen Nachdruck zu verleihen. Nach daoistischer Vorstellung überwacht er zudem das Verhalten der einzelnen Familienmitglieder und leitet seine Beobachtungen an den «Jadekaiser», die höchste Gottheit des behördenähnlich organisierten Pantheons, weiter und beeinflußt dadurch die Festlegung der Lebensspanne.

Falsche Ente (Shanghai)

Zutaten

10 Blätter getrocknete Bohnenquark-Haut (doupi, aus dem
Asienladen), in Wasser gekocht,
bis sie weich ist
8 getrocknete Shiitake-Pilze,
zunächst 30 Minuten in
warmes Wasser eingeweicht,
dann – ohne die Stiele –
in feine Streifen geschnitten

3 junge Köpfe Rübsen (Senfkohl, Pak
Choi), kurz blanchiert, dann feingehackt
60 g in Würzlake eingelegter Kohl
(aus der Dose)
2 TL Zucker
2 EL Sojasauce
2 EL Reiswein
¼ l Gemüsebrühe
1 Spritzer Sesamöl

Zubereitung

1 Pilze, Rübsen, Kohl, Zucker, Reiswein und die Hälfte
von Zucker und Sojasauce in wenig Öl anbraten;
herausnehmen und warmstellen

2 Bohnenquark-Haut mit einer Mischung aus Gemüsebrühe,
Sesamöl und der anderen Hälfte von Zucker und Sojasauce
bestreichen

3 Jeweils 5 Blätter aufeinanderschichten, Gemüse darauf verteilen;
dann einrollen und an den Rändern gut festdrücken

4 In reichlich Öl fritieren und zum Servieren
in schmale Querstreifen schneiden

Hinweis

Als Ersatz für die Bohnenquark-Haut eignen sich gegebenenfalls
Teigblätter, die ansonsten zur Herstellung von Frühlingsrollen
verwendet werden.

Dieser Rapport erfolgt gegen Jahresende und veranlaßt die Menschen
zu Gaben und Gebeten. Unter den Präsenten überwiegen nunmehr
Schleckereien, und auch der Mund des Angerufenen wird gerne mit
Honig oder Zucker eingeschmiert: entweder um ihn zu entsprechend
«süß» klingenden Worten zu verleiten oder um die Lippen gleich so zu

verkleben, daß eine Berichterstattung gar nicht erst möglich ist. Nach dem «Füttern» entfernt und verbrennt man die Bilder, um sie anläßlich des Neujahrsfests durch neue zu ersetzen.

Während der Kulturrevolution wurden religiöse Aktivitäten als konterrevolutionär gebrandmarkt und zogen unter Umständen drakonische Strafen nach sich. Besonders betroffen waren die Muslime, die mancherorts zum Verzehr von Schweine- und Hundefleisch genötigt wurden, obschon ihnen dies ihr Glaube strikt untersagt. Damals verschwand auch der «Herdfürst» aus den Küchen und machte den Portraits von Mao Zedong Platz. Doch der erwartete keineswegs weniger Respekt und rituelle Fürsorge. Morgens hatte man sich Weisungen zu erbitten, mittags für die Großherzigkeit zu bedanken und abends über den Tagesablauf zu berichten. Vor jeder Mahlzeit mußte überdies «lang lebe der Vorsitzende Mao und die Kommunistische Partei» gerufen werden. Neben mancher Ähnlichkeit bei der Verehrung gab es aber zumindest zwei Unterschiede: Zum einen hatte der Parteichef keine Instanz über sich; zum anderen wagte es wohl niemand, seinen Mund zu verkleben und sein Bildnis zu verbrennen.

Inzwischen hat der «Herdfürst» den «Großen Vorsitzenden» vielerorts wieder verdrängt, zuweilen hängen die beiden aber auch in friedlicher Koexistenz an der Wand. So lebt die Tradition weiter. Daneben gibt es indes immer wieder Anpassungen an den Zeitgeschmack, etwa wenn sich ein avantgardistischer Meisterkoch in Hongkong in offenkundiger Anspielung als «Küchendämon» stilisiert und dies nicht zuletzt dadurch demonstriert, daß die Selbstbezeichnung gut sichtbar auf den Oberarm tätowiert ist.

Die angemessene Ernährung

Ein weites Experimentierfeld – und eine vielversprechende kommerzielle Perspektive – bildet auch die Diätetik: nicht zuletzt im Westen, wo viele Menschen der Komplexität ihrer Lebenswelt dadurch zu entfliehen suchen, daß sie jenseits ihrer eigenen Kultur generierte Erklärungsmodelle übernehmen, die in erster Linie durch eine geradezu an mythische Sphären anknüpfende Tradition legitimiert sind. Nun wird sicherlich niemand den Stellenwert einer ausgewogenen Kost anzweifeln, auch nicht die Bedeutung eines weiten Erfahrungshorizonts. Was aber, wenn die zugrunde gelegte Systematik weniger von der genauen Beobachtung des Gesundheitszustands abgeleitet ist als von Entsprechungen, die den Vorgaben der «Zahlenmagie» zu folgen haben?

> «Wer sich darauf versteht, mit Hilfe der [angemessenen] Ernährung gesundheitliche Defizite auszugleichen, Emotionen zu dämpfen und Leiden zu beseitigen, der kann von sich mit Fug und Recht behaupten, er beherrsche die ärztliche Kunst.»
>
> *Beiji qianjin yaofang* (652) Kap. 26.

Nichts anderes ist nämlich die Subsumierung unter die Abfolge der fünf Wandlungsphasen und die Dualität von *yin* und *yang:* ein Modell, das vor rund 2000 Jahren zweifellos eine enorme Klassifikationsleistung war, aber auch schon damals heftig kritisiert wurde, da es nahezu alle Aspekte des Lebens in ein doch eher starres Schema pressen wollte. Für die Küche bedeutete dies – um nur die wichtigsten Kriterien zu nennen – eine Zuordnung der einzelnen Lebensmittel nach ihrem Geschmack (sauer, bitter, süß, scharf, salzig), Funktionskreisbezug (Leber, Herz, Milz, Lunge,

> «Jemand, der im Falle einer Erkrankung durch die Behandlung eines Quacksalbers [...] geschädigt wird, hätte besser daran getan, sich [selbst rechtzeitig] bescheidene Kenntnisse darüber anzueignen, wie man mit seinem Körper umzugehen hat, und diesen bereits zu einem Zeitpunkt zu pflegen, zu dem [...] noch keine [gesundheitlichen] Probleme vorhanden sind.»
>
> *Yu jian zashu* (11. Jh.).

183

Nieren), Temperaturverhalten (von kalt bis heiß) und Wirkungsbereich (an der Oberfläche oder in der Tiefe). Später wurde zusätzlich eine «neutrale» sechste Kategorie eingeführt, und auch die buddhistische Heilkunde und die westliche Medizin haben ihre Spuren hinterlassen. Darüber hinaus wurden die Entsprechungen häufig durch Analogien ergänzt, die sich allerdings eher durch gedankliche Schlichtheit auszeichnen.

Im Grunde lassen sich bei der chinesischen Ernährungslehre zwei Herangehensweisen auseinanderhalten: der präventive Ansatz, der in erster Linie auf die Vorbeugung setzt, und das kurative Verfahren, das auf die Heilung bereits diagnostizierter Leiden abzielt. Analog dazu sollte man vielleicht auch die eher unspezifische Praxis im Restaurant von der Therapie abheben, die eine individuelle Anamnese unter Berücksichtigung stärker ausdifferenzierter Faktoren voraussetzt. Allerdings sind die Trennlinien nicht immer scharf gezogen, und obendrein hat so manches Hausmittel seine Wurzeln ebenfalls in der Diätetik.

Zwar wurden schon vor der Tang-Zeit zahllose Traktate über die richtige Ernährung verfaßt, doch sind diese Werke bestenfalls in Auszügen bekannt. Der älteste erhaltene Text geht hingegen auf die Mitte des 7. Jahrhunderts zurück. Damals schrieb der berühmte Arzt Sun Simiao sein *Beiji qianjin yaofang*, in dem er unter anderem festhielt, daß «zur Wahrung von Ausgewogenheit und Harmonie des menschlichen Körpers eine angemessene Ernährung vollkommen ausreicht.

Süß-scharfer Rettich (Shanxi)

Zutaten

1 mittelgroßer Rettich, geschält und in etwa 8 cm lange schlanke Stifte geschnitten	Marinade aus 1 EL feingehacktem Ingwer, 1 EL Zucker, 1 EL Reisessig, 1 EL Sojasauce
2 mittelgroße Karotten, ebenso vorbereitet	5 getrocknete Chilis
1 EL Salz	Mischung aus 3 EL Erdnußöl und 2 EL Sesamöl

Zubereitung

1 Rettich- und Karottenstifte in eine Schüssel geben und kräftig salzen
2 Nach etwa 20 Minuten das Wasser, das inzwischen gezogen ist, abtropfen lassen
3 Marinade zugeben und mehrfach wenden
4 Nach 20 Minuten Ölmischung erhitzen, Chilis zugeben und anbraten
5 Chilis herausnehmen und Öl über das Gemüse gießen
6 Vor dem Servieren zudecken und noch etwas ziehen lassen

Auf keinen Fall aber sollten Arzneimittel leichtfertig eingenommen werden.» (Kap. 26) Dennoch hatten völlig unbeeindruckt von theoretischen Erörterungen auch noch andere Formen der Prophylaxe über Jahrhunderte hinweg Bestand: vom Verzehr von Amuletten bis hin zur Einnahme von lebensverlängernden Elixieren.

Spucknapf. Glasiertes Steinzeug (5. Jh.)

Schmatzen und Schlürfen erlaubt?

Wer in China zum Essen eingeladen ist, kann mit einer großzügigen Bewirtung rechnen. Alles andere wäre ein Affront. Schließlich ist das gemeinsame Mahl weit mehr als die Synchronisierung individueller Nahrungsaufnahme, es ist ein gesellschaftliches Ereignis. Und als solches hat es auch bestimmten Ritualen zu folgen, die von der Respekt-bezeugung gegenüber Älteren und der Höflichkeit gegenüber den Gästen geprägt sind. Das kann unter Umständen etwas anstrengend sein, insbesondere dann, wenn dem Eingeladenen immer wieder Köstlichkeiten auf den Teller gelegt werden, die er vielleicht gar nicht zu schätzen weiß. Dennoch sollte er zumindest probieren. Auch von sich aus

> «[Bei einem Festmahl] werden das Auftragen der Speisen und die Bewirtung der Gäste durch die Etikette [geregelt]. Aber sobald die Gerichte auf dem Tisch stehen, sollte sich jeder selbst bedienen können: je nachdem, ob er magere oder fette, im Stück belassene oder zerkleinerte [Speisen] bevorzugt. Am besten akzeptiert man die Wünsche der Geladenen. Warum sollte man sie durch das Aufnötigen [bestimmter Delikatessen] gängeln?»
>
> *Suiyuan shidan* (1790) Kap. 2.

darf er sich an allen aufgefahrenen Gerichten gütlich tun. Solange noch etwas übrigbleibt; denn nichts würde mehr zum «Gesichtsverlust» des Gastgebers beitragen als vollständig geleerte Schüsseln und Platten.

Normalerweise ist der Geräuschpegel bei Tisch relativ hoch. Nicht nur wegen der angeregten Gespräche! Auch wegen anderer menschlicher Lautäußerungen: darunter Schmatzen, Schlürfen und Rülpsen. Manches davon wird toleriert, manches ist gar erwünscht, und so kann das dezente Nippen an der Suppe unter Umständen gar als Demonstration der Unzufriedenheit verstanden werden. Das muß allerdings nicht sein, und Ausländer sollten sich davor hüten, ihre Vertrautheit mit der chinesischen Kultur durch joviales Aufstoßen unter Beweis zu stellen. Schließlich könnten auch einige der anwesenden Einheimischen einen Schnellkurs in interkultureller Kommuni-

> «Während eines gemeinsamen Mahles ziemt sich [unter anderem folgendes] nicht: den Reis zu Bällchen zu formen; die Getränke hinunterzustürzen und die Speisen hinunterzuschlingen; zu schmatzen; die Knochen abzunagen; den Fisch, den man [von der Anrichteplatte] genommen hat, zurückzulegen; den Hunden Knochen zuzuwerfen; sich auf bestimmte Köstlichkeiten zu kaprizieren; [...] die Suppe gierig hinunterzuschlürfen oder nachzuwürzen; in den Zähnen zu stochern; die Soßen in sich hineinzuschütten.»
>
> *Liji* (2. Jh.) Kap. *Juli.*

kation absolviert haben und das Verhalten nach westlichen Maßstäben beurteilen. Ohnehin gilt die Duldsamkeit keineswegs für jede Form der Lautgebung. So wird es beispielsweise überhaupt nicht geschätzt, wenn jemand bei Tisch schneuzt. Ähnliche Vorbehalte gelten freilich auch gegenüber einer ganzen Reihe weiterer Verhaltensweisen: etwa schlecht kaschierter Gier oder dem Herumfuchteln mit den Stäbchen. Neu sind derlei Anstandsregeln nicht. Schon in der Antike mußten korrekte Manieren immer wieder angemahnt werden.

Gegen akustische Ödnis beugen auch die Geräusche vor, die das Spucken begleiten: einen Brauch, gegen den die Behörden bis heute weitgehend vergeblich ankämpfen, obschon es in vielen Kommunen Verordnungen gibt, die drakonische Strafen vorsehen; in Kanton schließt dies sogar den Verlust des Wohnungsanspruchs ein.

> «Man spuckt besser auf kurze [Distanz] denn auf weite [Entfernung]. Aber noch trefflicher ist es, gar nicht zu spucken.»
>
> *Yinsheng zhengyao* (1330) Kap. 1.

Seitdem die Spucknäpfe in den besseren Restaurants aus der Mode gekommen sind, ist es aber zumindest dort ein wenig stiller geworden. Dabei hatten zunächst auch die Kommunisten in den Töpfen mit der weit ausgestellten Mündung den hygienischen Fortschritt gesehen. Bis in die 1980er Jahre hinein fehlten die Gefäße bei keinem Staatsbesuch, und namhafte Politiker waren stolz auf ihre Treffsicherheit. Vermutlich unterschieden sie sich darin kaum von den höfischen Eliten der Kaiserzeit, die ihre Studios und Empfangsräume schon mehr als tausend Jahre zuvor mit Exemplaren aus formvollendeter Keramik ausgestattet hatten.

Vor dem Essen sollte man die Hände reinigen, nach dem Essen den Mund. Diese Aufforderung könnte im Hinblick auf die knappe Diktion von Konfuzius stammen, sie tut es aber nicht; denn erst die buddhistische Klosterdisziplin schuf hygienische Standards, die über die Sphäre des Hofes hinausreichten. Mit der aus Indien vordringenden Religion gelangte nämlich nicht nur ein anderes Menschenbild nach China, sondern auch eine Vielzahl praktischer Erkenntnisse und

Übelkeit.
Buchillustration (1801)

Errungenschaften. So entwickelte sich in ihrem Gefolge erstmals eine Badekultur, die bis zu einem bestimmten Grad auch für die Öffentlichkeit zugänglich war. Zum Waschen setzte man dem Wasser spätestens seit der Tang-Dynastie verschiedene Kräutermischungen zu. Oder Alkalien: darunter das langfristig nur sehr bedingt hautverträgliche Soda. Entsprechend groß war dann auch die Nachfrage, als im 19. Jahrhundert die weitaus milderen Seifen aus dem Westen auf den Markt kamen, die noch dazu halfen, die Wahrnehmbarkeit von Körperausdünstungen zu reduzieren.

Ebenfalls dem Beispiel buddhistischer Mönche folgend wurden für die Reinigung der Zähne zunächst Hölzchen verwendet: bevorzugt Pflaumenzweige, die an einem Ende weichgekaut und ausgefranst waren. Auch kannte man spätestens in der Tang-Zeit Zahnstocher, von denen die wertvollsten aus Gold und Silber gefertigt waren, sowie eine Art Zahnpasta, die aus pflanzlichen und mineralischen Substanzen bestand. Die Zahnbürste, die – ebenso wie die Zahnseide – eine chinesische Erfindung ist, kam hingegen einige Jahrhunderte später auf. Allerdings blieb ihre Verwendung lange Zeit den Eliten vorbe-

«Minze vertreibt strengen Fischgeruch.»

Wulei xianggan zhi (um 980) Kap. 1.

189

halten, und viele Menschen lernten diese Errungenschaft erst nach dem Ende der Kaiserzeit kennen, als moderne westliche Hygienevorstellungen um sich griffen. Wenn auch keineswegs überall! Noch in den 1990er Jahren lag die Akzeptanz in einigen Regionen unter dreißig Prozent, und der endgültige Durchbruch erfolgte vielerorts erst jüngst. Bis dahin spülte man lediglich mit Wasser, was dem Mundgeruch freilich nur bedingt Einhalt gebot, weswegen man auf allerlei Hausmittel zur Bekämpfung des schlechten Atems zurückgriff.

Eine olfaktorische Herausforderung war auch eine andere Konsequenz der Nahrungsmittelaufnahme: der Stuhlgang. In einer auf das 6. Jahrhundert zurückgehenden Wandmalerei in Dunhuang (Mogao, Höhle 290) wird mit großer Detailfreude eine Person dargestellt, die, durch einen Verschlag geschützt, über einem Erdloch kauert und defäkiert. Vermutlich glaubte sie Gutes zu tun; denn die Grube wurde später geleert, die Gülle zur Düngung der Nutzpflanzen auf die Felder ausgebracht. Auch bei Bauern, die Tierhaltung betrieben, wurde nichts dem Stoffkreislauf entzogen. Die Aborte waren bei ihnen nämlich bevorzugt über den Schweinekoben errichtet.

Dennoch dürfte ein Großteil der Landbevölkerung seine Notdurft unter freiem Himmel verrichtet haben. Eigens dafür errichtete Häuschen waren wohl eher die Ausnahme, und Gebäude, die im Hinblick auf Sauberkeit und Prachtentfaltung auch nur annähernd den Latrinen des antiken Rom entsprachen, waren in China gänzlich unbekannt. In manchen Großstädten ist der architektonische und hygienische Standard öffentlicher Toiletten zwar in den letzten Jahren erfreulich gestiegen, doch sollte man selbst dort darauf achten, wo man hintritt, und keinesfalls die Existenz von Papier voraussetzen.

Einst wurde das Klo von vielen Menschen wohl auch deswegen gemieden, weil es als Heimstätte von Geistern und Dämonen galt. Wie man sich dort – gegebenenfalls nach Überwindung entsprechender Ängste – zu verhalten hatte, läßt sich dem *Fayuan zhulin* (Kap. 113), einer buddhistischen Schrift des 7. Jahrhunderts, entnehmen. Dem-

nach war das Fingerschnippen das wichtigste Kommunikationsmedi-
um während des Toilettengangs: entweder um anzukündigen, daß
man einzutreten gedachte, oder um anzuzeigen, daß besetzt war.
Selbst die korrekte Haltung wurde vorgegeben; man hatte sich, ohne
den Körper anzulehnen, mit parallel gestellten Füßen hinzuhocken
und den Blick nach vorne zu richten. Es war untersagt, übermäßigen
Gebrauch vom Wasser für die anschließende Reinigung zu machen,
zu viel Erde zum Bedecken der Notdurft in die Grube zu füllen und
die Wände mit Graffiti zu beschmieren. Als unschicklich galt es
schließlich, «wenn das Gesicht rot anlief, weil man den Atem zu lange
angehalten hatte».

7. In der Schenke zum dauerhaften Glück

Wenn hoher Besuch ins Haus steht, verbietet sich Nachlässigkeit

Auch wenn es dem Bild, das man sich im allgemeinen von China macht, widerspricht: Den Standard beim menschlichen Zusammenleben bildete die Kleinfamilie, die lediglich aus den Eltern und ihren unverheirateten Kindern bestand. Zwar waren einzelne Erweiterungen in vertikaler oder horizontaler Richtung (Großeltern oder Enkel, Geschwister oder angeheiratete Verwandte) möglich, doch wohnten in der Regel nicht mehr als sechs oder sieben Personen unter einem Dach.

Ganz anders war die Situation bei der Oberschicht, in der ein mehrere Generationen umfassender Haushalt die Norm bildete. Zwar hatte jeder Mann nur eine Gemahlin, doch verfügte er darüber hinaus, so er sich dies leisten konnte, über die Möglichkeit, sich eine beliebige Anzahl von Konkubinen zu nehmen. Einem standesbewußten Herrn blieb gar keine andere Wahl, wollte er sein Ansehen nicht gefährden. Untereinander hatten sich die Nebenfrauen in eine strikte Hierarchie einzufügen. Zudem waren ihnen nicht nur ihr Gebieter und seine Gattin übergeordnet, sondern auch noch dessen Eltern. Deren Status war hoch, und auch wenn das *Liji* eher das konfuzianische Ideal denn die Realität beschreibt, vermittelt es zumindest im Ansatz einen Eindruck von der Machtkonstellation.

Die Familie war ein Spiegel der kosmischen Ordnung, von der das Weisungsrecht des Vaters und die Dominanz des Mannes abgeleitet wurden. Fehlender Respekt vor dem Alter galt überdies lange Zeit nicht nur als moralische Schwäche, sondern als Verstoß gegen gelten-

> «Wenn der Sohn mit seiner Frau glücklich ist, seine Eltern aber keinen Gefallen an ihr finden, dann verstößt er sie. [Im umgekehrten Fall] führt er hingegen die Ehe ohne Nachlässigkeit bis zum Tode weiter.»
>
> *Liji* (2. Jh.) Kap. *Neice*.

195

des Recht. So wurde die Mißachtung und Vernachlässigung der Eltern im Tang-Kodex – neben Rebellion, Hochverrat, Lasterhaftigkeit und Inzest – unter die zehn schlimmsten Schandtaten gezählt. Diese Privilegierung der vorangehenden Generationen schlug sich bereits in den antiken Speisevorschriften nieder. So erwartete etwa das *Liji,* daß «der Sohn dem Vater einen Abendbesuch abstattet, bei dem er seine Zuneigung dadurch demonstriert, daß er ihm einige Leckerbissen mitbringt.» (Kap. *Neice*) Auch wurden dem Normenkompendium zufolge ab der Lebensmitte regelmäßig zusätzliche Vergünstigungen eingeräumt. So durfte man angeblich mit 80 den ganzen Tag über Köstlichkeiten zu sich nehmen und mit 90 gar im Schlafgemach speisen.

Ansonsten erfreuten sich nur die Kinder bescheidener Freiheiten; ihre Mahlzeiten waren noch an keine festen Zeiten gebunden. Für den Rest der Familie war das anders. Vorausgesetzt, man konnte sich mehrere Mahlzeiten am Tag leisten, waren diese häufig auf drei Zeitabschnitte verteilt, die etwa zwischen 6 und 7 Uhr, zwischen 11 und 12 Uhr sowie zwischen 17 und 18 Uhr lagen. In vielen Landesteilen besteht das Frühstück bis heute aus einem Reisschleim, für den das Getreide solange in viel Flüssigkeit gegart wird, bis die Körner zerfallen. Da dieser Brei trotz zuweilen hymnischen Lobes in der Dichtung – vorsichtig ausgedrückt – relativ geschmacksneutral ist, wird das Aroma fast ausschließlich über die Auswahl der weiteren Zutaten bestimmt: so etwa geröstete Erdnüsse, gebratenes Gemüse, eingelegte Eier oder Fischpaste. Aber auch süße Varianten sind beliebt.

Sollten die Speisen am Morgen möglichst reichhaltig ausfallen, war für das Abendessen eher Zurückhaltung angesagt. Es sei

«Ich wunderte mich, wie sie [Cixi] überhaupt noch essen konnte, nachdem sie doch gerade eine solche Menge Süßigkeiten zu sich genommen hatte. [...] An diesem Tag hatten wir gekochtes Schweinefleisch auf zehn verschiedene Arten zubereitet. Auf der Mitte der Tafel stand eine sehr große Schüssel aus gelbem Porzellan, worin ein Huhn, eine Ente sowie einige Haifischflossen in klarer Brühe angerichtet waren. [...] Außerdem gab es gebratenes Huhn und Ente.

[...] Ferner war noch ein anderes Lieblingsgericht Ihrer Majestät aufgestellt, die Schwarte vom gebratenen Schwein, in ganz feine Streifen geschnitten und gebacken, bis es sich zusammenkräuselt. Nach dem Fleisch riet sie uns [drei Hofdamen], Brei aus Mais sowie aus winzigem gelben Reis zu nehmen. Dazu gab es die verschiedensten Sorten Brot. [...] Dann hatten wir saure und eingesalzene Gemüse, die Ihre Majestät sehr bevorzugte. Schließlich gab es noch Bohnen und grüne Erbsen, Erdnüsse zu Kuchen verarbeitet und mit Zuckerrohrsirup angerichtet.»

Der Ling (1912) S. 45–48.

Umtrunk im Pavillon. Wandmalerei (10. Jh.)

denn, man nahm es in Gesellschaft ein oder mußte sich für ein darauf-
folgendes Saufgelage stärken, das unter Umständen bis zum Tagesan-
bruch dauern konnte. Ansonsten schlug man sich den Bauch vor allem in der Mittagszeit voll. Das war 1903 am Qing-Hof nicht anders,
und hochgestellte Damen wie die Kaiserwitwe Cixi waren davon nicht
ausgenommen.

Nach außen hin trat stets der Mann als Oberhaupt der Familie
auf. Er hatte sich um alle rechtlichen Angelegenheiten zu kümmern
und wurde gegebenenfalls vom Staat zur Rechenschaft gezogen. In-

> «Sogar zu Hause, in ihrer eigenen Familie, darf die Frau weder vom selben Tisch essen wie ihr Mann, noch mit ihm in einem Raum Platz nehmen. Und die Söhne werden im Alter von neun oder zehn Jahren völlig von ihren Schwestern getrennt.»
>
> John Barrow (1804) S. 142.

nerhalb der Familie sorgte er, zuweilen mit Gewalt, für die Aufrechterhaltung dessen, was er unter Disziplin verstand; allerdings sollte bei internen Konflikten die Stellung der Frau nicht unterschätzt werden, vor allem dann, wenn sie bereits mehrere Söhne zur Welt gebracht hatte.

Im Alltag der Oberschicht waren die Wirkungskreise weitgehend separiert, und schon in dem auf das dritte vorchristliche Jahrhundert zurückgehenden Werk *Mengzi* (Kap. 3.1.4) kann man nachlesen, daß die Sphären «von Gemahl und Gemahlin zu trennen seien». Das galt auch noch – oder wieder – gegen Ende der Kaiserzeit, als die mandschurische Qing-Dynastie ihr Legitimationsdefizit dadurch auszugleichen suchte, daß sie konfuzianische Prinzipien besonders strikt umsetzen ließ: nicht zuletzt durch die Geschlechtertrennung beim Essen.

Ganz ohne Kommunikation ging es freilich nicht ab. Vor allem bei der Anwesenheit von Gästen erwarteten auch von Frauen zur Verfeinerung von Tugend und Haushaltsarbeit verfaßte Ratgeber von ihren Geschlechtsgenossinnen ein hohes Maß an Umsicht und Zurückhaltung: «Dann freut sich der Gemahl über ihre Tüchtigkeit, und der Besuch macht darob Komplimente.» Daß die im *Nü lunyü* (Kap. 1, 10) um das Jahr 780 herum vorgebrachten Anforderungen an «Reinlichkeit und Keuschheit» nicht immer erfüllt wurden, veranschaulicht trotz mancher Überzeichnung vor al-

> «Europäischen Anschauungen zufolge sind die Diners höchst langweilig, nicht nur weil sie so lange dauern, sondern vornehmlich weil Damen sich nicht daran beteiligen. In China glauben nun aber einmal Damen sowohl wie die Herren, daß ihnen die Mahlzeit abgesondert von dem anderen Geschlecht am besten schmeckt.»
>
> Bruno Navarra (1901) S. 324.

lem die Literatur, und namentlich die Romane der späten Kaiserzeit machen deutlich, daß kulinarische und sexuelle Gelüste bisweilen kaum auseinandergehalten wurden. Andererseits sind die Schilderungen in diesen Werken durchaus lebensnah, etwa wenn das auf das ausgehende 16. Jahrhundert zurückgehende *Jin Ping Mei* (Kap. 11) die Arbeitsteilung in einem Haushalt schildert, in dem die Herrin kränkelt, so daß die erste Konkubine die Finanzen zu führen hat und die dritte Konkubine die Aufsicht über das Küchenpersonal.

Gedämpfter Fisch (Guangxi)

Zutaten

150 g Ingwer, in dünne
Stifte von 1,5 cm Länge
geschnitten
Saft 1 großen Zitrone
2 EL Erdnußöl
1 EL Sesamöl

5 Knoblauchzehen, in
dünne Scheiben geschnitten
4 EL Sesamsamen
2 EL Sojasauce
800 g Fischfilet, am besten nicht
zu dünne Stücke

Zubereitung

1 Ingwer ca. 20 Minuten in Zitronensaft marinieren
2 Im Öl bei nicht zu großer Hitze zunächst den Knoblauch,
dann die
3 Sesamsamen braten,
mit dem Ingwer und der Sojasauce vermengen
und auf dem Fisch verteilen
4 Je nach Dicke der Filets 10 bis 20 Minuten dämpfen
und sofort servieren

Und das konnte viel Arbeit bedeuten. Im allgemeinen verlangten nämlich zumindest Bankette, die auf einer bestimmten gesellschaftlichen Ebene abgehalten wurden, einen von Anfang bis Ende durchdachten Ablauf, und wenn sie eine politische Konnotation hatten, war zusätzliche Sensibilität angesagt. Schließlich konnte die Inszenierung des gemeinschaftlichen Mahls Hegemonieansprüche, Allianzvorschläge oder Vertrauensentzug symbolisieren: eine Dimension, die sich im Grunde fast genauso weit zurückverfolgen läßt wie die chine-

«Mit Gewürzen verfeinertes Bier wurde zum gegebenen Zeitpunkt durch die [Mitarbeiter der] Hofküche ausgeschenkt. Während der aufwendig gestalteten Bankette für die Beamten kamen die Gäste ins Gespräch und tranken einander im Park des Palastes zu. Das Opferamt legte die [...] hierarchisch abgestufte Sitzordnung fest, und die Zensoren überwachten den Verlauf des Empfangs. [...] Auf Zuruf [...] hob man, begleitet vom Rhythmus der Saiteninstrumente, die Becher.»

Yalaji jiu fu (1344).

«Im Festsaal wurde das Frühstück nach Mandschuart aufgetragen. Ihre Majestät [Cixi] und der Kaiser [Guangxu] speisten nie mit den Gästen, infolgedessen wurde Frau Plançon [die Gemahlin des russischen Gesandten] von der Kaiserlichen Prinzessin und den Hofdamen zu Tisch geführt.»

Der Ling (1912) S. 57.

sische Schrifttradition. Dafür wurden denn auch keine Mühen gescheut. Schon das strikt formalisierte Einladungsritual war beeindruckend, und während des Ereignisses war Spontaneität ohnehin verpönt. Im Prinzip war jede Kleinigkeit geregelt: bis hin zum Erheben des Bechers, das in ein nicht enden wollendes Zuprosten ausufern konnte.

Ohnehin mußte bei offiziellen Empfängen die höfische Rangordnung berücksichtigt werden. Zudem galt es, ein ausgeklügeltes Protokoll einzuhalten. Schon das *Liji* widmete den entsprechenden Normen ein ganzes Kapitel *(Yanyi)*, in dem unter anderem die Sitzordnung, die Abfolge des Zutrinkens und die Größe der zugewiesenen Fleischportionen festgelegt wurden. Allerdings scheint die Umsetzung der Vorschriften nicht mit Vehemenz betrieben worden zu sein. Zumindest nicht, was die darin vorausgesetzte Anwesenheit des Herrschers betrifft. Soweit sich dies zurückverfolgen läßt, nahmen die Kaiser nämlich in der Regel nicht persönlich an Banketten teil, sondern ließen sich vertreten. Während die Gäste in repräsentativen Hallen speisten, nahmen die der menschlichen Sphäre enthobenen «Söhne des Himmels» ihr Mahl meist abgeschirmt in den Privatgemächern ein: umgeben lediglich von einigen Höflingen, die, selbst wenn sie an dem Essen teilhaben durften, während der ganzen Zeit zu demütigem Stehen verpflichtet waren.

Als Bruno Navarra, der ehemalige Chefredakteur des «Ostasiatischen Lloyd» in Shanghai, 1901 nach einem zwanzigjährigen Aufenthalt im Lande behauptete, die chinesischen Familienbeziehungen verhinderten in der Regel, «daß gesellschaftliche Zusammenkünfte in der eigenen Wohnung stattfinden» (S. 234–235), war er sich der ungebrochenen Distanz gegenüber der einheimischen Bevölkerung offenkundig nicht bewußt; denn entgegen seiner Auffassung lud man seine Gäste nicht nur ins Restaurant ein. Das war zwar im städtischen Kontext üblicher als in Europa, aber keineswegs die Regel: ganz gleich, ob es sich um eine formelle Verpflichtung, eine Familienfeier oder ein Besäufnis unter Freunden handelte. Schließlich gab es noch zwei weitere Optionen: zum einen die Errichtung eines Zelts und die Beauftragung eines Gastronomiebetriebs, den man heute als Cateringservice bezeichnen würde; zum anderen das gemeinsame Picknick, das bereits die großen Dichter der Tang-Zeit beschrieben und das später von den Malern immer wieder als Motiv aufgegriffen wurde.

«Wenn hoher Besuch ins Haus steht, verbietet sich Nachlässigkeit. Zunächst müssen die Stühle für die Ehrengäste aufgestellt, die Tischüberzüge aufgerollt, die Stellschirme angeordnet und das Räucherwerk hingestellt werden; dann kommen noch die drei Verbeugungen und die hundert Begrüßungen. Macht man es sich aber daheim bei einem vergnüglichen Mahl oder bei einem literarischen Umtrunk gemütlich, was sollen dann diese blöden Konventionen? [...] Andererseits lassen sich bestimmte Förmlichkeiten selbst bei Geburtstags- und Hochzeitsfeiern innerhalb des Familienkreises nicht vermeiden, wenn fünf oder sechs Tische aufgestellt werden und man extra Küchenpersonal anheuert.»

Suiyuan shidan (1790) Kap. 2.

Picknick. Buchillustration (1801)

Picknick mit den Ahnen

Von Zeit zu Zeit mußte auch in China der Alltag durchbrochen und gefeiert werden. Den Anlaß dazu boten die Knotenpunkte des Lebens – Geburt, Namensgebung, Beendigung der Jugend, Erfolg bei der Prüfung, Heirat und Tod – ebenso wie die Feste, die den Jahreslauf gliedern. Der Aufwand, der dabei betrieben wurde, konnte gewaltig sein. Allerdings wurde das Geld nicht einfach verschleudert. Schließlich diente demonstrative Großzügigkeit auch zur Festigung sozialer Bande und zur Absicherung des gesellschaftlichen Status.

Zwar haben viele Traditionen die Verwerfungen des 20. Jahrhunderts nicht überdauert, doch bedeutet dies nicht, daß die Menschen nunmehr ohne Rituale auskommen. Und eines ist diesen gemein: Es wird ordentlich gegessen und kräftig getrunken.

Die Kindersterblichkeit war hoch. Nicht nur Krankheiten und Epidemien bewirkten oftmals einen frühen Tod, sondern auch das sogenannte «Säuglingsbad»: eine euphemistische Bezeichnung für das Ertränken unerwünschter Kinder, vor allem vieler Mädchen. Ein Bad war es freilich auch, das im Falle eines Wunschkinds eine erste Zäsur setzte. Einen Monat nach der Geburt erfolgten nämlich der erste Haarschnitt und eine feierliche Waschung. Dabei wurden dem Wasser oft aromatische Substanzen beigemengt, in manchen Regionen aber auch Lebensmittel, die im Anschluß von jungen Frauen herausgefischt und verzehrt wurden, um die Erfolgsaussichten für ihren eigenen Kinderwunsch zu erhöhen. Das Ereignis, das mit einem gemeinsamen Mahl abgeschlossen wurde, markierte eine zunehmende Einbeziehung in die Familie, die durch Zeremonien nach hundert Tagen und einem Jahr fortgesetzt wurde. Ansonsten wurden Geburtstage meist nicht mit größerem Aufwand begangen. Erst ab einem Alter von fünfzig Jahren ließen sich die Jubilare feiern. Auch dann aß man freilich bevorzugt Nudeln, deren Länge mit der Lebensspanne gleichgesetzt wurde, so daß sie nicht geschnitten werden durften.

Unterhaltungsprogramm.
Bemalter Reliefziegel (2. Jh.)

Die Eheschließung wurde von dem Brautpaar durch gemeinsames Trinken besiegelt, und auch ansonsten spielte der Genuß von Alkohol eine große Rolle bei der Hochzeit, die nicht selten in ein heftiges Gelage ausuferte. Jenseits der raffinierten Küche, welche die Zahlungskraft des Ausrichters unterstrich, waren wegen ihrer Symbolwirkung aber auch einfache Speisen unverzichtbar. Daran hat sich nur wenig geändert. Bis heute werden gerne Lotosnüsse gereicht, die über einen homophonen Begriff *(lian)* für eine dauerhafte Beziehung stehen. Und fast immer stehen Erdnüsse auf dem Tisch, die als «Früchte des langen Lebens» *(changshengguo)* bekannt sind; da das zweite Zeichen *(sheng)* überdies die Bedeutung «gebären» hat, kommt darin zusätzlich die Hoffnung zum Ausdruck, daß sich rasch Kindersegen einstellen möge. Bei aller Ausgelassenheit unterlag der Ablauf der Vermählung festen Regularien, die sich unter anderem mit Hilfe von Vorschriftenkatalogen erschließen lassen, die vor mehr als achthundert Jahren entstanden und alle Abläufe – von der Beauftragung des Ehever-

«An dem Tag, an dem ihre Familie zur angemessenen Zeit ein umfängliches Mahl und kannenweise Bier spendiert, [...] verbeugt sich [die Braut], nimmt die Speisen und serviert sie ihren Schwiegereltern. [...] Wenn die beiden mit dem Essen fertig sind, räumt sie ab, und die Diener verteilen die Reste in den anderen Räumen. Dann bedient sie sich von dem, was die Schwiegermutter übrigließ, und ihre Begleitung von dem, was auf dem Tisch des Schwiegervaters stehenblieb. Das Gefolge des Bräutigams macht sich [schließlich] an das, was die Braut ihrerseits hinterließ.»

Jiali (um 1190) Kap. 3.

mittlers bis hin zur Einführung in die Familien der jeweiligen Schwiegereltern – detailgetreu schildern. Vor allem in ländlichen Gebieten haben sich Relikte des einst der Oberschicht vorbehaltenen Brauchs bis in die Gegenwart erhalten.

Manchmal erscheint auch der Umgang mit den Verstorbenen wie der Vollzug von Verwaltungsrichtlinien, und einige Dokumente aus der Han-Zeit lassen die Beisetzung in der Tat wie einen bürokratischen Akt anmuten. Das gilt insbesondere für die Auswahl und Zahl der Beigaben, zu denen häufig Nahrungsmittel gehörten. Die verbreitete Annahme, die im Grab deponierten Viktualien seien dazu gedacht, den Aufenthalt im Jenseits annehmlicher zu gestalten, ist jedoch keineswegs gesichert. Im Vordergrund stand nämlich in der Regel die angemessene Würdigung des Bestatteten, die Dokumentation seines Ranges und die Beschreibung seiner Persönlichkeit. An wen sich dieser Brauch richtete, bleibt weitgehend unklar, doch bieten sich zumindest zwei Adressaten an: die Sphäre der Toten, in welcher nur ein materiell unterfüttertes «Zulassungsgesuch» einen angemessenen Status verbürgte, oder die Welt der Lebenden, in der die Hinterbliebenen die Situation nutzten, um ihr Ansehen zu demonstrieren. In diesem Zusammenhang ist auch der Leichenschmaus zu sehen, der in der Antike bisweilen – wie die Speiseopfer – am Grab abgehalten

> «Nimmt der Edle während der Trauerzeit einen Leckerbissen zu sich, bereitet er ihm keine Freude; hört er Musik, stimmt sie ihn nicht froh.»
>
> *Lunyu* (um 450 v. Chr.) Kap. 17.

ten wurde. Den Hinterbliebenen war beim Essen freilich größere Zurückhaltung auferlegt, und nur das weitere Umfeld des Dahingeschiedenen konnte sich uneingeschränkt daran gütlich tun.

Die Verbindung mit den Verstorbenen reißt mit dem Ende der Trauerzeit keineswegs ab. Über das Jahr verteilt sind ihnen bis in die Gegenwart hinein drei Feste gewidmet, von denen das wichtigste das für den 4. oder 5. April angesetzte Totengedenken (*qingmingjie*) ist. Dabei versammelt man sich an den Gräbern, reinigt und schmückt diese, opfert den Ahnen und nimmt abschließend – quasi gemeinsam mit den Vorfahren – das Mahl ein. In der Song-Zeit aß man während dieses relativ zwanglosen Picknicks unter anderem Jujubenkuchen, gepökelte Enteneier, kandierte Früchte und verschiedene Milchprodukte, heute befinden sich hingegen vor allem Klebreisbällchen und Lotoswurzeln unter den mitgebrachten Nahrungsmitteln. Die beiden anderen Gelegenheiten, bei denen man sich der Verstorbenen annimmt, markieren weniger massive Einschnitte in den Alltag; zudem sind sie nicht an dem seit Beginn der Republik verbindlichen gregorianischen Kalender ausgerichtet.

Vielmehr folgen sie mit ihrer Anbindung an den 15. Tag des 7. Monats und den 1. Tag des 10. Monats – wie alle weiteren traditionellen Feste – der lunisolaren Zeiteinteilung. Danach fallen die Neujahrsfeierlichkeiten normalerweise auf den zweiten Neumond nach der Wintersonnenwende in der Zeit zwischen dem 21. Januar und dem 21. Februar. Bereits am Vorabend kommt dann die Familie zu einem gemeinsamen Mahl zusammen, bei dem, wenn man es sich irgendwie leisten kann, ein Fischgericht nicht fehlen darf. Üblicherweise wird dieses jedoch nicht gleich vollständig verzehrt, wodurch der Wunsch nach einer Fortdauer des Wohlstands veranschaulicht werden soll: ein symbolischer Akt, der die Homophonie von «Fisch» und «Überfluß» (jeweils *yu*) in eine kulinarische Inszenierung überführt.

Die gleiche Aussprache ist auch der Grund, warum während der mehrtägigen Feiern gerne Huhn und Haargemüse (ein früher unter die Blaualgen gezähltes Cyanobakterium der Gattung *Nostoc*) gegessen werden, deren lautliche Äquivalente Glück (*ji*) und Vermögenszugewinn (*facai*) versprechen. Schließlich verfügt der aus Klebreis hergestellte Neujahrskuchen (*niangao*) ebenfalls über eine entsprechend positive Konnotation; der zweite Bestandteil *gao* hat nämlich in einer abweichenden Schreibung die Bedeutung «Steigerung», was sich wunderbar auf das Niveau der Lebensqualität beziehen läßt. Darüber hinaus ißt man Erdnüsse und Teigtaschen (*jiaozi*), deren Form ein wenig an die in der Kaiserzeit als Zahlungsmittel verwendeten Silberbarren erinnert und damit Reichtum impliziert.

«Kleine Kuchen wurden gebacken, die während des neuen Jahres vor den Buddhas und Ahnentafeln aufgestellt werden sollten. Wir gingen in ein besonders dazu hergerichtetes Zimmer, und die Eunuchen brachten die Zutaten herbei: Reismehl, Zucker und Hefe. Dies wurde zu einem Teig vermischt und gedämpft. Je höher der Reiskuchen aufgeht, desto mehr macht er den Göttern sowie dem glücklichen Verfertiger Freude. Ihre Majestät bereitete mit bestem Gelingen den ersten Kuchen selbst, und wir beglückwünschten sie.»

Der Ling (1912) S. 251–252.

Allerdings gehen die auf diese Weise angedeuteten Begehrlichkeiten bekanntlich nicht immer in Erfüllung, und selbst die derzeit prosperierende Wirtschaft kommt nicht allen Teilen der Bevölkerung gleichermaßen zugute, so daß es nicht wenige Leute gibt, die sich den Verlockungen des Jahreswechsels nur sehr eingeschränkt hingeben können. Dennoch ist der Unterschied zu früheren Epochen gewaltig, in denen das Neujahrsfest für viele Menschen die einzige Gelegenheit war, etwas Abwechslung in ihre ansonsten monotone Kost zu bringen.

Im übrigen dienten die Speisen nicht nur der Völlerei, sondern auch der rituellen Kommunikation mit den Ahnen und der Opferung an diverse Gottheiten.

Den Schlußpunkt der Feierlichkeiten bildet – meist nach einer Phase relativer Ruhe und der vorübergehenden Rückkehr in den Alltag – das ausgelassene Laternenfest am 15. Tag des 1. Monats. Dabei genehmigt man sich die für diesen Anlaß typischen Reisbällchen, die häufig mit Boh-

«Der Vater wickelte die vegetarische Füllung alleine in die Teigtaschen *[jiaozi]*. Er war nervös. Schließlich war diese Aufgabe Bestandteil der Familientradition, bei der es galt, am Vorabend des Neujahrsfestes dem Buddha zu opfern und obendrein noch Schweinefleisch zu sparen. Dabei hatten die Gaben von bester Qualität zu sein. Das bedeutete, daß die Teigtaschen besonders klein und die zusammengefalteten Ränder gleichermaßen fest wie kunstvoll ausfallen mußten; denn zerkochte Exemplare verhießen kein Glück.»

Zhenghongqi xia (um 1965) Kap. 5.

nenpaste oder einer anderen süßen Leckerei gefüllt sind, und gegebenenfalls jede Menge Alkohol. In der Tang-Zeit erstreckten sich die in mancherlei Hinsicht an den Karneval erinnernden Vergnügungen noch über drei Nächte und lösten regelmäßig den Argwohn der Obrigkeit aus, die einen Verfall der Sitten befürchtete. Einige Throneingaben nahmen das auch zum Anlaß, das Verwischen der Standesunterschiede, den lockeren Umgang zwischen den Geschlechtern, die Maßlosigkeit bei Speis und Trank, die Verschleuderung von Hab und Gut sowie den kurzfristigen Anstieg der Kriminalität zu beklagen.

Diese Mahnungen verhallten jedoch fast wirkungslos; schließlich amüsierte sich auch der Hof, und insbesondere den Palastdamen wurde nachgesagt, daß sie sich erwartungsfroh in den Trubel stürzten. Die Begeisterung für das Laternenfest setzte sich bis in das 11. Jahrhundert fort, als sich in Hangzhou sogar die Tore des hell erleuchteten Kaiserpalasts für eine auserwählte Schar der Feiernden öffneten, nachdem die Bevölkerung den ganzen Tag durch Vorführungen von Musikern, Tänzern und Artisten unterhalten worden war. Der Bruch mit dieser Tradition kam mit der erzwungenen Verlegung der Hauptstadt nach Kaifeng, als – angesichts der latenten Bedrohung der Staatsgrenzen – die rituellen Elemente des Festes wieder in den Vordergrund gerückt und die Bewohner nur noch für starre Jubelposen vorgesehen wurden.

Statt dessen erlangten andere Vergnügungen zunehmende Popularität. Das gilt insbesondere für die am 5. Tag des 5. Monats im ganzen

Land abgehaltenen Drachenbootrennen, die gerne auf die Suche nach dem Leichnam des Qu Yuan zurückgeführt werden: eines trotz seiner Loyalität in Ungnade gefallenen Ministers, der sich 295 v. Chr. im Milo ertränkt haben soll. Ganz abgesehen davon, daß die Wettkämpfe erst mit erheblicher zeitlicher Verzögerung auf diesen Vorfall Bezug nahmen, ist auch Skepsis gegenüber der Auffassung angebracht, daß die dabei ins Wasser gefallenen Männer einst als Opfer an den Flußgott gedeutet wurden. Derselbe Vorbehalt gilt für die ähnlich konstruierte Deutung der nunmehr an diesem Tag verzehrten *zongzi*: zumeist in Bambus- oder Lotosblätter gewickelte Teigtaschen, für deren Füllung fast jede Familie ihr eigenes Rezept hat. In einigen Regionen des Landes werden ergänzend dazu gepökelte Enteneier, kandierte Früchte oder aus Mungbohnenmehl zubereitete Kuchen gegessen.

Zwar war es schon lange zuvor üblich gewesen, den am 15. Tag des 8. Monats besonders klaren Vollmond zu bewundern, doch setzte sich erst in der Song-Zeit der Brauch durch, mit Angehörigen und Freunden in die Nacht hineinzufeiern und bei dieser Gelegenheit Mondkuchen zu verzehren: ein durch seine runde Form gekennzeichnetes Gebäck mit höchst unterschiedlichen Füllungen, das sich bis heute großer Beliebtheit erfreut. Eingerahmt wird dieses auf Familienglück, Fruchtbarkeit, Naturverklärung und einen Hauch Romantik abzielende Fest *(zhongqiujie)* durch die Feierlichkeiten am 7. Tag des 7. Monats *(qixijie)* und den 9. Tag des 9. Monats *(chongyangjie)*. Das Essen spielt bei diesen Gelegenheiten freilich eine eher nachgeordnete Rolle. Anläßlich des zweitgenannten Termins sollte man sich indes mit Chrysanthemenwein versorgen: einem Getränk, das auf der Grundlage von Reiswein hergestellt wird, dem man neben den namengebenden Blüten gerne Litschis und Schlangenbartwurzel *(Ophiopogonis sp.)* beimengt.

Noch zur Han-Zeit war der 12. Monat von umfangreichen Opferhandlungen geprägt. Davon ist wenig übriggeblieben, und nur noch dem Namen *(la)* nach nehmen die Feierlichkeiten am 8. Tag auf den antiken Ursprung Bezug. Größeren Aufwand betreiben lediglich die buddhistischen Klöster, die das Datum mit der Erleuchtung ihres Religionsstifters Shakyamuni in Verbindung bringen. Für die Bevölkerungsmehrheit steht hingegen ein bescheidenes Mahl im Vordergrund: Reisbrei mit Nüssen und Trockenfrüchten. Schließlich ist der 23. oder 24. Tag dem Herdgott gewidmet, doch dienen die daran geknüpften Riten im Grunde bereits als Vorbereitung für den Jahreswechsel.

Gastgewerbe und Gunstgewerbe

Wollte man in den Städten auswärts essen, war man bis zur Tang-Zeit gut beraten, die Märkte und ihre Umgebung aufzusuchen. Dort konzentrierten sich die Schenken, Teehäuser und Herbergen, dort fand man Labsal, Unterhaltung und Unterkunft. Zwar hatten sich einzelne Lokale schon zuvor in Wohngebieten angesiedelt, doch sollte eine nahezu flächendeckende Erschließung des urbanen Raums erst unter der Song-Dynastie erfolgen. So zählte man in der Hauptstadt Kaifeng zu Beginn des 12. Jahrhunderts mindestens ein Dutzend Vergnügungsviertel, in denen sich Theater, Gaststätten und Bordelle drängten.

Damals gab es alleine 72 konzessionierte Großgaststätten, die – gegen eine saftige Steuervorauszahlung – das Braurecht erworben hatten und dafür ihr Bier an kleinere Schenken weiterverkaufen konnten; auf diese Weise waren an einen Vertrieb bis zu dreitausend Abnehmer gebunden, was auf eine beeindruckende Kneipendichte schließen läßt. Trotzdem muß es sich für die Wirte gerechnet haben; denn die Gäste drängten sich «Tag und Nacht und ließen sich auch durch Sturm, Regen, Hitze und Kälte nicht abhalten» (*Dongjing meng Hua lu*, Kap. 2). Der riesigen Anzahl entsprach die Vielfalt der Lokalnamen, die in der Song-Metropole anzutreffen waren. Ein beträchtlicher

> «In der Hauptstadt sind die Zugänge zu den Schenken durch Tore [markiert], die, mit Girlanden behängt, [die Gäste] willkommen heißen. Im Restaurant [der Familie] Ren gelangt man beim Betreten unmittelbar in einen hundert Schritt langen Zentralkorridor. Die beiden Höfe im Norden und Süden sind jeweils von zweistöckigen Galerien umgeben, von denen kleine Räume abgehen. Gegen Abend leuchten die Lampen von allen Seiten, und Hunderte von prächtig herausgeputzten Unterhaltungsdamen warten im Zentralkorridor auf den Zuruf der Besucher. [...] Das Gasthaus ‹Alaun› wurde später in ‹Üppige Freuden› umbenannt und während der Regierungsdevise *xuanhe* [1119–1125] zu [einem Komplex] aus fünf dreistöckigen Häusern umgebaut, die durch mit Geländern versehene Übergänge miteinander verbunden sind. Helle und dunkle [Bereiche] gehen ineinander über; an den Türen leuchten die Perlenvorhänge und Schrifttafeln im grellen Licht.»
>
> *Dongjing meng Hua lu* (1148) Kap. 2.

Anteil orientierte sich am Besitzer oder Koch und lautete beispielsweise «Zum glücklichen Li», «Zum dicken Huang» oder «Zum eleganten Zhang». Andere Gasthäuser versprachen hingegen eine entspannte Atmosphäre und nannten sich unter anderem «Wonnen der Harmonie», «Spaß und Vergnügen», «Menschliche Eintracht» , «Dauerhaftes Glück» oder «Üppige Freuden». Man konnte sich aber auch im «Treffpunkt der Unsterblichen» verabreden oder eine «Kühle Brise» genießen.

Die Hauptstadtküche zeichnete sich dadurch aus, daß sie einerseits die vielfältigen Anregungen aus allen Landesteilen aufnahm und andererseits den immer wieder um sich greifenden Modetrends keine langfristige Chance bot. Außerdem wurden die Bindungen, die die zugereisten Wirte zu ihrem Herkunftsgebiet pflegten, allmählich lockerer, so daß die Trennlinien zwischen den kulinarischen Traditionen zunehmend verblaßten. In begrenzter Zahl hielten sich freilich auch einige Restaurants, die sich mit regionalen Delikatessen einen Namen gemacht hatten, und seit der Song-Zeit gab es vermehrt Lokale, die ausschließlich vegetarische Gerichte anboten.

Dem Fassungsvermögen der renommierten Gaststätten, die Platz für bis zu tausend Personen boten, entsprach die gigantische Auswahl der Speisen. Die im *Dongjing meng Hua lu* (Kap. 2) zusammengestellten Erinnerungen des Meng Yuanlao erwähnen mehr als fünfzig verschiedene Leckereien, die von der Küche einer Nobelschenke zu Beginn des 12. Jahrhunderts zubereitet wurden: darunter «doppelt gekochten Hai», «fritierte Krebse», «geschnetzelte Ente», «geschmortes Lamm», «gebratenes Kaninchen», «falschen Fuchs», «in Bier gekochte Kutteln» und «Wachtelsuppe». Für das Servieren waren Frauen und Männer verantwortlich. Auch Knaben kamen zum Einsatz. Daß diese im Volksmund als «ehrwürdige Onkel» bezeichnet wurden, ist aber wohl eher als Euphemismus denn als Respektsbezeugung zu verstehen. Dabei hätten die Bedienungen durchaus Anerkennung verdient gehabt, war doch der Umgang mit den verwöhnten Gästen keineswegs einfach.

«Zu jedem Zeitpunkt werden die Bestellungen erledigt. Ist der Geschmack nicht in Ordnung, [kann man] reklamieren und erhält daraufhin ein anderes Gericht.»

«Die Menschen in der Metropole sind extravagant und rücksichtslos; [...] jeder Gast will etwas anderes. [...] Sogar den kleinsten Fehler melden die Gäste dem Wirt, der daraufhin den Kellner rüffelt oder einen Teil des Lohns einbehält; im schlimmsten Fall [droht gar] der Rausschmiß.»

Dongjing meng Hua lu (1148) Kap. 2, 4.

Gelage unter dem Dach. Buchillustration (1801)

Dienerin mit Tablett.
Wandmalerei (668)

Daneben wurden vielfach Spezialitäten angeboten, die nicht «hausge-
macht» waren. Fliegende Händler zogen durch die Räume und boten
«Lammhaxen», «Ingwerkrabben» oder «Lotoswickel» feil. Vor allem
aber offerierten sie Obst in allen Variationen - frisch, eingeweckt, gedörrt und kandiert – sowie Nüsse und Süßigkeiten wie die berühmten
«Löwenkaramellen» aus Sichuan. Aber auch Dienstleistungen wurden
angetragen, so etwa die Übernahme von Botengängen, das Erledigen
von Einkäufen oder die Vermittlung von Personal. Schließlich gab es
noch die sogenannten «Tafelschmarotzer», die von Tisch zu Tisch zogen, Ständchen darbrachten und auf die Freigebigkeit der Gäste hoff-
ten.

   Glaubt man zeitgenössischen Schilderungen, dann war das Essen
zumindest in den kleineren Lokalen und im Straßenverkauf relativ
preiswert. Kein Gericht kostete mehr als 15 *wen*, wie man damals die
auf Schnüren aufgefädelten Münzen aus einer Kupfer-Blei-Zinn-Le-
gierung nannte. Allerdings stammen die Berichte durchweg von Ver-

tretern der Oberschicht, die Bevölkerungsmehrheit beurteilte die Situation vermutlich anders. Daher zum Vergleich: Ein erwachsener Bewohner des Armenhauses erhielt pro Tag jeweils etwa 125 g Reis und Bohnen sowie zehn *wen* in bar. In den besseren Häusern konnte man für die Speisen ein Vermögen ausgeben, und die Getränke waren auch nicht ganz billig. So zahlte man für eine Kanne «Silberflaschenbier» im «Treffpunkt der Unsterblichen» 72 *wen* und für «Schäfchenbier» sogar 81 *wen*.

Richtig teuer wurde es freilich erst, wenn man sich auf die Gesellschaft von Animierdamen einließ, die im allgemeinen darauf bestanden, nur vom Feinsten zu kosten. In den gehobenen Etablissements bekam der Gönner dafür ein ebenso umfangreiches wie niveauvolles Unterhaltungsrepertoire geboten. Zudem erwartete ihn zumeist ein erfreulicher Anblick, eine gepflegte Konversation und erstklassiges Benehmen. Allerdings

> «[Zu den Innenhöfen hin] befindet sich ein kleiner Raum neben dem anderen. [...] Die Fenster sind jeweils mit Gardinen verhangen. Die Unterhaltungsdamen, die zum Singen und zur Zerstreuung bestellt sind, erledigen dies zuverlässig.»
>
> *Dongjing meng Hua lu* (1148) Kap. 2.

blieb es oft nicht bei der Befriedigung geistiger und kulinarischer Gelüste, weshalb man gerne die Vorzüge des Séparées in Anspruch nahm. So waren Gastgewerbe und Gunstgewerbe nicht selten glücklich unter einem Dach vereint: zur Freude des Finanzministeriums im übrigen, das über das erhöhte Steueraufkommen von dieser Allianz profitierte.

Nicht nur der Service war exquisit, auch das Geschirr, in dem die Speisen und Getränke aufgetragen wurden. Diese von Luxus geprägte Atmosphäre zog viele Stammgäste an: darunter auch Leute wie Lu Zongdao (966–1029), einen hohen Hofbeamten, von dem überliefert ist, daß er, weil ihm daheim das repräsentative Umfeld dafür fehlte, seinen Besuch in der «Menschlichen Eintracht» empfing. Angehörige der Bildungseliten – Staatsbedienstete, Gelehrte, Künstler und Studenten – machten einen beträchtlichen Teil des

> «Meine Familie ist nicht vermögend, und ich besitze kein [anständiges] Geschirr. Anders die Schankwirtschaft, die gut ausgestattet ist und jedem Gast das Gefühl vermittelt, zu Hause zu sein. Dorthin lade ich dann meine Freunde zum Biertrinken ein, wenn sie aus der fernen Heimat anreisen.»
>
> Lu Zongdao, zit. n. *Guitianlu* (1067) Kap. 1.

Publikums aus, doch dürften Kaufleute, Müßiggänger und Snobs kaum schlechter vertreten gewesen sein. Ohnehin sind die Trennlinien

213

zwischen diesen Gruppen nicht immer klar zu ziehen, und die Beamten konnten sich den Aufwand mehrheitlich wohl auch nur dann leisten, wenn sie sich «durch Geld und Geschenke bestechen» ließen (*Shang huangdi wan yan shu* 1058). Wichtig war, daß man sich – etwa bei der Bestellung – an bestimmte Konventionen hielt; wich man davon ab, war man dem Spott der «Insider» preisgegeben, die sich traditionell über die «Landpomeranzen» lustig machten.

Sieht man einmal von der Getränkeauswahl ab, hoben sich die Teehäuser von anderen Gaststätten nicht besonders ab. Auch sie waren in erster Linie Stätten der Begegnung, die man für geschäftliche Verhandlungen aufsuchte, zu kultivierter Konversation oder zum Treffen mit Prostituierten. Im Unterschied zu anderen Epochen wurden in der Song-Zeit möglicherweise auch Frauen als Gäste akzeptiert, doch sind die hierzu überlieferten Hinweise äußerst rar. Zum Essen gab es zumeist Snacks, darunter die gefüllten Teigtaschen, die im Westen unter der kantonesischen Bezeichnung *dimsam* (Mandarin *dianxin*) bekannt sind: «Kleinigkeiten, [die] das Herz [erfreuen]». Im übrigen nahmen sich viele Teehäuser der Vermittlung von Kunst an. Sei es, daß die neuesten Bildrollen namhafter Künstler ausgestellt wurden, sei es, daß stimulierende Musik zur Aufführung gelangte.

> «Im Teehaus ‹Zum künstlichen Berg› befinden sich Höhlen und Brücken, [die die Welt] der Unsterblichen [nachbilden]. Hierhin begeben sich in der Nacht häufig junge Männer und Frauen zum Teetrinken.»
>
> *Dongjing meng Hua lu* (1148) Kap. 2.

Ein Großteil der Bevölkerung dürfte die Räumlichkeiten eines Lokals der gehobenen Klasse nie betreten haben, und selbst der Zugang zu den einfacheren Etablissements blieb vielen aufgrund ihrer kargen finanziellen Ressourcen versperrt. Wollte man dennoch eine ordentliche Mahlzeit, bot sich aber in den zahllosen Garküchen eine preiswerte Alternative an. In Kaifeng waren die meisten der kleinen Lokale und Buden spezialisiert: etwa auf gefüllte Teigtaschen, auf Kürbissuppe oder auf Fladenbrot. Dort deckten sich auch fliegende Händler mit den Eßwaren ein, die sie anschließend in den Straßen weiterverkauften. Oder auch nicht; denn manche zockten und ließen den Münzwurf darüber entscheiden, ob der Kunde ohne Gegenleistung zahlen und hungrig von dannen ziehen mußte oder ob er die entsprechende Speise umsonst erhielt.

Was aber machten die Menschen damals, wenn sie sich in fremder Umgebung aufzuhalten hatten? Wie versorgte sich der Beamte auf

Gebratener Reis (Zhejiang, Jiangsu)

Zutaten

250 g Reis
2 Eier
3 Frühlingszwiebeln, in Scheiben
geschnitten
1 rote Paprika, in kleine Quadrate
(ca. 0,5 x 0,5 cm) geschnitten
1 große Karotte, in kleine Stücke
(ca. 0,5 x 0,5 cm) geschnitten
1 EL Knoblauch, fein gehackt
1 EL Ingwer, fein gehackt
10 g getrocknete Shiitake-Pilze,
zunächst 30 Minuten in warmem
Wasser eingeweicht, dann – ohne die
Stiele – fein gehackt

100 g Bambussprossen,
in kleine Stücke (ca. 0,5 x 0,5 cm)
geschnitten
150 g gekochter Schinken,
in kleine Quadrate (ca. 0,5 x 0,5 cm)
geschnitten
150 g kleine Garnelen ohne Schale
und Darm, poschiert
2 EL Sojasauce
2 EL Reiswein
2 EL Hühnerbrühe
1 TL Salz
½ TL Pfeffer

Zubereitung

1 Reis kochen (ergibt ungefähr das dreifache Gewicht),
kann auch am Vortag geschehen

2 Eier schlagen, in eine Pfanne mit erhitztem Erdnußöl geben
und daraus ein dünnes Omelette machen;
danach in kleine Quadrate schneiden

3 Frühlingszwiebeln, Paprika und Karotte
in etwas Erdnußöl anbraten

4 Knoblauch, Ingwer und Shiitake-Pilze zugeben
und mitbraten; nach 2 Minuten warmstellen

5 Bambussprossen, Schinken und Garnelen
in etwas Erdnußöl anbraten, dann ebenfalls warmstellen

6 Reis in Erdnußöl anbraten, alle warmgestellten Zutaten, Eier,
Sojasauce, Hühnerbrühe und Reiswein dazugeben,
gut unterrühren

7 Salzen und pfeffern

dienstlicher Mission, wie der Kaufmann auf der Geschäftsreise, wie der Gläubige auf der Pilgerfahrt? Das *Dongjing meng Hua lu* (Kap. 3) erwähnt zwar in Kaifeng zahllose Kneipen, aber nur wenige Hotels: darunter den «Strahlenden Glanz» und das «Konkurrenzlos», bei dem allerdings nicht klar wird, ob sich der Name auf das Niveau des Etablissements bezieht oder auf dessen Preisgestaltung.

Reisen waren zu jener Zeit beschwerlich, die Unterkunftsmöglichkeiten begrenzt. Lediglich entlang der Hauptverkehrsadern gab es ein relativ dichtes Netz staatlicher Herbergen und Poststationen, doch war deren Nutzung – zumindest im Prinzip – den Beamten vorbehalten. Ähnliche Restriktionen galten seit der Ming-Dynastie für den Aufenthalt in den Niederlassungen der nunmehr überregional aktiven Gilden. Nur Mitglieder durften in den Filialen nächtigen, ihre Waren einlagern und ihre Geldgeschäfte tätigen. Formal getrennt, in der Realität aber engmaschig damit verknüpft waren die *huiguan* («Häuser der Zusammenkunft»): Einrichtungen, in denen sich Menschen trafen, die aus demselben Gebiet stammten und eine heimatlich anmutende Küche und Atmosphäre genießen wollten. Ein in Chicago lehrender chinesischer Sinologe hat in diesem Zusammenhang übrigens die Verwendung des deutschen Begriffs «Landsmannschaft» vorgeschlagen. Weitaus großzügiger, wenn auch nicht von jedem Besuch begeistert waren seit jeher die buddhistischen und daoistischen Klöster, die vor allem auf dem Lande Zuflucht boten. Gegebenenfalls konnten, wie das um 1070 als praktischer Ratgeber konzipierte *Wanghuailu* anmerkt, auch Zelte mitgeführt werden: neben ausreichendem Proviant, der in erster Linie aus Dörrfleisch, Trockengemüse und Backwaren bestand.

Schließlich kamen viele Menschen privat unter, sei es bei Verwandten, sei es bei Geschäftspartnern oder sei es bei völlig Unbekannten, die erst dazu überredet werden mußten, gegen ein geringes Entgelt Kost und Logis zu gewähren. Ab dem 15. Jahrhundert nahm der Be-

---

«18. Tag des 4. Monats: Das Kloster war äußerst ärmlich, die Mönche verhielten sich pöbelhaft und ordinär. --- 19. Tag des 4. Monats: Die Mönche waren schlichten Gemüts und wurden nervös, als sie unseren Besuch wahrnahmen. --- 20. Tag des 4. Monats: Unser Gastgeber war von seinem Charakter her ein Bandit, der die Menschen betrog. --- 21. Tag: Als die beiden Mönche sahen, daß wir als Gäste kamen, vertrieben sie uns mehrmals unter wüsten Beschimpfungen. Nachdem es uns aber gelungen war, in das Kloster einzudringen, [...] änderten sie ihre Gesinnung und bereiteten eigenhändig Nudeln für uns zu Besuch weilende Mönche zu.»

Auszüge aus dem Tagebuch des japanischen Mönchs Ennin, Nittō guhō junrei kōki (840).

darf an Unterkunft und Verpflegung deutlich zu, Reisen wurde
nunmehr als «Kunst» betrachtet,
und zeitweilig durchzogen Tou-
ristenströme das Land. In der In-
frastruktur schlug sich dies allerdings kaum nieder, der Argwohn
gegenüber Fremden verstärkte

«Wenn ein Fremder kommt, verschließen sie in diesem
Lande die Türen. Ihre sogenannten Gasthäuser sind
armselige Hütten [...], in denen der Reisende für eine
Kupfermünze möglicherweise eine Tasse Tee erhalten
kann und die Erlaubnis, die Nacht zu verbringen.»

John Barrow (1804) S. 421.

sich eher noch, und der Komfort blieb bescheiden. Daran mußten sich
auch die Europäer gewöhnen, wenn sie sich außerhalb der Metropolen
bewegen wollten.

In der Tat ein wichtiger Ort

Ohne Einbeziehung der Vororte war Peking unter der Qing-Dynastie dreigeteilt. Im Zentrum befand sich der nach außen abgeschirmte kaiserliche Palastbezirk (1), der zu allen vier Seiten von den Quartieren der Mandschuren (2) umgeben war, welche die Namen der acht Banner trugen. An diese schlossen im Süden wiederum fünf Stadtviertel an, in denen die Chinesen lebten (3); alleine dort gab es, wenn man einer 1903 durchgeführten Zählung glauben kann, nicht nur 265 Tempel, sondern auch 275 Herbergen, 301 Gasthöfe, 247 Restaurants und 247 Teehäuser. Noch größer war freilich die Zahl der Opiumhöhlen (699) und Bordelle (308).

Pekingente kam damals allerdings nur in wenigen darauf spezialisierten Lokalen auf den Tisch. Vermutlich wurde diese Delikatesse bereits unter der Vorgängerdynastie Ming aus der höfischen Küche entlehnt, doch sind die Hinweise für diese Zeit keineswegs so eindeutig, wie sie das berühmte Restaurant *Bianyifan* deutet, das diese Spezialität schon 1416 serviert haben will. Historisch nachvollziehbar ist die Tradition erst seit der Mitte des 19. Jahrhunderts, als sich ein Teil des Unternehmens abspaltete und neu ausrichtete. Damals entstand auch die große Konkurrenz, das *Quanjude,* das sich bis heute zu einem über die Landesgrenzen hinaus agierenden Konzern mit mehr als fünfzig Filialen entwickelt hat. Alleine am Stammsitz, der sich in

«1. Gang. Haifischfinnen mit Sauce von Seekrebsen; Taubeneier mit Champignons; Huhn mit Schinkenschnitte.
2. Gang. Wilde Ente mit Rotkohl; gebratener Fisch; fettes Schweinefleisch in Reis.
3. Gang. Lilienpflanzen geschmort; Hühnerfrikassee; junge Bambusschößlinge als Salat zubereitet.
4. Gang. Schellfisch; Fasan und gebratene Champignons.
5. Gang. Eine süß zubereitete Ente.
6. Gang. Huhn in Öl gebraten.
7. Gang. Gekochter Fisch.
8. Gang. Hammelkeule in Schweinefett gebraten.»

«Speisekarte eines wohlhabenden Chinesen bei Gelegenheit eines Diners für sechs Freunde» in Wilhelmy (1903) S. 122.

über vierzig Räume gliedert, können täglich bis zu fünftausend Gäste bewirtet werden: darunter regelmäßig hochrangige ausländische Delegationen und unablässig Scharen von Touristen.

Auch die Pekinger essen ihre Ente in der Regel auswärts. Die Mehrzahl der Einheimischen käme nie auf die Idee, das Tier in der eigenen Küche zu braten. Zumindest bei dem derzeit gängigsten Verfahren bedarf es hierzu nämlich eines großen, speziell für diesen Zweck konstruierten Herdes, der wegen des angestrebten Aromas bevorzugt mit Holz von Obstbäumen beheizt wird. Nach dem Herunterbrennen wird das Geflügel dann möglichst zentral in den Feuerraum gehängt, um es rundum der hohen Hitze auszusetzen und den Garungsprozeß dadurch auf eine halbe bis dreiviertel Stunde zu begrenzen. Bei einer alternativen Methode wird das Bratgut zwar auf einen Metallrost gelegt, doch gelingt die Nachahmung in einem normalen Backrohr meist nicht. Vor allem dann, wenn man einmal das «Original» genießen durfte, bleiben die Resultate fast immer hinter den Erwartungen zurück.

Pekingente ist nicht nur der Name des Gerichts, sondern auch die Bezeichnung für den hierfür verwendeten Vogel: einen weißgefiederten Abkömmling der Stockente *(Anas platyrhynchos domestica)*, der in der Umgebung der Hauptstadt seit Jahrhunderten erfolgreich gezüchtet wird. Die durchschnittliche «Lebenserwartung» liegt bei etwas mehr als sechzig Tagen, von denen die ersten beiden Drittel in Freilandhaltung verbracht werden. Dann aber beginnt die Mast, die mit vier Fütterungen am Tag und erheblichen Bewegungseinschränkungen verbunden ist. Davon erhofft man sich die richtige Relation von zartem Fleisch, gleichmäßiger Fettschicht und dünner Haut.

Um am Ende die berühmte Kruste zu erzielen, führen die Köche nach dem Schlachten durch einen kleinen Einschnitt Luft ein und lösen die Haut dann vorsichtig vom Fleisch, so daß sie dem Körper nur noch an wenigen Stellen fest anhaftet. Schließlich überbrühen sie die Ente, streichen sie mit einer Zuckerlösung ein und lassen sie einige Stunden trocknen, bis sie in den Herd kommt.

Das Zerlegen übernehmen üblicherweise darauf spezialisierte Kollegen, die in erstaunlicher Geschwindigkeit die Haut ablösen und zusammen mit der äußeren Fleischschicht in mehr als hundert Streifen schneiden. Diese Stücke wickelt nun der Gast – zusammen mit feinen Frühlingszwiebel- und Gurkenstreifen sowie einer delikaten Pflaumen- oder Bohnensauce – in kleine Pfannkuchen, die man ausnahmsweise mit der Hand verzehren darf. Separat zubereitet und serviert

Vergnügungsschiff.
Buchillustration (1801)

werden in der Regel das Herz, die Leber, der Muskelmagen, die Zunge, die Flügel und die Schwimmhäute; der Rest bildet zudem die Grundlage für eine Suppe, die die Kellner ganz am Schluß auftragen.

Diese wird als besondere Köstlichkeit geschätzt. Das gilt gleichermaßen für die Brühe, die von einem «Mongolischen Feuertopf» übrigbleibt: einem Gericht, das man ebenfalls nur in Gemeinschaft zu sich nimmt. Auch wird das Vorhandensein eines speziellen Kochgeräts vorausgesetzt. Heute erfolgt die Hitzezufuhr häufig elektrisch oder mit Hilfe von Brennpaste, ursprünglich aber verwendete man hierfür glühende Holzkohle. Auf die Notwendigkeit des damit verbundenen Rauchabzugs geht der zentral angebrachte Kamin zurück, der in der umlaufenden Schüssel überdies eine gleichmäßige Wärme garantiert.

Wenn überhaupt, dann bestachen die Lokale in Peking unter den Qing wohl eher durch die Qualität der angebotenen Gerichte denn durch ihre Architektur oder Raumgestaltung. Im Süden war das Ambiente dagegen oft weniger nüchtern. Zudem gab es schwimmende Restaurants: etwa auf dem Westsee in Hangzhou oder auf den Wasserstraßen von Yangzhou, wo die buntbemalten Vergnügungsschiffe meist im Konvoi fuhren. Nach Auskunft des *Yangzhou hufang lu* (Kap. 11), eines 1795 erschienenen Reiseführers, war die Mehrzahl von ihnen freilich nicht mit einer voll funktionstüchtigen Kombüse ausgestattet, so daß die Speisen bei den örtlichen Gastronomiebetrieben

Mongolischer Feuertopf (Mongolei, Peking)

Zutaten

50 g Frühlingszwiebeln, gehackt
50 g Koriandergrün, gehackt
50 g Ingwer, gehackt
50 g Knoblauch, gehackt
50 ml Sojasauce
50 ml Reisessig
50 ml Chilisauce
2 l Hühnerbrühe
(am besten selbst zubereitet)

1 kg Lammfleisch, in sehr feine Scheiben
geschnitten (geht am einfachsten in
angefrorenem Zustand)
200 g Stangensellerie,
in Scheiben geschnitten
200 g Chinakohl,
in Streifen geschnitten
200 g Spinat
50 g Glasnudeln

Zubereitung

1 Frühlingszwiebeln, Koriandergrün, Ingwer, Knoblauch, Sojasauce, Reisessig und Chilisauce in kleinen Schälchen auf den Eßtisch stellen, damit sich jeder Gast individuelle Dips zusammenmischen kann

2 Brühe im Feuertopf (oder einem klassischen Fonduetopf) zum Kochen bringen, darin maximal ein Viertel des Gemüses und des Fleisches kurz garen

3 Die Stücke mit Holzstäbchen oder Drahtkörbchen herausfischen und zusammen mit den Dips essen

4 Mehrfach kleinere Portionen von Gemüse und Fleisch nachlegen

5 Wenn davon nichts mehr übrig ist, Glasnudeln zufügen; abschließend zusammen mit der Brühe auf Suppenschalen verteilen

Hinweis

Es gibt vom Feuertopf zahllose Varianten, die unter anderem auf der Grundlage von vegetarischen Zutaten oder Meeresfrüchten zubereitet werden.

vorbestellt werden mußten. Nur im Ausnahmefall konnte man eine Küchencrew mieten, die ihre Spezialitäten an Bord zubereitete. Darüber hinaus war für musikalische Unterhaltung gesorgt, und Beiboote hielten die passenden alkoholischen Getränke bereit. Der Service soll auf einigen Fahrzeugen der Amüsierflotte ebenso exquisit wie exklusiv gewesen sein und eine intensive Betreuung durch das weibliche Personal eingeschlossen haben. Auf den Vergnügungsschiffen in Kanton war die Schlemmerei damals ohnehin eher Nebensache.

War das Teehaus zur Song-Zeit noch primär ein luxuriös ausgestatteter Treffpunkt für die Oberschicht, erfolgte unter den folgenden Dynastien eine allmähliche «Demokratisierung». Hier begegnete der kritische Intellektuelle dem begüterten Kaufmann, der aufstrebende Beamte dem heruntergekommenen Schauspieler. Der abweisende Grübler trank hier ebenso seinen preiswerten Tee wie der aufdringliche Schwätzer, und wer es sich leisten konnte, aß dazu den einen oder anderen Leckerbissen. Gemeinsam lauschte man professionellen Geschichtenerzählern, verfolgte Theateraufführungen oder konzentrier-

Sesambällchen

Zutaten

300 g Klebreismehl *50 g Sesamsamen*
300 g Lotospaste *Öl zum Fritieren*

Zubereitung

1 Mehl mit ca. 120 ml heißem Wasser gut vermengen, dann einige Minuten ruhen lassen; anschließend fest durchkneten, bis der Teig elastisch ist
2 Teigrolle mit 4 bis 5 cm Dm. formen, in 12 Scheiben schneiden und diese ausrollen, bis sich der Dm. etwa verdoppelt hat
3 Lotospaste in die Mitte der Teigplättchen geben und Bällchen formen
4 Diese mit etwas Wasser anfeuchten und in den Sesamsamen wälzen
5 Bällchen bei nicht zu großer Hitze fritieren, bis sie goldbraun sind; dann sofort entnehmen und servieren

te sich auf musikalische Darbietungen. Mindestens ebenso leidenschaftlich wurde aber zwischendurch diskutiert und polemisiert, rezitiert und getratscht.

Im Jahre 1957, ein Jahr vor dem «Großen Sprung nach vorn», gab es in Chengdu nicht weniger als 443 Teehäuser, die mehr als 50 000 Menschen Platz boten. Auf die damalige Bevölkerungszahl umgerechnet ergibt dies 65 Plätze auf 1000 Einwohner. In demselben Jahr vollendete Lao She in Peking sein Theaterstück «Das Teehaus» (*Chaguan*), das wie kein anderes Werk die Atmosphäre in einem Lokal einfängt, in dem getrunken, gegessen, geredet, gezockt und gestritten wurde. 1966, kurz nach Beginn der Kulturrevolution, schied der von fanatischen Jugendlichen drangsalierte Autor aus dem Leben. Nur wenig später mußten auch die letzten Teehäuser schließen. Sie paßten nicht mehr in eine Zeit, in der Tradition als reaktionäre Provokation empfunden wurde.

Lao She wurde 1978 rehabilitiert, und seit 1988 erinnert in Peking der Name eines Teehauses an ihn: eines von rund 400, die sich heute wieder in der Hauptstadt finden. Aber wie kaum ein anderes präsentiert es sich als kulturelles Zentrum, in dem auch Oper, Schattenspiel und Akrobatik präsentiert werden. Das geschieht – analog zu den Preisen – durchaus auf hohem Niveau, doch sorgt schon das pseudohistorische Ambiente dafür, daß man sich nur schwer in jene Zeit zurückversetzen kann, die der Dichter so anschaulich beschrieb. Der Charme ist dahin und die Anziehungskraft auf Touristen möglicherweise stärker als die Akzeptanz bei den Einheimischen. Lao She hätte sich hier – mit Verlaub – nicht wohl gefühlt.

«Er stand jeden morgen sehr früh auf, um sich ins Teehaus zu begeben, wo er dann stundenlang vor einer Schale Tee saß. In den kleinen Lokalen der Hauptstadt [Peking] kostete eine Schale zwei *fen* [«Cent»]. [...] Wenn man die eigenen Teeblätter mitbrachte, wurde hingegen nur ein *fen* [für das heiße Wasser] berechnet.»

Ershinian mudu zhi gui xianzhuang (1906–1910) Kap. 6.

«Das Teehaus war in jenen Tagen ein wichtiger Ort. Ganz gleich, ob man auf Geschäfte aus war oder einfach nur den Tag vertrödeln wollte, hier konnte man sich niederlassen und den verrücktesten Neuigkeiten lauschen: etwa, daß sich irgendwo eine Riesenspinne in einen bösen Geist verwandelt hätte, der dann vom Blitz getroffen worden sei. Man vernahm zudem die seltsamsten Ansichten: etwa daß man nur eine Mauer entlang der Küste errichten müßte, um eine Invasion fremder Truppen zu verhindern. Hier hörte man etwas über die Arie, die jüngst ein Star der Pekingoper dargeboten hatte, und hier wurde man über die beste Methode der Opiumaufbereitung informiert. Hier traf man auf Leute, die [stolz] ihre Neuerwerbungen präsentierten: einen unlängst ausgegrabenen Fächeranhänger oder eine Schnupftabakdose mit Dreifarbenglasur. Das Teehaus war in der Tat ein wichtiger Ort.»

Chaguan (1957) Anweisung zum 1. Akt.

礼貌待客 热情周到 文明经商

Fastfood für die kleinen Kaiser

Im Lauf der Geschichte erhielt die chinesische Eßkultur mehrfach An-
stöße von außen. Die massivste Beeinflussung erfolgte wohl unter der
Tang-Dynastie, als das Land nicht nur offen war für Impulse in fast
allen Bereichen künstlerischen Schaffens, sondern auch für Verän-
derungen im Alltagsleben: bei der Kleidermode ebenso wie bei den
Nahrungsgewohnheiten. Über die Seidenstraße gelangte damals eine
Vielzahl bis dahin unbekannter Zutaten ins »Reich der Mitte«. Der
Genuß von Traubenwein wurde populär, der Umgang mit dem Tee
ritualisiert. Die von medizinischen Theorien und religiösen Überzeu-
gungen geleiteten Speisevorschriften erhielten einen neuen Schliff.
Das Nachdenken über Essen und Trinken wurde komplexer, der litera-
rische Umgang damit anspruchsvoller.

Der zweite große Schub begann im 19. Jahrhundert und hält im
Grunde bis heute an. Auch er erfolgte in West-Ost-Richtung, nicht
mehr von anderen Regionen Asi-
ens ausgehend freilich, sondern
von Europa und Amerika. Die
ersten Restaurants, die sich auf
französische und englische Küche verlegten, entstanden in den
1860er Jahren, doch sollten noch
ungefähr zwei Jahrzehnte vergehen, bis auch die einheimische
Oberschicht sich dafür begei-
stern ließ. Dabei übte die Atmosphäre eines Lokals oftmals eine

[Dialog beim Probieren von Altbier:] «Igitt, was ist das
denn für eine dunkle Plempe? Allem Anschein nach ein
Medikament! Und dann noch der Schaum oben drauf!
Das läßt sich nie und nimmer trinken.» --- «Es schmeckt
aber wirklich gut, [vor allem wenn] man Flüssigkeit und
Schaum zusammen hinunterkippt.» --- «So bitter, wie
das ist, kann es aber nichts anderes sein als eine Arznei.»

Xin shitou ji (1905) Kap. 9.

stärkere Anziehungskraft aus als die darin servierten Getränke und
Speisen, die – anfangs häufig mit Hilfe importierter Konserven – auch
im Norden des Landes vornehmlich von kantonesischen Köchen zubereitet wurden.

Andererseits brachte die Kombination verschiedener Geschmacksrichtungen und Zubereitungsverfahren nicht nur den Zwang zum Kompromiß mit sich, sondern auch die Chance zur Entfaltung der Kreativität. Diese kam zudem bei der Gestaltung des Speisezettels zum Tragen, der sich gegen Ende des Jahrhunderts durchsetzte und individuelles Bestellen erleichterte. Zuweilen kann man gar den Eindruck gewinnen, der kalligraphische Anspruch an die Karte sei in einigen Etablissements höher gewesen als die kulinarischen Ambitionen.

Heute kann man in den Großstädten Chinas vorzüglich Französisch oder Italienisch essen. Zwar werden noch immer viele Delikatessen importiert, doch gibt es inzwischen sogar *foie gras* aus lokaler Produktion. Manche Spitzenrestaurants nehmen auch Anregungen aus der deutschen Küche auf. Meist werden allerdings Würstel und Schweinshaxen angeboten, und es dominiert ein eher rustikaler Charme. Für viele Chinesen gelten heute Käse und Wein als Inbegriff westlichen Lebensstils, und trotz weitverbreiteter genetischer Unverträglichkeiten sind die Steigerungsraten gerade beim Konsum dieser beiden Produkte gewaltig.

Milcherzeugnisse spielten ursprünglich nur in den nördlichen und westlichen Randzonen des Landes eine größere Rolle. Das hat vor allem zwei Ursachen: Zum einen lebten dort Gruppen, die – wie heute noch die Mongolen, Kasachen und Kirgisen - traditionell Weidewirtschaft betrieben; zum anderen ist die übergroße Mehrzahl der Han von einer Laktoseintoleranz betroffen. Westlichen Lebensstil imitierend, lassen sich jedoch insbesondere in den Großstädten viele Menschen nicht mehr von dem Genuß von Milch, Joghurt und Käse abhalten, was dadurch erleichtert wird, daß zunehmend fermentierte Artikel den Markt beherrschen, deren Verträglichkeit durch den Entzug von Laktose gewährleistet ist. Alleine in den letzten zehn Jahren

[Die Kochmützen]«Spülen Sie hier den Fleischschmaus mit einem dunklen Hofbräuhausbier oder Selbstgebrautem herunter. Die Platte mit den gegrillten Würsten ist eines der Highlights.»

[Paulaner Brauhaus] «Verdrücken Sie hier eine deutsche Wurst mit einem durstlöschenden, selbstgebrauten Bier. Nun fehlen nur noch, dass die Angestellten Lederhosen tragen.»

[Schindlers Tankstelle] «Deutsche Würste und echtes Sauerkraut lassen einem das Wasser im Mund zusammenlaufen. Diese klassisch ungestüme Restaurant beeindruckt mit seinen großen Portionen und seiner atemberaubenden Wahl von europäischen Brauereiprodukten.»

Deutschsprachiger Beitrag über Restaurants in Peking auf der offiziellen Website der chinesischen Regierung vom 19. Juni 2008.

Teigverarbeitung. Aquarelle (um 1870)

hat sich daher der Ertrag vervierfacht; er liegt gegenwärtig bei rund vierzig Millionen Tonnen, womit China weltweit als drittgrößter Produzent geführt wird. Dennoch ist die Nachfrage so groß, daß man auf zusätzliche Importe angewiesen ist. Andererseits darf man die demographischen Relationen nicht übersehen. Aussagekräftiger sind daher Vergleichszahlen, die sich auf den Pro-Kopf-Verbrauch beziehen und unter anderem besagen, daß dieser bei maximal zehn Prozent des deutschen Konsums liegt. Der größte Teil der Milch wird zu Frischprodukten verarbeitet. Beim Käse ist man hingegen weitgehend auf Einfuhren angewiesen, wobei fast Dreiviertel der Erzeugnisse aus Neuseeland und Australien stammen. Größere Supermärkte halten aber auch italienischen Parmesan, holländischen Gouda, schweizer Gruyère oder französischen Roquefort bereit.

Die bedeutende Tradition, die die Rebkultur in China einst hatte, war im 19. Jahrhundert weitgehend in Vergessenheit geraten, und auch dem gegen Ende der Kaiserzeit gewagten önologischen Neuanfang blieben nachhaltige Erfolge versagt. Ähnlich wie bei importierten Weinen kam es erst in den letzten beiden Jahrzehnten auch bei heimischen Tropfen zu einem merklichen Schub in Quantität und Qualität; die Zeiten, in denen die *Große Mauer* auf den Ladentheken kaum eine ernsthafte Konkurrenz zu fürchten brauchte, sind jedenfalls vorbei. In internationaler Zusammenarbeit entstehen zunehmend Spitzenprodukte, deren Genuß sich freilich fast nur die *nouveaux riches* leisten können. Allerdings geht mit der gefüllten Brieftasche nicht zwingend ein entsprechender Sachverstand einher. Die gelegentlich zu beobachtende Verwendung von Wein als Bestandteil von Cola-Mixgetränken spricht jedenfalls dagegen. Dann ist doch eher noch ein anderer Brauch zu loben, der sich immer größerer Beliebtheit erfreut: das Verschenken eines edlen Rebensafts, auch auf die Gefahr hin, daß er nie – oder viel zu spät – getrunken wird.

Mineralwasser, Limonade und andere kohlensäurehaltige Erfrischungsgetränke wurden seit den 1860er Jahren verkauft. Ab 1918 versuchte schließlich *Coca-Cola* den chinesischen Markt zu erobern, doch sollten neun Jahre vergehen, bis die erste Flasche in Shanghai abgefüllt wurde. Lange währte der Geschäftserfolg allerdings nicht; denn auf die Machtübernahme durch die Kommunisten folgte zunächst eine längere Durststrecke. Erst nach dem Ende der Kulturrevolution konnte die Firma in China wieder Fuß fassen und sich bis heute einen Marktanteil sichern, der annähernd doppelt so groß ist wie der des ewigen Konkurrenten *Pepsi*. Gerne hätte der Hauptsponsor der Olympischen Spiele in Peking sein Engagement im Jahr nach dem Sportereignis noch verstärkt, doch wurde der geplante Zukauf von *Huiyuan*, dem größten heimischen Safthersteller, schließlich nicht genehmigt. Nicht in jedem Fall trinkt man die Cola im übrigen «eisgekühlt». Insbesondere bei Erkältungskrankheiten wird gerne etwas Ingwer beigemengt und das Getränk dann möglichst heiß eingenommen.

> «Vermutlich mochten meine [mandschurischen] Vorfahren Kuh- und Stutenmilch sowie Butter und Käse besonders gern. Nachdem sie aber über mehrere Generationen hinweg in Peking gelebt hatten, ging der traditionelle Milchkonsum zunehmend zurück. [...] Nur meine Tante trank zuweilen noch ein wenig davon, wenn auch nur, um damit zu demonstrieren, daß sie es sich leisten konnte.»
>
> *Zhenghongqi xia* (um 1965) Kap. 7.

> «Mit der Eröffnung einer [...] Abfüllanlage im Bereich der historischen Seidenstraße können die Verbraucher in Chinas westlichster Provinz Xinjiang ab heute aus heimischer Erzeugung stammende Produkte von *Coca-Cola* konsumieren. Damit ist eine strategisch günstige Ausgangslage für das kontinuierliche Wachstum von *Coca-Cola* in Nordwestchina geschaffen, wo Xinjiang mit über 20 Millionen Verbrauchern die größte Provinz ist.»
>
> Pressemitteilung der Firma *Coca-Cola* vom 24. Juni 2009.

Als *McDonald's* 1992 sein erstes Restaurant in China der Bestimmung übergab, war dies keineswegs eine Demonstration von Bescheidenheit. Weltweit hatte die *Fastfood*-Kette bis dahin keine größere Niederlassung errichtet, und schon am Eröffnungstag wurden in Peking nicht weniger als 40 000 Kunden bedient. Achtzehn Jahre später gibt es im ganzen Lande etwa 1200 Standorte, und ehrgeizige Pläne sehen eine Verdoppelung bis 2013 vor. Allerdings wird der Marktführer in westlicher Systemgastronomie – *Kentucky Fried Chicken* – dann immer noch nicht eingeholt sein. Möglicherweise wird dies auch nicht so schnell gelingen. Das liegt zum einen an der ungebrochenen Beliebtheit von Hühnerfleisch und zum anderen an der ungeheuren Flexibilität, die der ebenfalls in den USA beheimatete Konzern an den Tag legt, wenn er einheimische Geschmackspräferenzen berücksichtigt: übertroffen vielleicht nur noch von *Pizza Hut*. Die Konsistenz des namengebenden Produkts hat nämlich in China noch weniger mit italienischem Fladenbrot gemein als die ohnehin schon gewöhnungsbedürftige amerikanische Variante. Aber auch in anderer Hinsicht zeigten sich westliche Firmen anpassungsfähig, etwa wenn sie die Mindestlöhne unterschritten oder die Vorschriften zur Lebensmittelsicherheit nicht einhielten.

Einheimische Unternehmen konnten davon freilich kaum profitieren. Zwar haben sie immer wieder versucht, die ausländische Konkurrenz zu imitieren, doch blieb ihnen nachhaltiger Erfolg versagt. Das gleiche gilt für die Entwicklung von Alternativkonzepten, die lokale Tradition und Massenabfertigung in Einklang zu bringen suchten. Selbst die massive Unterstützung durch die Regierung und der Hinweis auf die medizinische Wirksamkeit der Erzeugnisse fruchteten bislang nicht. Woran liegt das? Motive für den Besuch von McDonalds und Co. sind sicherlich unter anderem der einheitliche hygienische Standard, die gleichbleibende Qualität der Speisen und die Neugier auf das, was man als westliche Lebenswelt vermutet. Es kommt aber noch ein wesentlicher Beweggrund hinzu. Die Werbung wendet sich nämlich insbesondere an die «kleinen Kaiser», jene Kinder und Jugendlichen also, die aufgrund der restriktiven Bevölkerungspolitik meist ohne Geschwister aufwachsen und innerhalb der Familie fast jeden bezahlbaren Wunsch durchsetzen. Die Verhätschelung der nachfolgenden Generation führt indes nicht nur zu einem sozialen Paradigmenwechsel, sondern auch zu einem bis dahin vernachlässigbaren Gesundheitsrisiko: dem Übergewicht. Und das in einer Zeit, in der eigentlich dem Schlankheitswahn gehuldigt wird.

Trotz eindrucksvoller Umsatzsteigerungen ist es den amerikanischen Gastronomieketten, zu denen zunehmend auch Kaffeehäuser wie *Starbucks* zählen, bislang freilich nicht gelungen, die Imbißbuden vom Markt zu verdrängen, die spätestens seit der Tang-Dynastie den Verzehr einer kleineren Mahlzeit ermöglichen. Gefahr ist dennoch im

Drive-in? (2008)

Verzug; denn insbesondere in den Zentren der Megacitys sind kleinere Betriebe bedroht: weniger von einer wie auch immer gearteten Konkurrenz als von der Regulierungswut der Behörden, die einen unzureichenden Hygienestandard gerne zum Vorwand nehmen, um sich investitionshemmender Garküchen, Stände und Freischankflächen zu entledigen.

Fade Kompromisse

Lange Zeit war der Einfluß chinesischer Kochkunst im wesentlichen auf die Länder Ost- und Südostasiens begrenzt, in denen konfuzianisch geprägte Eliten an der Macht waren (wie in Korea) oder größere Gruppen von Auswanderern lebten (wie auf der Malaiischen Halbinsel). Eine weitere Verbreitung fanden lediglich die eine oder andere Zutat sowie die Kenntnis um die Herstellung und Zubereitung von Nudeln, die im Lauf der Jahrhunderte bis nach Europa gelangte. Zwar sind dort Teigwaren vereinzelt schon für frühere Epochen belegt, doch ist es wohl kein Zufall, daß der endgültige Siegeszug der italienischen *pasta* erst erfolgte, als der Kulturtransfer zwischen Asien und Europa intensiviert wurde: zunächst durch arabische Vermittlung und später durch das Ausgreifen des mongolischen Weltreichs. Die weit verbreitete Behauptung, daß der Venezianer Marco Polo (1251–1324), der sieben Jahre im «Reich der Mitte» gelebt haben will, persönlich dafür verantwortlich war, entbehrt freilich jeglicher historischen Grundlage.

Zuweilen kam es im übrigen zu Rückkoppelungseffekten. So berichtet Yuan Mei in seinem 1790 vollendeten Küchenklassiker *Suiyuan shidan* (Kap. 12), daß er in Kanton vorzügliche gedämpfte Teigtaschen zu sich genommen habe, die man dort mit Fleisch fülle und *dianbuleng* nenne. Allerdings kann diesem aus drei Zeichen bestehenden Ausdruck, der ansonsten in der Literatur nicht auftaucht, kein nachvollziehbarer Sinn entlockt werden, weshalb die Möglichkeit einer Entlehnung in Betracht zu ziehen ist. Und dann drängt sich geradezu der englische Begriff *dumpling* (eigentlich «Kloß») auf, der nicht nur ähnlich klingt, sondern auch in beinahe jedem heute gebräuchlichen Wörterbuch als Übersetzung der von Yuan Mei als Erklärung hinzugefügten Bezeichnung *jiao* («Teigtasche») aufgeführt ist. So kann es also durchaus sein, daß in der von britischen Händlern und Seeleuten frequentierten Hafenstadt ein klassisches chinesisches Gericht zeitweilig mit einem Fremdwort benannt wurde.

Die Region um Kanton war auch der Ausgangspunkt einer riesigen Emigrationswelle, die im 19. Jahrhundert nicht nur die Länder Südostasiens erreichte, sondern auch die Vereinigten Staaten von Amerika. Zunächst angezogen durch den Goldrausch in Kalifornien fanden viele der Einwanderer, von denen rund sechzig Prozent aus dem südöstlich der Metropole gelegenen Bezirk Taishan stammten, eine Beschäftigung in den Kohlengruben, im Eisenbahnbau, in der Landwirtschaft und in anderen Berufsfeldern, die physische Kraft und Ausdauer voraussetzten. Diejenigen, die es in die Städte verschlug, arbeiteten hingegen mehrheitlich im Dienstleistungsbereich, im Handwerk und im Handel. Auf einer Liste, die 1877 die 22 wichtigsten von Chinesen in San Francisco wahrgenommenen Tätigkeiten aufzählt, finden sich unter anderem 7500 Zigarrendreher, 5000 Kaufleute, 4500 Hausangestellte und 3500 Wäschereimitarbeiter; die Zahl der Küchen-, Spül- und Servicekräfte scheint hingegen noch so niedrig gewesen zu sein, daß man sie nicht einmal in die Statistik einbezog.

1850	1860	1870	1880	1890	1900	1910	1920
725	35 586	63 199	105 465	109 776	118 746	94 414	85 202

Die chinesische Bevölkerung der Vereinigten Staaten (ab 1900 einschließlich Hawaii)

Gekocht wurde anfangs also wohl fast ausschließlich für den Eigenbedarf. Das sollte sich erst ändern, als der von den Gewerkschaften aufgestachelte Gesetzgeber die Immigranten ab 1882 mit Hilfe immer neuer Restriktionen aus ihren bis dahin ausgeübten Berufen verdrängte. Vor allem in den Großstädten an der Ost- und Westküste bot sich dann häufig die Eröffnung eines Restaurants als Alternative an, und 1920 waren schließlich 11438 Chinesen in der Gastronomie tätig. Wie aber kam es dazu, daß die großenteils sinophobe Bevölkerungsmehrheit der USA auf einmal den Besuch von Lokalen erwog, in denen man bis dahin vor allem die Entsorgung von Ratten vermutete? Es war im wesentlichen ein Gericht, das diesen Boom auslöste: *chop suey*. Zum Glück verstanden die Menschen die Bedeutung dieses vom Kantonesischen *zaapseoi* (Mandarin *zasui*) abgeleiteten Begriffs nicht; denn «Bröckchenmischmasch» klingt eigentlich nicht besonders einladend. Andererseits ist die Benennung durchaus präzise; abgesehen davon, daß eine beliebige Zahl angebratener oder gedünsteter Zutaten am Schluß in Brühe aufgekocht wird, gibt es nämlich nur zwei weitere Vorgaben: Alles ist kleingeschnitten, und stets wird Sojasauce verwendet.

Das klingt zwar nicht gerade originell, läßt aber ausreichenden Spielraum für Kreativität, so daß im Grunde jeder Koch seine eigene Variante anbieten kann. Dieser Vielfalt entspricht denn auch die Mannigfaltigkeit der Ursprungslegenden. Ein Motiv ist ihnen jedoch stets gemein: die Erfindung des Gerichts in den Vereinigten Staaten. Die Erzählung, die vermutlich die weiteste Verbreitung fand, besagt im Kern, daß gegen Ende des 19. Jahrhunderts ein Wirt, dem die Vorräte ausgegangen waren, seinen hungrigen Gästen einfach eine aufgewärmte Mixtur verschiedener Essensreste serviert und auf begeisterte Nachfrage hin als *chop suey* bezeichnet habe. Zumeist wird diese Überlieferung in einem einfachen Lokal im «Wilden Westen» verortet, zuweilen aber auch in einem Nobelrestaurant an der Ostküste, in dem dann prominente Besucher – wie der 1896 im Waldorf-Astoria dinierende Staatsmann Li Hongzhang – als Geburtshelfer herhalten müssen.

Der Umstand, daß die Speise und ihre Benennung in Taishan, dem einstigen Ausgangspunkt des Exodus, nicht unbekannt sind, hat einige Historiker dazu veranlaßt, sich wider die Tradition doch für eine chinesische Herkunft auszusprechen. Überzeugend sind die Argumente indes nicht; denn die für dieses Postulat vorgebrachten Belege stammen durchweg erst aus einer Zeit, in der man sich in den USA längst für *chop suey* begeisterte. Wie ist das zu erklären? Vermutlich ganz einfach. Schließlich gab es mehrere Rückwanderungswellen aus der Diaspora. Davon abgesehen wurde aber ohnehin alles darangesetzt, die Kommunikation innerhalb der Familie nicht abbrechen zu lassen. Es wäre also geradezu überraschend, wenn sich die Nachricht von der kulinarischen Erfolgsstory nicht auch irgendwann in der alten Heimat herumgesprochen hätte.

Unzweifelhaft ist die amerikanische Herkunft einer anderen vermeintlich chinesischen Spezialität: des Glückskekses. Dieses krosse, mit Zucker gesüßte Gebäck umschließt jeweils einen Papierstreifen, der zumeist eine eher schlichte Spruchweisheit verkündet. Er kann aber auch eine Zahlenkombination vermitteln, die den Erfolg bei der nächsten Lotterieteilnahme sicherstellen soll. Bis heute wird gerne kolportiert, daß David Jung, der Gründer der in Los Angeles ansässigen *Hong Kong Noodle Company,* den *fortune cookie* 1918 erfunden habe. Sicher ist das freilich nicht; denn auch japanische Immigranten werden mit der Erfindung in Zusammenhang gebracht. Vermutlich zu Recht. Zumindest lassen die wenigen zuverlässigen Quellen, die im Streit um die Urheberschaft immer wieder herangezogen werden, diese Alternative plausibler erscheinen. Nicht wenige China-Restaurants hatten im übrigen einen japanischen Besitzer, und in den Küchen arbeiteten vielfach Hispanics, vor allem Immigranten aus dem benachbarten Mexiko. Mit zunehmender Tendenz. In den Fabriken, in denen Glückskekse gebacken werden, sind sie ohnehin bereits seit längerem in der Überzahl.

Von den rund drei Milliarden Stück *fortune cookies,* die heute weltweit jährlich produziert werden, stammen die meisten aus den USA, nur relativ wenige aus China. Nach einigen Pleiten gibt es dort zwar gegenwärtig wieder einige Firmen, die sich darauf spezialisiert haben, doch hält sich die Nachfrage immer noch in Grenzen. So fremd erscheinen die Süßigkeiten dort nämlich vielen Menschen, daß sich manches Unternehmen genötigt sieht, eine Gebrauchsanweisung mitzuliefern. Davon abgesehen übertrifft der Verpackungsaufwand regelmäßig die Herstellungskosten, nicht zuletzt deshalb, weil die Glückskekse in Peking oder Shanghai großenteils als Geschenk gekauft werden: als Signal der Zuneigung oder als Präsent bei Geburt, Hochzeit oder Prüfungserfolg.

> «(1) Öffnen Sie die Verpackung. (2) Benutzen Sie beide Hände, um den Glückskeks aufzubrechen. (3) Entnehmen Sie den Zettel, lesen Sie den Spruch. (4) Verzehren Sie den Glückskeks.»
>
> Aufschrift auf Produkten der Firma *Beijing xingyu qianyu* (2008).

Ein weiterer «Leckerbissen», der im Land seiner vermeintlichen Herkunft weitgehend unbekannt ist, besteht aus Hühnerstücken, die im allgemeinen von einer klebrigen scharf-süßen Sauce überzogen sind. Das in vielen Varianten verbreitete Gericht ist nach Zuo Zongtang (1812–1885) benannt, einem nicht gerade ob seines Feinsinns gerühmten Feldherrn. Insofern kann man der Namensgebung durchaus eine gewisse Logik abgewinnen. Warum sich *General Tso's chicken* seit den 1970er Jahren in den USA so großer Beliebtheit erfreut, läßt sich indes nicht mehr mit Sicherheit rekonstruieren; möglicherweise trug eine Kochsendung im Fernsehen dazu bei, doch kann diese ebenso wenig die Hauptursache der ungeheuren Nachfrage gewesen sein wie die Garnierung mit Brokkoli (der Varietät *italica*): einem Gemüse, das im Westen – und nur dort – als typisch chinesisch gilt. Obschon Zuo Zongtang allem Anschein nach kein Gourmet war, läßt sich bezweifeln, ob er auf seine Patenschaft stolz gewesen wäre. Seine Nachfahren sind jedenfalls erheblich irritiert.

Von den rund vierzig Millionen Chinesen, die heute außerhalb ihres Herkunftslandes leben, fallen rund neun Prozent auf die Vereinigten Staaten, aber weniger als drei Prozent auf Europa. Unter diesen verteilen sich wiederum mehr als zwei Drittel auf Großbritannien (über 300 000), Frankreich (rund 240 000) und die Niederlande (150 000), und es fällt auf, daß die kulinarischen Kompromisse, welche die Immigranten dort eingingen, weniger opportunistisch ausfielen als etwa in Deutschland oder in Italien. Vielleicht bedingt ja das noch nicht völlig verdrängte koloniale Erbe der westeuropäischen Nachbarstaaten, trotz mancherlei Borniertheit, eine geringere Scheu vor fremden Geschmackserlebnissen.

Ansonsten waren die Ambitionen der deutschen China-Restaurants schon in den 1920er Jahren höchst unterschiedlich. In der Reichshauptstadt beispielsweise präsentierte man sich gerne fein und unterstrich die Exklusivität der «gehobenen Küche». Das gilt insbesondere für das 1923 in Charlottenburg eröffnete *Tai-Tung*, in dem lediglich der Koch aus dem Fernen Osten stammte, während die in Frack und weißen Handschuhen servierenden Kellner durchweg Berliner waren. In Hamburg überwogen hingegen einfache Lokale, in denen vor allem Seeleute verkehrten. Heimische Kundschaft traf man eher selten an. Zwei Etablissements erwiesen sich in der Hafenstadt indes als wahre Publikumsmagneten: das *Cheong Shing* und das *Neu-China*. Dort konnte man nämlich nicht nur das gastronomische Angebot, sondern auch ein umfangreiches Unterhaltungsprogramm mit Varieté, Tanz und Jazzmusik genießen. Im behäbigen München gab es damals noch nicht einmal die Möglichkeit, chinesisch essen zu gehen; erst 1938 wurde ein entsprechendes Lokal eingerichtet.

Inzwischen hat sich vieles verändert. Zwar gibt es durchaus noch den klassischen Familienbetrieb, doch kommt es immer häufiger vor, daß nur das Bedienungspersonal chinesische Wurzeln hat. Gegebenenfalls werden aber auch Mitarbeiter aus anderen asiatischen Staaten beschäftigt, in den östlichen Bundesländern bevorzugt aus Vietnam. Hauptsache, das äußerliche Erscheinungsbild stimmt halb-

«Im Chinesischen Restaurant *[Neu-China]* sangen sie beim Tanzen, die ganze Belegschaft, einstimmig und brausend – eine kleine hatte eine Kehle aus Blech – es klang wie aus einer Kindertrompete. Südamerikaner tanzten da und Siamesen und Neger. Die lächelten, wenn die kleinen Mädchen kreischten.»

Kurt Tucholsky (1927) S. 282.

wegs. Da die Küchenräume in der Regel schlecht einsehbar sind, ist die ethnische Vielfalt, die man dort antrifft, unter Umständen noch viel größer. Das gilt natürlich erst recht für jene Lokale, die sich international geben und die Speisekarte durch (japanische) Sushi und (thailändisches) Curry ergänzen. Zuweilen auch noch durch Pizza und Döner. Schließlich darf nicht übersehen werden, daß der Anteil an Arbeitskräften, die illegal – und häufig unter menschenunwürdigen Bedingungen – tätig sind, in diesem Metier vergleichsweise hoch ist.

«Zöllner der Finanzkontrolle Schwarzarbeit (FKS) überprüften gestern ein Chinarestaurant in Darmstadt. Von sieben Mitarbeitern des Restaurants besaßen drei keine Aufenthaltsgenehmigung und durften von daher auch keiner Tätigkeit nachgehen. Die Zöllner nahmen die drei Vietnamesen vorläufig fest. Die Beschuldigten wurden heute auf Weisung der Staatsanwaltschaft beim Amtsgericht vorgeführt. Sie müssen mit einer Gefängnisstrafe rechnen. Gegen den Arbeitgeber wurde ein Ermittlungsverfahren eingeleitet.»
Pressemitteilung der Bundeszollverwaltung
vom 14. November 2007

Auch in Deutschland gibt es einige ausgezeichnete Köche, die sich der Tradition ihres Herkunftslandes verbunden fühlen und beträchtliches kreatives Potential entfalten. Allerdings reicht dies kaum aus, um den eher tristen Eindruck zu übertünchen, den die Mehrzahl der Gaststätten hinterläßt: nicht nur in Ermangelung entsprechend befähigten Personals, sondern auch aufgrund einer allzu eilfertigen Anpassung an die Geschmackspräferenzen des Gastlandes. Und man macht es sich oft leicht. Vielfach ist nämlich die Länge der Speisekarten lediglich darin begründet, daß jede Hauptzutat – von der Aubergine über das Schweinefleisch bis hin zum Karpfen – ohne Rücksicht auf die sensorische Sinnfälligkeit mit jeder zur Verfügung stehenden Sauce kombiniert wird. Gegebenenfalls wird dann sogar noch die «knusprige Ente», noch vor «Schweinefleisch süßsauer» und «Frühlingsrolle» wohl das beliebteste Gericht zwischen Nordsee und Alpen, in einer Mischung aus Ananas-Sirup und Ketchup ertränkt.

Andererseits sind die Zeiten, in denen man sich ausschließlich im Restaurant mit der chinesischen Eßkultur vertraut machen konnte, längst vorbei. Zumindest in den Großstädten gibt es heute ein reichhaltiges Angebot asiatischer Lebensmittel, das auch die Zubereitung ausgefallener Speisen erlaubt. Nur sollte man beim Einkauf die einschlägigen Bestimmungen zum Artenschutz nicht vergessen und bei Gewürzen, Gemüse und Obst auf eine besonders gründliche Reinigung achten. Zudem: Nichts ist unverzichtbar, und bei vielen Zutaten ist die Suche nach frischen heimischen Alternativen allemal besser als die Verwendung abgestandener Importware. Der Mehrzahl der Menschen, die ihren Gästen unbedingt Skorpione zum Knabbern anbieten wollen, geht es wohl ohnehin weniger um die Suche nach Authentizität als um die Inszenierung einer Mutprobe.

Nicht ganz unproblematisch sind indes die Anforderungen an die Küchenausstattung. Selbst die meisten Gas- und Induktionsherde verfügen nämlich nicht über eine ausreichende Maximalleistung (mindestens fünf Kilowatt), um rasch die vor allem beim Anbraten nötige hohe Temperatur zu erzielen. Nur unter dieser Voraussetzung lassen sich nämliche die Vorzüge des Woks wirklich ausschöpfen. Ansonsten bleibt er meist ein folkloristisches Accessoire oder – wie die beliebten elektrischen Tischvarianten – ein überflüssiges Spielzeug; denn im Vergleich dazu sind die Resultate, die mit Hilfe eines normalen Gasherds und einer flachen Pfanne erzielt werden, immer noch deutlich besser. Andererseits läßt sich der Erfolg ja nicht zuletzt durch die Auswahl der Gerichte steuern; entscheidet man sich nämlich in erster Linie für Speisen, die gedämpft, gedünstet, gekocht, gebacken oder fritiert werden, ist der Bedarf an rasanter Hitzezufuhr deutlich geringer.

Sollten die Speisen dennoch nicht zufriedenstellend ausfallen, bleiben, entsprechende finanzielle Ressourcen vorausgesetzt, immerhin noch zwei Möglichkeiten: (a) die Buchung einer Flugreise, die in der Regel deutlich weniger kostet als ein Kilogramm Seegurken oder Schwalbennester; (b) der Besuch in einem Lokal der deutschen Spitzengastronomie; denn so mancher Sternekoch hat längst die Vorzüge asiatischer Lebensmittel und Zubereitungsformen erkannt und scheut sich nicht, «Frühlingsrollen mit exotischer Vinaigrette», «Schälrippchen auf chinesische Art» oder «Warme Schokoladenpraline mit Szechuanpfeffer, Mango und Dill» zu empfehlen.

Derlei Aussichten halten Ai Weiwei, den derzeit wohl international meistbeachteten chinesischen Künstler, allerdings nicht davon ab, die drei Köche, die in Peking für sein leibliches Wohl verantwortlich sind, auch auf Auslandsreisen mitzunehmen. Offenkundig schloß er zumindest in Kassel (2007) und München (2009) die Möglichkeit, sich in gepflegter Manier landestypisch zu ernähren, von vornherein aus; in seiner Begründung verwies er lediglich darauf, «wie unbefriedigend der Besuch eines Chinalokals in Deutschland in der Regel ist». Es mag ja bis zu einem gewissen Grad einleuchten, daß der Meister seinen zu Hause durch stetige Repressionen beeinträchtigten «Gemütszustand» keiner zusätzlichen Drangsal aussetzen wollte, doch sorgte er seiner-

«Kochen ist wie Kalligraphie. In der Schrift wie im Essen spiegeln sich der Gemütszustand und die körperliche Verfassung eines Menschen. [...] Ich liebe einfache Hausmannskost, wie sie meine Großmutter machte, und mir ist es gleich, ob ein Rezept nun aus Szechuan oder Hunan stammt. Ich mag Rührei mit gedünsteten Tomaten sehr gern oder scharfes Schweinefleisch. [...] Ich koche oft selbst und bin ein guter Koch. [...] Kochen ist wie schlafen. Man braucht es nicht erst zu lernen.»

Ai Weiwei (2009).

seits für leichtes Befremden, als er das von seiner Entourage im Münchner Haus der Kunst zubereitete «Rührei mit gedünsteten Tomaten» als traditionelle chinesische «Hausmannskost» pries: in völliger Verkennung der Tatsache, daß dieses Gericht erst im ausgehenden 19. Jahrhundert – quasi als Abfallprodukt des Kolonialismus – nach China gelangt war. Andererseits ist aber der Verlust der Erinnerung ja vielleicht ein trefflicher Hinweis auf die Nachhaltigkeit kulinarischer Globalisierung: umso mehr, wenn davon Menschen betroffen sind wie Ai Weiwei, der in seine Werke ansonsten gerne Anspielungen auf die Geschichte einfließen läßt.

Anhang

Literaturverzeichnis

Zitierte chinesische und japanische Quellen (nach Titeln)

Ba Wangshi huayanjing jie. 1075 verfaßt von Su Shi. Essay, aufgenommen in Su Shi wenji (Beijing 1986) Bd. 5, S. 2060. || Baopuzi neipian. Um 320 verfaßt von Ge Hong. || Beiji qianjin yaofang. 652 verfaßt von Sun Simiao. || Beishan jiujing. Um 1117 verfaßt von Zhu Gong. || Benxinzhai shushipu. Um 1250 verfaßt von Chen Dasou. || Caochuang yunyu. 1274 verfaßt von Zhou Mi. || Chaguan. 1957 verfaßt von Lao She. || Chajing. 760 verfaßt von Lu Yu. || Chaju tuzan. 1269 zusammengestellt von einem unbekannten Autor mit dem Pseudonym Shen'an laoren. || Chalu. 1051 verfaßt von Cai Xiang. || Daguan chalun. 1107 verfaßt von Kaiser Huizong. || Dongjing meng Hua lu. 1148 verfaßt von Meng Yuanlao. || Dongpo zhilin. Von Su Shi vor seinem Tod 1101 aufgezeichnet, posthum herausgegeben. || Ershinian mudu zhi gui xianzhuang. 1906 bis 1910 verfaßt von Wu Woyao. || Fayuan zhulin. 668 verfaßt von Dao Shi. || Foguoji. Um 420 verfaßt von Faxian. || Gengzhitu. 1145 dem Kaiser präsentiert von Lou Shou. || Gusu fanhua tu. Querrolle, 1759 von Xu Yang gemalt. || Guanglusi zeli. 1839, Kompilatoren unbekannt. || Guanzi. 26 v. Chr. kompiliert von Liu Xiang. || Guitianlu. 1067 verfaßt von Ouyang Xiu. || Han Xizai yeyan tu. Querrolle, um 960 von Gu Hongzhong gemalt. || Hanshu. Bis ca. 115 kompiliert von Ban Biao, Ban Gu und Ban Zhao. || Huaian fuzhi. 1573 kompiliert von Chen Wenzhu. || Hunan nongmin yundong kaocha baogao. 1927 verfaßt von Mao Zedong. Lagebericht, aufgenommen in Mao Zedong xuanji (Beijing 1951) Bd. 1, S. 12–44. || Jiali. Um 1190 verfaßt von Zhu Xi. || Jianzhi bian. 1623 verfaßt von Yao Shilin. || Jiatai Kuaiji zhi. 1201 kompiliert von Shi Su. || Jiayou ji. 1055 verfaßt von Su Xun. || Jie yao. 843 verfaßt von Bo Juyi. Gedicht, aufgenommen in Bo Xiangshan ji (Shanghai 1933), Bd. 10, S. 77. || Jilei bian. 1133 verfaßt von Zhuang Chuo. || Jin Ping Mei. Von einem anonym verbliebenen Autor gegen Ende des 16. Jahrhunderts verfaßt, 1617 erstmals gedruckt. || Jiu Wudaishi. 974 kompiliert von Xue Juzheng. || Jiuhuang bencao. 1406 kompiliert von Zhu Su. || Jiujing. 1090 verfaßt von Su Shi. || Jujia biyong shilei quanji. Von einem unbekannten Autor in der 1. Hälfte des 14. Jhs. verfaßt. || Laozi (bzw. Daodejing). Lao Dan (7./6. Jh. v. Chr.) zugeschrieben, im Kern vermutlich aber nicht vor dem 4. Jh. kompiliert. || Liaoshi. 1344 kompiliert von Tuo Tuo. || Liji. Dai Sheng (1./2. Jh.) zugeschrieben, vermutlich aber erst gegen Ende des 2. Jh. kompiliert. || Liu Mengde ji. 808 verfaßt von Liu Yuxi. || Lunheng. Um 75 zusammengestellt aus den Texten des Wang Chong (1. Jh.). || Lunyu. Konfuzius (6./5. Jh. v. Chr.) zugeschrieben, vermutlich aber erst um 450 v. Chr. zusammengestellt; im 2. Jh. v. Chr. bearbeitet und ergänzt. || Lushan huiyi shilu. 1989 verfaßt von Li Rui. Beijing. || Lüshi chunqiu. Lü Buwei (3. Jh. v. Chr.) zugeschrieben, um 240 v. Chr. kompiliert. || Meishijia. 1983 verfaßt von Lu Wenfu. *Shouhuo* 39.1 (1983), S. 4–45. || Mengzi. Meng Ke (4./3. Jh. v. Chr.) zugeschrieben, aber erst im ausgehenden 2. Jh. zusammengestellt. || Min yi he shi wei tian? Zhongguo shipin anquan xianzhuang diaocha. 2004 verfaßt von Zhou Qing, nach dem Verbot 2007 erneut publiziert. Beijing. || Nittō guhō junrei kōki. Tagebuch, von 838 bis 847 geführt von Jikaku Daishi (Ennin). || Nongshu. 1149 verfaßt von Chen Fu. || Nongshu. 1313 verfaßt von Wang Zhen. || Nongsang jiayao. 1273 kompiliert von Meng Qi (?). || Nongsang yishi cuoyao. Um 1314 verfaßt von Lu Mingshan. || Nongzheng quanshu. 1628 verfaßt von Xu Guangqi. || Nü lunyu. Um 780 verfaßt von Song Ruoxin & Song Ruozhao. || Qimin yaoshu. Um 540 kompiliert von Jia Sixie. || Qiuranke zhuan. Vermutlich um 900 verfaßt von Du Guangting. Erzählung, enthalten im 981 von Li Fang kompilierten Taiping guangji, Kap. 193. || Sancai tuhui. 1609 kompiliert von Wang Qi. || Shangzheng. 1606 verfaßt von Yuan Hongdao. || Shanjia qinggong. In der 2. Hälfte des 13. Jhs. verfaßt von Lin Hong. || Shanzaixing. Um 210 verfaßt von Cao Pi. Gedicht, enthalten im 531 von Xiao Tong kompilierten Wenxuan, Kap. 27. || Shengjitu. Verfasser unbekannt, erstmals 1544 gedruckt. || Shiji. 81 v. Chr. kompiliert von Sima Qian. || Shijing. Anonyme Sammlung von Liedtexten, von denen einige bis auf das 10. Jh. v. Chr. zurückgehen sollen; die Mehrzahl stammt wohl aus dem 8. Jh. v. Chr. || Shinzoku kibun. 1799 verfaßt von Nakagawa Tadahide. || Shipu. Um 709 zusammengestellt, Wei Juyuan zugeschrieben. || Shixian hongmi. Wang Shizhen zugeschrieben, vermutlich aber 1680 von Zhu Yizun verfaßt. || Shoushi tongkao. 1742 kompiliert von E'ertai. || Shu Donggaozi zhuan hou. 1096 verfaßt von Su Shi. Kolophon, aufgenommen in Su Shi quanji (Beijing 2000), Bd. 3., S. 2086. || Simin yueling. Um 160 verfaßt von Cui Shi. || Suiyuan shidan. 1790 verfaßt von Yuan Mei. || Taiping yulan. 983 kompiliert von Li Fang. || Taiwei lingshu ziwen xianji zhenji shangjing. Um 370 verfaßt von Yang Xi. || Tangchao minghua lu. Um 845 kompiliert von Zhu Jingxuan. || Tanglü shuyi. Kompiliert von Changsun Wuji et al., 653 in Kraft gesetzt. || Tiangong kaiwu. 1637 verfaßt von Song Yingxing. || Tiaoding ji. Tong Yuejian zugeschrieben. Um 1765 verfaßt mit späteren Ergänzungen. || Wanghuailu. Um 1070 verfaßt von Shen Gua. || Wode qianban sheng. 1964 (unter massiver Mithilfe von Li Wenda) verfaßt von Puyi. || Wu niu tu. Querrolle, um 770 von Han Huang gemalt. || Wulei xianggan zhi. Su Shi (11./12. Jh.) zugeschrieben, vermutlich aber von Lu Zangning um 980 verfaßt. || Wulin jiushi. 1270 verfaßt von Zhou Mi. || Wushi zhongkuilu. Vermutlich in der 1. Hälfte des 13. Jhs. von einer «Frau Wu» zusammengestellt, deren Personenname nicht überliefert ist. || Wu zazu. 1602 kompiliert von Xie Zhaozhi. || Xianqing ouji. 1671 verfaßt von Li Yu. || Xin shitou ji. 1905 verfaßt von Wu Woyao. || Xing lu nan. 744 verfaßt von Li Bo. Gedichtzyklus, aufgenommen in Li Taibo quanji (Beijing 1977), Bd. 1, S. 189–193. || Xu zizhi tongjian changbian. 1072 kompiliert von Li Dao. || Xuanmen shishi weiyi. Um die Mitte des 7. Jh. von einem unbekannten Autor verfaßt. || Yalaji jiu fu. 1344 verfaßt von Zhu Derun. Prosagedicht, aufgenommen in Cunfuzhai wenji (Taibei 1966), Kap. 3. || Yang xiaolu. 1698 verfaßt von Gu Zhong. || Yanguan dabeige ji. 1075 verfaßt von Su Shi. Essay, aufgenommen in Su Shi wenji (Beijing 1986) Bd. 2, S. 386–387. || Yangzhou huafang lu. 1795 verfaßt von Li Dou. || Yi Ya yiyi. In der 1. Hälfte des 14. Jhs. verfaßt von Han Yi. || Yin jiu ershi shou. 403 verfaßt von Tao Yuanming. Gedichtzyklus, aufgenommen in Tao Yuanming ji (Beijing 1979), S. 86–100. || Yinshan zhengyao. 1330 verfaßt von Hu Sihui. || Yinshi xuzhi. 1350 kompiliert von Jia Ming. || Yinzhong baxian ge. 746 verfaßt von Du Fu. Gedicht, aufgenommen in Du shi xiangzhu (Beijing 1979), Bd. 1, S. 81–85. || Yinzhiwen tushuo. 1801 von Ya Zhang kompiliert. || Yinzhuan fushi jian. 1591 verfaßt von Gao Lian. || You yu Wei Chu qi Dayi ciwan. 756 verfaßt von Du Fu. Gedicht, aufgenommen in Du Shaoling ji xiangzhu (Shanghai 1930), Bd. 4, S. 107. || Yu jian zashu. Im 11. Jh. verfaßt von Ye Mengde. || Yuexia duzhuo. Vermutlich 744 verfaßt von Li Bo. Gedicht, aufgenommen in Li Taibo quanji (Beijing 1977), Bd. 2, S. 1062. || Yunlintang yinshi zhidu ji. 1360 verfaßt von Ni Zan. || Zhao qun chen. 223 verfaßt von Cao Pi (Kaiser Wen der Wei-Dynastie). Edikt, aufgenommen in Quan Sandai Qin Han Sanguo Liuchao wen (Beijing 1959), Bd. 2, S. 1082. || Zhaohun. Qu Yuan (4./3.

Jh. v. Chr.) zugeschrieben. Dichtung, enthalten im 125 von Wang Yi kompilierten Chu-ci. || Zhenghongqi xia. Autobiographisches Fragment von Lao She, zwischen 1960 und 1966 verfaßt, 1979 posthum veröffentlicht. || Zhenglun. Um 150 verfaßt von Cui Shi. || Zhongguo de shipin anquan konghuang. Verfaßt von Zhou Qing. *Zhongwai duihua* vom 14.9.2006. || Zhouli. Zu Beginn des 1. Jahrhunderts von Liu Xin auf der Grundlage älterer Fassungen kompiliert. || Zhuangzi. Zhuang Zhou (4./3. Jh. v. Chr.) zugeschrieben, später bearbeitet und ergänzt. || Zhufanzhi. Um 1225 verfaßt von Zhao Rugua. || Zhulo xian-zhi. 1716 verfaßt von Chen Menglin. || Zoubi xie Meng jianyi ji xin cha. Um 835 verfaßt von Lu Tong. Gedicht, aufgenommen in Yuchuanzi shiji (Taibei 1967), S. 8. || Zui zeng Zhang mishu. 806 verfaßt von Han Yu. Gedicht, aufgenommen in Han Changli shi xinian jishi (Taibei 1966), S. 177-180 || Zuixiang riyue. 1991 verfaßt von He Manzi. Shanghai.

Westliche Quellen und weiterführende Literatur (nach Verfassern)

Ai Weiwei: Wok in progress. *Süddeutsche Zeitung Magazin* 48 (2009), S. 36. || Amenda, Lars: Fremde – Hafen – Stadt. Chinesische Migration und ihre Wahrnehmung in Hamburg 1897-1972. Hamburg 2006. || Anderson, Eugene N.: ‹Heating› and ‹Cooling› Foods in Hong Kong and Taiwan. *Social Science Information* 19 (1980) S. 237-268. || Anderson, Eugene N.: The Food of China. New Haven 1988. || Anderson, Eugene N.: Up Against Famine. Chinese Diet in the Early 20th Century. *Crossroads* 1 (1990), S. 11-24. || Barrow, John: Travels in China. London 1804. || Bauer, Wolfgang: Die Nudeln des Marco Polo. Nachrichten vom chinesischen Kontinent des Geschmacks. In: Uwe Schultz (Hg.): Speisen, Schlemmen, Fasten. Eine Kulturgeschichte des Essens. Frankfurt am Main, Leipzig 1993, S. 103-118. || Becker, Jasper: Hungry Ghosts. China's Secret Famine. London 1996. || Blanke, Michael M.: Obstanbau in China. *Umweltwissenschaften und Schadstoff-Forschung* 17.2 (2005), S. 64-65. || Bodde, Derk: Festivals in Classical China. New Year and other Annual Observances during the Han Dynasty. Princeton 1975. || Boilleau, Gilles: Conferring Meat in Archaic China. Between Reward and Humiliation. *Asiatische Studien* 40 (2006), S. 737-772. || Bokenkamp, Stephen R.: Early Daoist Scriptures. Berkeley, Los Angeles, London 1997. || Bown, Tiffany: Food and Drink in Han China. (Diss.) Cambridge 1989. || Brandes, Martin: Herr Wu lacht. Geschichten aus China und der Unsinn des Reisens. Frankfurt 2008. || Bray, Francesca: Agriculture. Bd. 6.2 von Joseph Needham (Hg.): Science and Civilisation in China. Cambridge 1984. || Bray, Francesca: The Rice Economies: Technology and Development in Asian Societies. Cambridge 1986. || Bray, Tamara L. (Hg.): The Archaeology and Politics of Food and Feasting in Early States and Empires. New York 2003. || Brown, Lester R.: Who Will Feed China? Wake-Up Call for a Small Planet. New York 1995. || Buck, John Lossing: Chinese Farm Economy. Chicago 1930. || Buell, Paul. D. & Anderson, Eugene N.: A Soup for the Qan. Chinese Dietary Medicine of the Mongol Era as Seen in Hu Szu-Hui's Yin-Shan Cheng-Yao. London, New York 2000. || Butz, Herbert: Yüan Hung-tao's 'Reglement beim Trinken' (Shang-cheng). Ein Beitrag zum essayistischen Schaffen eines Literatenbeamten der späten Ming-Zeit. Frankfurt 1988. || Campany, Robert Ford: To Live as Long as Heaven and Earth. A Translation and Study of Ge Hong's Traditions of Divine Transcendents. Berkeley 2002. || Campany, Robert Ford: The Meanings of Cuisines of Transcendence in Late Classical and Early Medieval China. *T'oung Pao* 91 (2005), S. 1-57. || Chang Kwang-chih (Hg.): Food in Chinese Culture. Anthropological and Historical Perspectives. New Haven, London 1977. || Chen Fangmei: Shang Zhou qingtong jiuqi. Taibei 1989. || Chen Feng: Die Entdeckung des Westens. Chinas erste Botschafter in Europa 1866-1894. Frankfurt 2001. || Chen Guidi & Wu Chuntao: Zur Lage der chinesischen Bauern. Frankfurt 2006. || Chen Weiming: Tang Song yinshi wenhua fazhanshi. Taibei 1995. || Chen Zhao: Meishi xunqu. Zhongguo zhuanshi wenhua. Shanghai 1991. || Cheng Qianfan: One Sober and Eight Drunk. Du Fu's Song of the Eight Drunken Immortals. *Social Science in China* 4 (1985), S. 83–94. || Cheng Yisheng: Anji wenwu jingcui. Beijing 2003. || Cheung, Sidney C. H. & Tan Chee-Beng (Hg.): Food and Foodways in Asia. Resource, Tradition and Cooking. London 2008. || Chitty, J. R.: Things Seen in China. London 1909 || Chong Key Ray: Cannibalism in China. Wakefield 1990. || Chuan Han-sheng & Kraus, Richard A.: Mid-Ch'ing Rice Markets and Trade. An Essay in Price History. Cambridge (Mass.), London 1975. || Clunas, Craig: Superfluous Things. Material Culture and Social Status in Early Modern China. Cambridge 1991. || Coe, Andrew: Chop Suey. A Cultural History of Chinese Food in the United States. New York 2009. || Cook, Constance A.: Scribes, Cooks, and Artisans. Breaking Zhou Tradition. *Early China* 20 (1996), S. 241–277. || Cotterell, Arthur & Yong Yap: Die Kultur der chinesischen Küche. Bern 1987. || Croll, Elisabeth J.: Food Supply in China and Nutritional Status of Children. Genève 1986. || Davis, Deborah S. (Hg.): The Consumer Revolution in Urban China. Berkeley 2000. || Davis, Lucille: Court Dishes of China. The Cuisine of the Ch'ing Dynasty. Rutland 1966. || Der Ling [Yu Deling]: Zwei Jahre am Hof von Peking. Dresden, Leipzig 1912. || Dikötter, Frank: Narcotic Culture. A History of Drugs in China. Chicago 2004. || Dikötter, Frank: Things Modern. Material Culture and Everyday Life in China. London 2007. || Dong Xinlin: Von anständigen Kindern und fliegenden Kranichen. Wandmalereien in mongolenzeitlichen Gräbern Chinas. *Antike Welt* 1 (2004), S. 3–9. || Doolittle, Justus: Social Life of the Chinese. A Daguerreotype of Daily Life in China. London 1868. || Du Fuxiang & Guo Yunhui: Famous Restaurants in China. Beijing 1982. || Du Jinghua & Zhu Baikun: Zhongguo jiu wenhua. Beijing 1992. || Dunlop, Fuchsia: Revolutionary Chinese Cookbook. London 2007. || Dunlop, Fuchsia: Shark's Fin & Sichuan Pepper. New York 2009. || Eberhard, Wolfram: Die chinesische Küche. Die Kochkunst des Herrn von Suiyüan. *Sinica* 15.1 (1940), S. 190–228. || Eberhard, Wolfram: Chinese Festivals. London, New York 1958. || Eijkhoff, Pieter: Wine in China. Its History and Contemporary Developments. Utrecht 2000. || Emmerich, Reinhard: Ein voller Becher Weins zur rechten Zeit. Anmerkungen zu Tang-zeitlichen Weingedichten. *Minima Sinica* 1 (1998), S. 125–152. || Engelhardt, Ute: Dietetics in Tang China and the First Extant Works of Materia Medica. In: Elisabeth Hsu (Hg.): Innovation in Chinese Medicine. Cambridge 2001, S. 173–191. || Engelhardt, Ute & Hempen, Carl-Hermann: Chinesische Diätetik. München 1997. || Engelhardt, Ute & Nögel, Rainer: Rezepte der chinesischen Diätetik. München 2009. || Ess, Hans van: Die 101 wichtigsten Fragen. China. München 2008. || Farquhar, Judith: Eating Chinese Medicine. *Cultural Anthropology* 9 (1994), S. 471–497. || Farquhar, Judith: Appetites. Food and Sex in Postsocialist China. Durham, London 2002. || Fishlen, Michael: Wine, Poetry, and History. Du Mu's Pouring Alone in the Prefectural Residence. T'oung Pao 80 (1994), S. 260–297. || Flitsch, Mareile: Westküche mit Eßstäbchen. Überlegungen zur sozial-technischen Wahrnehmung der Welt im modernen chinesischen Alltag. In: Siebert, Martina & Kolb, Raimund (Hg.): Über Himmel und Erde, Wiesbaden 2006, S. 127–151. || Franke, Herbert: A Note on Wine. *Zentralasiatische Studien* 8 (1974), S. 241–245. || Franke, Herbert: Feuerwasser im China der Yüanzeit. Eine Prosadichtung von Chu Te-jun. In: Helwig Schmidt-Glintzer (Hg.): Das andere China. Wiesbaden 1995, S. 209–235. || Fricker, Ute: Schein und Wirklichkeit. Zur altchinesischen Frauenideologie aus männlicher und weiblicher Sicht im geschichtlichen Wandel. Mitteilungen der Gesellschaft für Natur- und Völkerkunde Ostasiens 112, Hamburg 1988. || Garner, Jonathan: The Rise of the Chinese Consumer. Theory and Evidence. Chichester 2005. || Gernet, Jacques: Daily Life in China on the Eve of the Mongol Invasion 1250–1276. London 1962. || Gimm, Martin: Die Frustration des Gelehrten, kulinarisch betrachtet. Eine poetische Abhandlung zum Vegetarianismus eines Song-Eremiten. *Zeitschrift der Deutschen Morgenländischen Gesellschaft* 146.1 (1996), S. 156–172. || Godley, Michael: Bacchus in the East. The Chinese Grape Wine Industry, 1892–

1938. *Business History Review* 60.3 (1986), S. 383–409. || Goepper, Roger (Hg.): Das alte China. Menschen und Götter im Reich der Mitte. München 1995. || Guo Weimin & Zhang Chunlun: Yuanling Huxishan yihao Han mu fajue jianbao. *Wenwu* 1 (2003), S. 36–55. || Grew, Raymond: Food in Global History. Boulder 1999. || Gwinner, Thomas A. P.: Essen und Trinken. Die klassische Kochbuchliteratur Chinas. Frankfurt am Main 1988. || Haar, Barend J. ter: Buddhist-Inspired Options. Aspects of Lay Religious Life in the Lower Yangzi from 1100 until 1340. *T'oung Pao* 87 (2001), S. 92–152. || Hamilton, Roy W. (Hg.): The Art of Rice. Spirit and Sustenance in Asia. Los Angeles 2003. || Han Bowen (Hg.): Gansu sichou zhi lu wenming. Beijing 2008. || Harper, Donald: Gastronomy in Ancient China. *Parabola* 9.4 (1984), S. 39–47. || Harper, Donald: Early Chinese Medical Literature. The Mawangdui Medical Manuscripts. London, New York 1998. || Hayter-Menzies, Grant: Imperial Masquerade. The Legend of Princess Der Ling. Hong Kong 2008. || Hebei sheng wenwu yanjiusuo (Hg.): Xuanhua Liao mu. Beijing 2001. || Hevia, James L.: Cherishing Men from Afar. Qing Guest Ritual and the McCartney Embassy of 1793. Durham 1995. || Hirsbrunner, Marco: Chinas kapitalistische Wende als kannibalistischer Exzess. *Asiatische Studien* 40 (2006), S. 895–915. || Ho Chui-mei: Food for an 18th Century Emperor. Qianlong and his Entourage. *Proceedings of the Denver Museum of Natural History* 15 (1998), S. 75–83. || Ho Ping-ti: The Introduction of American Food Plants into China. *American Anthropologist* 57 (1955), S. 191–201. || Ho Shun-Yee: The Significance of Musical Instruments and Food Utensils in Sacrifices of Ancient China. *Monumenta Serica* 51 (2003), S. 1–18. || Hohenegger, Beatrice: Liquid Jade. The Story of Tea from East to West. New York 2007. || Höllmann, Thomas O.: Die Stellung des Hundes im alten China. In: Müller-Karpe, Hermann (Hg.): Zur frühen Mensch-Tier-Symbiose. München 1983, S. 157–174. || Höllmann, Thomas O.: Reis im Bambusrohr und andere Gerichte der Tsou. *Chinablätter* 18 (1991), S. 274–277. || Höllmann, Thomas O.: Der gepökelte König oder Anthropophagie und Abschreckung. In: Sieferle, Rolf Peter & Breuninger Helga (Hg.): Kulturen der Gewalt. Ritualisierung und Symbolisierung von Gewalt in der Geschichte. Frankfurt 1998, S. 108–122. || Höllmann, Thomas O.: Das alte China. Eine Kulturgeschichte. München 2008. || Hsiao Kung-chuan: Rural China. Imperial Control in the 19th Century. Seattle, London 1960. || Hu Derong & Zhang Renqing: Jin Ping Mei yinshi pu. Beijing 1995. || Hu Shanyuan: Gu jin jiushi. Shanghai 1987. || Hu Teh-wei: Tobacco Control Policy Analysis in China. Economics and Health. Singapore 2008. || Hu, William C.: Chinese New Year. Facts and Folklore. Ann Arbor 1991. || Hu, William C.: The Chinese Mid-Autumn Festival. Foods and Folklore. Ann Arbor 1996. || Huang Hsing-tsung: Fermentations and Food Science. Bd. 6.5 von Joseph Needham (Hg.): Science and Civilisation in China. Cambridge 2000. || Huang Huibai: Viticulture in China. *HortScience* 15.4 (1980), S. 461–466. || Hung, Eva: Dongpo's Miscellaneous Records. *Renditions* 33–34 (1990), S. 123–140. || Jartoux, Pierre: A Letter of F. Jartoux, Missioner of the Society of Jesus, in China to F. de Fontenay, of the Same Society, Peking Aug. 20, 1704. Aufgenommen in (o. Hg.): The Travels of Several Learned Missioners of the Society of Jesus into Diverse Parts of the Archipelago, India, China, and America. London 1714, S. 198–214. || Jen Lin-Liu: Nudeln für das Volk. Eine kulinarische Entdeckungsreise in 27 Gerichten und drei Beilagen. München 2009. || Jiao Nanfeng (Hg.): Han Yangling. Chongqing 2001. || Johansen, Ulla: Vergorene und destillierte Milchgetränke. Kulturintegrierte Drogen bei den mittel- und nordasiatischen Viehzüchtern. In: Völger, Gisela & Welck, Karin von (Hg.): Rausch und Realität. Drogen im Kulturvergleich. Reinbek 1982, Bd. 1, S. 363–372. || Juang Je Tsun: The Regional Dishes of Fukien. Hong Kong 1998. || Jun Jing: Feeding China's Little Emperors. Food, Children, and Social Change. Stanford 2000. || Kallgren, Joyce K. (Hg.): Food, Famine, and the Chinese Society. *Journal of Asian Studies* 41.4 (1982), S. 685–801. || Kandel, Jochen: Das chinesische Brevier vom weinseligen Leben. Heitere Gedichte, beschwingte Lieder und trunkene Balladen der großen Poeten aus dem Reich der Mitte. Bern 1985. ||

247

Keyes, John D.: Food for the Emperor. Recipes of Imperial China with a Dictionary of Chinese Cuisine. San Francisco 1963. || Kleeman, Terry F.: Great Perfection. Religion and Ethnicity in a Chinese Millennial Kingdom. Honolulu 1998. || Knechtges, David R.: A Literary Feast. Food in Early Chinese Literature. *Journal of the American Oriental Society* 106.1 (1986), S. 49–63. || Knechtges, David R.: Gradually Entering the Realm of Delight. Food and Drink in Early Medieval China. *Journal of the American Oriental Society* 117.2 (1997), S. 229–239. || Kohn, Livia: Daoist Monastic Discipline. Hygiene, Meals, and Etiquette. *T'oung Pao* 87 (2001), S. 153–193. || Kohn, Livia: Monastic Life in Medieval Daoism. A Cross-Cultural Perspective. Honolulu 2003. || Kolb, Raimund Th.: «Weder Laut noch Gestank und der Dämon verschwindet.» Ein kleiner historischer Blick auf den brauchtümlichen Umgang mit Latrinengöttern und –dämonen in China. In: Kolb, Raimund Th. & Siebert, Martine (Hg.): Über Himmel und Erde. Wiesbaden 2006, S. 229–259. || Kölla, Brigitte: Der Traum von Hua in der Östlichen Hauptstadt. Meng Yuanlaos Erinnerungen an die Hauptstadt der Song. Schweizer Asiatische Studien 24, Bern 1996. || Koo, Linda Chih-ling: The Nourishment of Life. Health in a Chinese Society. Hong Kong 1982. || Koo, Linda Chih-ling: The Use of Food to Treat and Prevent Disease in Chinese Culture. *Social Science and Medicine* 18 (1984), S. 757–766. || Kuhn, Dieter: Die Song-Dynastie (960–1279). Eine neue Gesellschaft im Spiegel ihrer Kultur. Weinheim 1987. || Kuhn, Dieter (Hg.): Chinas goldenes Zeitalter. Die Tang-Dynastie (618–907 n. Chr.) und das kulturelle Erbe der Seidenstraße. Heidelberg 1993. || Kung, James Kaising: Food and Agriculture in Post-Reform China. *Modern China* 18.1 (1992), S. 138–170. || Kupfer, Peter: Putaojiu. Neuere Einblicke in die Kulturgeschichte des Traubenweins in China. In: Hermann, Marc & Schwermann, Christian (Hg.): Zurück zur Freude. Studien zur chinesischen Literatur und Lebenswelt und ihrer Rezeption in Ost und West. Sankt Augustin 2007, S. 589–624. || Kwong, Kylie: China. Die 88 Köstlichkeiten. München 2009. || Lai, T. C. [Lai Tien-Chang]: Chinese Food for Thought. Hong Kong 1978. || Lai, T. C. [Lai Tien-Chang]: At the Chinese Table. Hong Kong 1984. || Landsberger Stefan R.: Chinesische Propaganda. Kunst und Kitsch zwischen Revolution und Alltag. Köln 1995. || Landsberger Stefan R.: Mao as the Kitchen God. Ritual Aspects of the Mao Cult During the Cultural Revolution. *China Information* 11.2–3 (1996), S. 196–211. || Laufer, Berthold: Sino-Iranica. Chicago 1919. || Lee, Jennifer: The Fortune Cookie Chronicles. Adventures in the World of Chinese Food. New York 2009. || Leong, Sam: Sensations. Hong Kong 2008. || Leppman, Elizabeth J.: Changing Rice Bowl. Economic Development and Diet in China. Hong Kong 2005. || Lewis, Mark E.: Sanctioned Violence in Early China. New York 1990. || Li Hu: Han Tang yinshi wenhuashi. Beijing 1998. || Li, Lillian M.: Fighting Famine in North China. State, Market, and Environmental Decline, 1690s–1990s. Stanford 2007. || Li, Lillian M. & Dray-Novery, Alison: Guarding Beijing's Food Security in the Qing Dynasty. State, Market, and Police. *Journal of Asian Studies* 58.4 (1999), S. 992–1032. || Li Shangyuan: Zhongguo chuantong jieri qutan. Jinan 1989. || Li Shaobing: Minguo shiqi de xishi fengsu wenhua. Beijing 1994. || Li, Warren K.: KFC in China. Secret Recipe for Success. Singapore 2008. || Li Zhengping: Zhongguo jiu wenhua. Beijing 2007. || Liao Yan: Food and Festivals of China. Philadelphia 2006. || Lienert, Ursula: Das Imperium der Han. Köln 1980. || Lin Naishen: Zhongguo gudai pengtiao he yinshi. *Beijing Daxue Xuebao* 2 (1957), S. 131–144. || Lin Naishen: Zhongguo yinshi wenhua. Shanghai 1989. || Lin Yutang: Mein Land und mein Volk. Stuttgart 1936. || Lin Zepu (Hg.): Zhongguo canyin mingdian dadian. Qingdao 1997. || Lin Zepu (Hg.): Zhongguo mingchu dadian. Qingdao 1997. || Lin Zhengqiu & Xu Hairong & Chen Meiqing: Zhongguo Songdai caidian jishu. Beijing 1989. || Linck, Gudula: Yin und Yang. Die Suche nach Ganzheit im chinesischen Denken. München 2000. || Liu Jinru: Chinese Foods. Singapore 2005. || Liu Lingcan (Hg.): Beijing minjian fengsu bai hua. Beijing 1982. || Liu Zhaorui: Zhongguo gudai yincha yishu. Taibei 1989. || Lo, Kenneth: Das große Buch der chinesischen Kochkunst.

Düsseldorf 1980. || Lou Yudong (Hg.): Famensi kaogu fajue baogao. Beijing 2007. || Löwenstein, Andreas: Weinbau in China. Duisburg 1991. || Lu, Henry C.: Chinese System of Food Cures. Sterling, New York 1986. || Ma Chengyuan & Yue Feng: Silu kaogu zhenpin. Shanghai 1998. || Ma Jing: Beijing Culinary Guide. Beijing 2002. || MacGowan, John: Sidelights on Chinese Life. London 1907. || Mallory, Walter H.: China. Land of Famine. New York 1926. || Marks, Robert B.: Rice Prices, Food Supply, and Market Structure in 18th Century South China. *Late Imperial China* 12.2 (1991), S. 64–116. || Martin-Liao, Tienchi: Frauenerziehung im Alten China. Eine Analyse der Frauenbücher. *Chinathemen* 22, Bochum 1984. || Mazumdar, Sucheta: Sugar and Society in China. Peasants, Technology, and the World Market. Cambridge (Mass.) 1998. || McDermott, Joseph P.: State and Court Ritual in China. Cambridge 1999. || McGovern, Patrick E.: Ancient Wine. The Search for the Origins of Viniculture. Princeton 2003. || McGovern, Patrick E.: Uncorking the Past. The Quest for Wine, Beer, and Other Alcoholic Beverages. Berkeley 2009. || Meng T'ien-p'ei & Gamble, Sidney: Prices, Wages and the Standard of Living in Peking 1900–1924. Peking 1926. || Mollier, Christine: Les cuisines de Laozi et du Buddha. *Cahiers d'Extrême-Asie* 11 (1999–2000), 45–90. || Mowe, Rosalind (Hg.): Südostasiatische Spezialitäten. Eine kulinarische Reise. Köln 1998. || Murck, Alfreda: Golden Mangoes: The Life Cycle of a Cultural Revolution Symbol. *Archives of Asian Art* 57 (2007), S. 1–22. || Naquin, Susan: Peking. Temples and City Life, 1400–1900. Berkeley, Los Angeles, London 2000. || Navarra, Bruno: China und die Chinesen. Bremen, Shanghai 1901. || Needham, Joseph & Lu Gwei-Djen: Hygiene and Preventive Medicine in Ancient China. In : Needham, Joseph (Hg.) : Clerks and Craftsmen in China and the West. Cambridge 1970, S. 340–378. || Newman, Jacqueline M. & Linke, Ruth: Chinese Immigrant Food Habits. A Study of the Nature and Direction of Change. *Royal Society of Health Journal* 106.2 (1982), S. 268–271. || Newman, Jacqueline M.: Fujian. The Province and its Foods. *Flavour and Fortune* 6.2 (1999), S. 13–20. || Newman, Jacqueline M.: Food Culture in China. Westport 2004. || Nie Fengqiao (Hg.): Zhongguo pengren yuanliao dadian. Qingdao 1998. || Paczensky, Gert von & Dünnebier, Anna: Kulturgeschichte des Essens und Trinkens. München 1994. || Peng Mingquan (Hg.): Zhongguo yaoshan dadian. Qingdao 2000. || Peter, Peter: Cucina & Cultura. Kulturgeschichte der italienischen Küche. München 2007. || Pettersson, Bengt: Cannibalism in the Dynastic Histories. *Bulletin of the Museum of Far Eastern Antiquities* 71 (1999), S. 73–189. || Piazza, Alan (Hg.): Food Consumption and Nutritional Status in the PRC. Boulder 1986. || Pirazzoli-t'Serstevens, Michèle: China zur Zeit der Han-Dynastie. Kultur und Geschichte. Stuttgart 1982. || Pirazzoli-t'Serstevens, Michèle: A Second-Century Kitchen Scene. *Food and Foodways* 1 (1985), S. 95–103. || Pirazzoli-t'Serstevens, Michèle: The Art of Dining in the Han Period. Food Vessels from Tomb 1 at Mawangdui. *Food and Foodways* 4 (1991), S. 209–219. || Polo, Marco: Milione. [Toskanische Handschrift «Ottimo» aus der Zeit um 1300 in der Biblioteca Nazionale di Firenze] Editione critica a cura di Valeria Bertolucci Pizzorusso. Milano 1994. || Powers, Jo Marie (Hg.): From Cathay to Canada. Chinese Food in Transition. Ontario 1998. || Qi Dongfang & Shen Qinyan (Hg.): Huawu da Tang chun. Hejiacun yibao jingcui. Beijing 2003. || Qiu Pangtong: Zhongguo miandian shi. Qingdao 2000. || Qiu Pangtong: Zhongguo caiyao shi. Qingdao 2001. || Read, Bernard E.: Common Food Fishes of Shanghai. Shanghai 1939. || Read, Bernard E.: Famine Foods Listed in the Chiu Huang Ben Ts'ao. Shanghai 1946. || Reichardt, Lars (Red.): Osten. Mal kosten. Themenschwerpunkt: *Süddeutsche Zeitung Magazin* 48 (2009), S. 12–60. || Ren Rixin: Shandong Zhucheng Han mu huaxiangshi. *Wenwu* 10 (1981), S. 14–21. || Roberts, John A. G.: China to Chinatown. Chinese Food in the West. London 2002. || Rozman, Gilbert: Population and Marketing Settlement in Ch'ing-China. Cambridge 1982. || Rubin, Lawrence C.: Food for Thought. Essays on Eating and Culture. Jefferson 2008. || Rubruk, Wilhelm von: Itinerarium fratris Willielmi de Rubruquis de ordine fratrum minorum, Galli, Anno gratia 1253 ad partes

Orientales. Wiedergegeben und übersetzt in Bd. 1 von Hakluyt, Richard (Hg.): The Principal Navigations, Voyages, Traffiques, and Discoveries of the English nation. London 1598. || Ruddle, Kenneth & Zhong Gongfu: Integrated Agriculture – Aquaculture in South China. The Dike-Pond System of the Zhujiang Delta. Cambridge 1988. || Sabban, Françoise: Court Cuisine in 14th Century Imperial China. *Food and Foodways* 1 (1986), S. 161–196. || Sabban, Françoise: Ravioli cristallins et tagliatelle rouges. Les pâtes chinoises entre 7e et 14e siècle. *Médiévales* 16–17 (1989), S. 29–50. || Sabban, Françoise: De la main à la pâte. Réflexion sur l'origine des pâtes alimentaires du blé en Chine ancienne. *L'homme* 30 (1990), S. 102–137. || Sabban, Françoise: La viande en Chine. Imaginaire et les usages culinaires. *Anthropozoologica* 18 (1993), S. 79–90. || Sabban, Françoise: La diète parfaite d'un lettré retiré sous les Song du Sud. *Études chinoises* 16.1 (1997), S. 1–51. || Schafer, Edward H.: The Development of Bathing Costumes in Ancient and Medieval China and the History of the Floriate Palace. *Journal of the American Oriental Society* 76.2 (1956), S. 57–82. || Schafer, Edward H.: The Golden Peaches of Samarkand. A Study of T'ang Exotics. Berkeley, Los Angeles 1963. || Schlotter, Katrin & Spielmanns-Rome, Elke: Culinaria. China. Königswinter 2009. || Schmidt-Glintzer, Helwig: Zum Thema Wein und Trunkenheit in der chinesischen Literatur. *Zeitschrift der Deutschen Morgenländischen Gesellschaft Suppl.* 5 (1980), S. 362–374 || Serventi, Sivano & Sabban, Françoise: La pasta. Storia e cultura di un cibo universale. Roma 2000. || Shao Qin: Tempest over Teapots. The Vilification of Teahouse Culture in Early Republican China. *Journal of Asian Studies* 57 (1998), S. 1009–1041. || Shaw Yu-ming (Hg.): Traditional Chinese Culture in Taiwan. The Chinese Art of Food and Drink. Taibei 1991. || Shen Congwen: Zhongguo gudai fushi yanjiu. Hong Kong 1981. || Shinoda Osamu: Chûgoku tabemono shi no kenkyo. Tokyo 1978 || Shinoda Osamu & Tanaka Seiichi (Hg.): Chûgoku shokkei shosho. Tokyo 1972–1973. || Shriver, Alexis: Canned-goods Trade in the Far East. Washington 1915. || Siao, Eva: China. Photographien 1949–1967. Heidelberg 1996 || Simoons, Frederick J.: Food in China. A Cultural and Historical Inquiry. Boca Raton, Ann Arbor, Boston 1991. || Skinner, G. William: Vegetable Supply and Marketing in Chinese Cities. *China Quarterly* 76 (1978), S. 733–793. || Skinner, G. William: Rural Marketing in China. Repression and Revival. *China Quarterly* 103 (1985), S. 393–413. || Smil, Vaclav: China's Past, China's Future. Energy, Food, Environment. New York 2004. || Smith, Christopher: (Over)Eating Success. The Health Consequences of the Restoration of Capitalism in Rural China. *Social Science and Medicine* 37.6 (1993), S. 761–770. || So Yan-kit: Chinesisch kochen. München 2007. || Solomon, Charmaine: Das komplette Asien Kochbuch. Bonn 1978. || Sterckx, Roel (Hg.): Of Tripod and Palate. Food, Politics, and Religion in Traditional China. New York 2005. || Sterckx, Roel: Sages, Cooks, and Flavours in Warring States and Han China. *Monumenta Serica* 54 (2006), S. 1–47. || Strickmann, Michel: Chinese Magical Medicine. Stanford 2002. || Su Tong: Rice. New York 1995. || Swann, Nancy Lee: Food and Money in Ancient China. Princeton 1950. || Tan Chanxue (Hg.): Dunhuang shiku quanji. Minsu hua juan. Hong Kong 1999. || Tang Sunlun: Zhongguo chi. Taibei 1990. || Tao L. K. [Tao Menghe]: Livelihood in Peking. An Analysis of the Budgets of Sixty Families. Peking 1928. || Tao Zhengang & Zhang Lianming (Hg.): Zhongguo pengren wenxian tiyao. Beijing 1986. || Teiwes, Frederick C. & Sun, Warren: China's Road to Disaster. Mao, Central Politicians, and Provincial Leaders in the Unfolding of the Great Leap Forward. New York 1999. || Terrill, Ross: Die Tore der Hölle öffneten sich weit. *Die Zeit* 23 (1996), S. 38. || Thaxton, Ralph A. Jr.: Catastrophe and Contention in Rural China. Mao's Great Leap Forward Famine and the Origins of Righteous Resistance in Da Fo Village. Cambridge 2008. || Trauffer, Regula: Manger en Chine – Essen in China. Vevey 1997. || Trombert, Eric: Bière et Bouddhisme. La consommation de boissons alcoolisées dans les monastères de Dunhuang aux VIII–X siècles. *Cahiers d'Extrême-Asie* 11 (1999–2000), S. 129–181. || Trombert, Eric: Cooking, Dyeing, and Worship. The Use of Safflower in Medieval China as Reflected in Dunhuang. *Asia Major* 3rd ser. 17.1 (2004), S. 59–72. || Tucholsky, Kurt: Auf der Reeperbahn nachts um halb eins (1927). In: Gesammelte Werke, Reinbek 1995, Bd. 5, S. 282–284. || Unschuld, Paul Ulrich: Pen-ts'ao. 2000 Jahre traditionelle pharmazeutische Literatur Chinas. München 1973. || Unschuld, Paul Ulrich: Medizin in China. Eine Ideengeschichte. München 1980. || Wagner, Christoph & Frese, Peter: Garküchen. Vom Essen auf den Straßen und Märkten zwischen Peking und Hongkong. Köln 1997. || Waley-Cohen, Joanna: The Quest for Perfect Balance. Taste and Gastronomy in Imperial China. In: Freedman, Paul H. (Hg.): Food. The History of Taste. Berkeley, Los Angeles, London 2007, S. 99–134. || Wan Guoguang: Zhongguo de jiu. Taibei 1987. || Wang Congren: Zhongguo cha wenhua. Shanghai 1991. || Wang Hu: Zhongguo chuantong qiju sheji yanjiu. Nanjing 2007. || Wang Juling: Famous Dishes of Famous Restaurants in Beijing. Beijing 2000. || Wang Mingde & Wang Zihui: Zhongguo gudai yinshi. Taibei 1989. || Wang Renbo (Hg.): Qin Han wenhua. Shanghai 2001. || Wang Renxiang: Yinshi yu zhongguo wenhua. Beijing 1994. || Wang Renxiang (Hg.): Zhongguo shiqian yinshi shi. Qingdao 1997. || Wang Renxiang: Min yi shi wei tian. Zhongguo yinshi wenhua. Jinan 2004. || Wang Renxing: Zhongguo yinshi tangu. Beijing 1985. || Wang Renxing: Zhongguo gudai mingcai. Beijing 1987. || Wang Shouguo: Jiu wenhua zhong de Zhongguoren. Zhengzhou 1990. || Wang Xiaoping & Caballero, Benjamin: Obesity and Its Related Diseases in China. Youngstown 2007. || Wang Xuetai: Zhongguoren de yinshi shijie. Hong Kong 1989. || Wang Xuetai: Huaxia yinshi wenhua. Beijing 1993. || Wang Yan & He Tianzheng (Hg.): Huihuang de shijie jiu wenhua. Chengdu 1993. || Wang Yeh-chien: Food Supply in 18th-Century Fukien. *Late Imperial China* 7.2 (1986), S. 80–117. || Wang Zihui (Hg.): Zhongguo caiyao dadian. Qingdao 1995–1997. || Wang Zili & Sun Fuxi: Tang Jinxiang xianzhu mu. Beijing 2002. || Wang-Toutain, Françoise: Pas de boissons alcoolisées, pas de viande. Une particularité du bouddhisme chinois vue à travers les manuscrits de Dunhuang. *Cahiers d'Extrême-Asie* 11 (1999–2000), S. 91–128. || Watson, James: Golden Arches East. McDonalds in Asia. Stanford 1997. || Wegener, Georg: Im innersten China. Eine Forschungsreise durch die Provinz Kiang-si. Berlin 1926. || Weng, Weijian: Zhongguo yinshi liaofa – Chinese Food Therapy. Hong Kong 1991 || West, Stephen H.: Cilia, Scale and Bristle. The Consumption of Fish and Shellfish in the Eastern Capital of the Northern Song. *Harvard Journal of Asiatic Studies* 47.2 (1987), S. 595–634. || West, Stephen H.: Playing with Food. Performance, Food, and the Aesthetics of Artificiality in the Sung and Yuan. *Harvard Journal of Asiatic Studies* 57.1 (1997), S. 67–106. || Wilhelm, Richard: Eine chinesische Speisekarte aus der Dschou-Dynastie. *Sinica* 5.1 (1930), S. 40–43. || Wilkinson, Endymion: Chinese Culinary History. *China Review International* 8.2 (2001), S. 285–304. || Will, Pierre-Étienne: Bureaucracy and Famine in 18th Century China. Stanford 1990. || Will, Pierre-Étienne & Wong, R. Bin (Hg.): Nourish the People. The State Civilian Granary System in China 1650–1850. Ann Arbor 1991. || Williams, S. Wells: The Middle Kingdom. A Survey of the Geography, Government, Literature, Social Life, Arts and History of the Chinese Empire and its Inhabitants. New York 1883. || Wittwer, Sylvan et al.: Feeding a Billion. Frontiers of Chinese Agriculture. East Lansing 1987. || Wu, David Y. H. & Cheung, Sidney C. H. (Hg.): The Globalization of Chinese Food. Honolulu 2002. || Wu, David Y. H. & Tan Chee-beng (Hg.): Changing Chinese Foodways in Asia. Hong Kong 2001. || Wu Guoguang: Zhongguo de jiu. Taibei 1987. || Wu Hui: Zhongguo lidai liangshi muchan yanjiu. Beijing 1985. || Wu Qianjun et al.: Investigation into Benzene, Trihalomethanes and Formaldehyde in Chinese Lager Beers. *Journal of the Institute of Brewing* 112.4 (2006), S. 291–294. || Xiao Fan (Hg.): Zhongguo pengren cidian. Beijing 1992. || Xiong Sizhi (Hg.): Zhongguo yinshi shiwen dadian. Qingdao 1995. || Xu Hairong (Hg.) Zhongguo yinshi shi. Beijing 1999. || Xu Ruqi (Hg.): Food and Chinese Culture. Essays on Popular Cuisines. San Francisco 2005. || Xue Liyong: Shisu quhua. Shanghai 2003. || Yang Guotong: Qingzhen caipu. Beijing 1992. || Yang, L. Dali: Calamity and Reform in China.

State, Rural Society, and Institutional Change Since the Great Leap Forward. Stanford 1996. || Yates, Robin D. S.: War, Food Shortages, and Relief Measures in Early China. In: Newman, Lucile F. & Crossgrove, William C. (Hg.): Hunger in History. Food Shortage, Poverty, and Deprivation. Oxford 1990, S. 147–177. || Yee, Elaine et al. (Hg.): China Abroad. Travels, Subjects, Spaces. Hong Kong 2009. || Yin Shenping & Han Wei: Tang mu bihua jijin. Xi'an 1999. || Ying Yimin: Putao meijiu yeguang bei. Xi'an 1999. || Yu Hui: Jin Tang liang Song huihua. Renwu fengsu. Hong Kong 2005. || Yu Weichao (Hg.): Huaxia zhi lu. Beijing 1997. || Yu-Dembski, Dagmar: Chinesen in Berlin. Berlin 2007. || Yuan Hongqi: Zhongguo de gongting yinshi. Beijing 1997. || Yue Gang: The Mouth that Begs. Hunger, Cannibalism, and the Politics of Eating in Modern China. Durham 1999. || Zeng Zongye: Zhongguo mingjiu zhi. Beijing 1980. || Zhang Boxi (Hg.): Jiayuguan Jiuquan Wei Jin Shiliuguo mubihua. Lanzhou 2001. || Zhang Junke: Weinanbau in China. Vergangenheit, Gegenwart, Zukunft. *Gauweilerhof aktuell* 35.1 (2007), S. 20–27. || Zhang Menglun: Han Wei yinshikao. Lanzhou 1988. || Zhang Zheyong & Chen Jinlin & Gu Bingquan: Yinshi wenhua cidian. Changsha 1993. || Zhao Rongguang: Zhongguo yinshi wenhua shi. Shanghai 2006. || Zhao Shuangzhan & Zhao Linjuan: Zhongguo gudai jianya yu yashua fazhan. *Wenbo* 3 (2005), S. 84–88. || Zheng Yi: Scarlet Memorial. Tales of Cannibalism in Modern China. New York 1996. || Zhongguo lishi bowuguan & Xinjiang Weiwu'er zizhiqu wenwuju: Tianshan gudao dong xi feng. Xinjiang sichou zhi lu wenwu teji. Beijing 2002. || Zhou Guangwu: Zhongguo pengrenshi jianbian. Guangzhou 1984. || Zhou Sanjin: Mingcai xiaoshi. Shanghai 1986. || Zhu Shijin & Zhe Fuchang & Guan Zhiyuan: Sanchu mingyao. Beijing 1988. || Zhu Zhenfan: Shilin waishi. Taibei 2002. || Zou Han: Heilongjiang Hegang diqu gudai wenhua yicun. Harbin 2006.

Abbildungsverzeichnis

Chinesische Quellen mit Titel und Kapitelangabe (Datierung unter Bezugnahme auf die im Literaturverzeichnis genannte älteste Ausgabe), Sekundärliteratur nach Autor und Seitenzahl.

94. Herd. Tonminiatur, 2. Jh. n. Chr., Provenienz unklar, Lienert (1980), S. 41. || 95. Silbertasse aus dem Hortfund von Hejiacun (Shaanxi), 8. Jh., Qi Dongfang & Shen Qinyan (2003), S. 84. || 96. Küchenszene. Bemalter Ziegel aus Jiayuguan (Gansu), 3. Jh., Han Bowen (2008), S. 110. || 97. Feldbestellung. Wandmalerei in Mogao (Gansu), 8. Jh., Tan Chanxue (1999), S. 16. || 98. Bewässerung der Reisfelder. Buchillustration, Shoushi tongkao (1742), Kap. 14. || 101. Karte China heute. © Peter Palm, Berlin || 102. Feldbestellung. Bemalter Ziegel aus Jiayuguan (Gansu), 3. Jh., Bray (1984), S. 226. || 108. Teigtaschen. Grabbeigaben aus Astana (Xinjiang), 8. Jh., Ma Chengyuan & Yue Feng (1998), S. 301. || 112. Essen in geselliger Runde. Wandmalerei in einem Grab in Weiqu (Shaanxi), 724, Yin Shenping & Han Wei (1991), S. 162. || 117. Frühlingsbankett. Malerei eines unbekannten Künstlers, 12. Jh., Yu Hui (2005), S. 179. || 122. Junger Kitan beim Auftragen des Essens. Wandmalerei in Xiabali (Hebei), 1111, Hebei sheng wenwu yanjiusuo (2001), Bd. 1, Taf. 229. || 127. Gelage bei den «Barbaren» Taiwans. Buchillustration, Zhulo xianzhi (1716), Kap. 1. || 129. Kameltreiber. Tonfigur aus einem Grab in Lüjiabao (Shaanxi), um 700, Wang Zili & Sun Fuxi (2002), S. 34. || 133. Nickerchen danach. Querrolle, Lu Yao (9. Jh.) zugeschrieben, Yu Hui (2005), 70. || 138. Teezubereitung. Wandmalerei in Xiabali (Hebei), 1093, Hebei sheng wenwu yanjiusuo (2001), Bd. 1, Taf. 70. || 141. Teereibe. Silber mit Gold tauschiert, Klosteranlage Famensi (Shaanxi), 9. Jh., Liu Yudong (2007), Bd. 2, Taf. 81. || 143. Anrichten des Tees. Wandmalerei in Xiabali (Hebei), 1117, Hebei sheng wenwu yanjiusuo (2001), Bd. 1, Taf. 203. || 144. Rhyton, Achat mit Goldverschluß. Hortfund von Hejiacun (Shaanxi), 8. Jh., Qi Dongfang & Shen Qiyan (2003), S. 92. || 149. Weinrebe. Buchillustration, Sancai tuhui (1609), Kap. 11. || 151. Aufbruch. Wandmalerei in Xiabali (Hebei), 1116, Hebei sheng wenwu yanjiusuo (2001), Bd. 1, Taf. 163. || 152. Silberflasche. Hortfund von Hejiacun (Shaanxi), 8. Jh., Qi Dongfang & Shen Qiyan (2003), S. 243. || 154. Anbieten von Getränken. Gravur an der Innenseite eines Sargs in Sanyuanxian (Shaanxi), 632, Qi Dongfang & Shen Qiyan (2003), S. 42. || 156. Betrunkene auf dem Heimweg. Malerei eines unbekannten Künstlers, 13. Jh., Yu Hui (2005), S. 247. || 161. Der Kalligraph Zhang Xu. Malerei von Liang Changlin (um 1980), Hung (1990), S. 130. || 165. Bankett. Querrolle, Ma Hezhi (12. Jh.) zugeschrieben, Yu Hui (2005), S. 126. || 172. Rind. Wu niu tu, Querrolle von Han Huang (um 770), Faksimile Tianjin 2007. || 186. Spucknapf. Glasiertes Steinzeug aus Gaoyu (Zhejiang), 5. Jh., Cheng Yisheng (2003), 80. || 189. Übelkeit. Buchillustration, Yinzhiwen tushuo (1801), Bd.1, S. 26. || 193. Nächtliche Vergnügungen. Han Xizai yeyantu, Querrolle von Gu Hongzhong, um 960, Faksimile Tianjin 2007. || 197. Umtrunk im Pavillon. Wandmalerei in Mogao, 10. Jh., Tan Chanxue (1999), S. 47. || 202. Picknick. Buchillustration, Yinzhiwen tushuo (1801), Bd. 4, S. 24. || 204. Unterhaltungsprogramm. Bemalter Reliefziegel aus Chengdu (Sichuan), 2. Jh., Wang Renbo (2001), S. 160. || 211. Gelage unter dem Dach. Buchillustration, Yinzhiwen tushuo (1801), Bd. 4, S. 69. || 212. Dienerin mit Tablett. Wandmalerei in Yangtou (Shaanxi) 668, Yin Shenping & Han Wei (1991), S. 50. || 220. Vergnügungsschiff. Buchillustration, Yinzhiwen tushuo (1801), Bd. 4, S. 21. || 225. Höflicher Umgang mit den Gästen. Propagandaplakat, 1983, Landsberger (1996), S. 147. || 229. Teigverarbeitung. Aquarelle, um 1870, Liu Lingcang (1983), Taf. 69, 80. || 232. Drive-in? Photographie, 2008, Internetpräsentation.

Register der Rezepte

Über den Autor

© Klaus Haag

Thomas O. Höllmann,
geb. 1952, ist Professor
für Sinologie und Ethnologie
an der Ludwig-Maximilians-
Universität in München,
Vizepräsident der Bayerischen
Akademie der Wissenschaften
und – in seiner Freizeit –
passionierter Koch.

Bei C. H. Beck veröffentlichte er bislang:
Die Seidenstraße (beck wissen 2354, 2. Auflage 2007)
und *Das alte China. Eine Kulturgeschichte* (2008).